HISTOIRE
RELIGIEUSE ET CIVILE
DE PÉRIERS
ET
SES NOTABILITÉS

Par A. LEROSEY
Directeur au Séminaire de St-Sulpice.

> Nescio qua natale solum dulcedine cunctos
> Ducit, et immemores non sinit esse sui.
> (Duvernet, Histoire de la Sorbonne).
>
> Je ne sais quelle tendresse nous lie au
> sol natal, et nous empêche de l'oublier.

PARIS
BERCHE & TRALIN, ÉDITEURS
69, RUE DE RENNES, 69.

HISTOIRE

RELIGIEUSE ET CIVILE

DE PÉRIERS

N.-D. DE LÉRINS. — IMPRIMERIE MARIE-BERNARD.

ÉGLISE DE PÉRIERS

HISTOIRE

RELIGIEUSE ET CIVILE

DE PÉRIERS

ET

SES NOTABILITÉS

Par A. LEROSEY
Directeur au Séminaire de St-Sulpice.

Nescio qua natale solum dulcedine cunctos
Ducit, et immemores non sinit esse sui.
(Duvernet, Histoire de la Sorbonne).

Je ne sais quelle tendresse nous lie au
sol natal, et nous empêche de l'oublier.

PARIS
BERCHE & TRALIN, ÉDITEURS
69, RUE DE RENNES, 69.

INTRODUCTION

On conçoit la difficulté de donner la forme d'un récit méthodique et l'intérêt d'une histoire à des extraits, à des notes incohérentes, n'offrant le plus souvent que des noms et des dates. Les archives de la ville de Périers ne datent que de 1700, et celles de l'Eglise quoique plus anciennes de deux siècles se taisent ordinairement sur les événements d'intérêt public. Pour combler les lacunes, pour grouper les faits civils et religieux, et les disposer en forme de récits historiques, il nous a fallu recourir à des sources bien diverses. C'est assez dire que notre travail est le fruit de longues et minutieuses recherches ; et à défaut d'autre mérite, il aura du moins celui de révéler une foule de noms, de faits et d'usages, jusqu'ici ensevelis dans la poussière de nos archives et de nos grandes bibliothèques. En les recueillant avec soin, j'ai cherché à reproduire, aussi fidèlement que possible, la physionomie de notre vieux Périers, heureux de faire connaître des documents qu'aucun historien n'avait eu la pensée de mettre en œuvre.

Garder le culte des vieilles institutions et des vieilles gloires, montrer à notre pays natal qu'à côté de la grande patrie, il y a la patrie du berceau, qu'on peut aimer sans oublier l'autre, tel a été notre but. Si nous ne l'avons pas atteint, du moins nos compatriotes nous sauront gré d'avoir entrepris ce travail, que nous leur offrons comme l'expression de notre profonde gratitude pour les témoignages bien souvent réitérés de leur sympathie.

« Périers, écrivait Monsieur Regnault (1) en 1857, n'a pas d'annales historiques. » Cette assertion est vraie, en ce sens que Périers n'a pas eu d'historien, qui se soit occupé d'enregistrer les faits plus ou moins dignes d'attention qui se rattachent à son existence. Mais on peut parvenir en fouillant les sources historiques du Cotentin, à grouper des faits qui font revivre le passé plusieurs fois séculaire du bourg, ou, comme l'appellent certains actes, de la ville de Périers.

« C'est à Périers, peut-être, ajoute le même auteur, qu'on rencontre les plus anciennes familles bourgeoises du pays, et qu'on les voit surtout se maintenir dans une position honorable. Les anciens titres de familles, les actes publics datant de plusieurs siècles nous révèlent ce fait qui caractérise la vie domestique et la douceur de mœurs des habitants. »

« Périers n'avait ni enceinte fortifiée, ni château-fort, et les malheurs des guerres qui ont agité la province pendant plusieurs siècles ne paraissent pas avoir troublé son repos. Aussi, n'a-t-il pas d'annales historiques ; et c'est, peut-être, de Périers et de ses habitants qu'on peut dire que le peuple le plus heureux est celui qui occupe le moins de place dans l'histoire (2). »

---

(1) Annuaire de la Manche, Revue monumentale et historique de l'Arrondissement de Coutances, 1857.
(2) Ibid.

Les habitants de Périers furent toujours hospitaliers, honnêtes et polis. Leur ville a fourni quelques grands hommes. S'il est vrai, comme le disait saint Jean-Chrysostome au peuple d'Antioche, que l'ornement et la gloire d'une ville consistent dans la vertu et la piété de ses habitants (1), on peut dire que notre petite ville n'a rien à envier, sous ce rapport, à plusieurs autres plus populeuses de la Normandie.

(1) Inhabitantium virtus et pietas est dignitas et ornatus civitatis.

HISTOIRE

RELIGIEUSE ET CIVILE

DE PÉRIERS

CHAPITRE Ier

PÉRIERS, SON ORIGINE. — ÉTYMOLOGIE

Périers tire probablement son nom de voies romaines qui traversaient le pays, et dont l'une, nommée le chemin Perray ou Perré, passait près du bourg de Périers. On sait que les noms de *Perray, Perrière* indiquent très fréquemment des voies romaines. La voie romaine dite le chemin Perrey allait d'Allaune (Allauna) à Cosedia (Coutances) et se croisait au ruisseau de Vindefontaine, avec une autre partant de Grannonum (Portbail) et aboutissant à Crociatonum (St-Côme) (1). Un des villages de Périers, près le chemin Perray, se nomme les Milleries. Cette voie traverse une partie du territoire de Millières : tous ces noms semblent tirer leur origine de pierres ou bornes itinéraires trouvées, sur ce chemin, à peu de distance des lieux dont le nom semble en garder le souvenir.

(1) A l'intersection de ces deux voies romaines, on trouva dans la première moitié de ce siècle une médaille d'or de l'empereur Dioclétien. Cette monnaie rare était parfaitement conservée. Annuaire de la Manche, année 1858 p. 38.

Le village de la Perrelle indique une propriété, un terrain pierreux. Le mot Perruques usité dans le même sens, n'est pas très rare en Cotentin et se rencontre à Périers. Les affixes des communes voisines, *St-Aubin du Perron, St-Michel de la Pierre*, reviennent toutes à insinuer la même idée. Périers ou Perrières tirerait donc son nom de sa situation en terrain pierreux, auprès de chemins perrés. On sait que dans du Cange (1) le mot *Petraria* veut dire, voie ferrée, pavée, chemin haussé, ou chaussée *(Calceia)*.

D'après le même auteur, *Petraria, Perrière*, signifie encore carrière, lieu d'où on extrait la pierre ; or le territoire offre de nombreuses carrières (2).

Monsieur Seguin, dans son Histoire Archéologique des Bocains, fait dériver Périers d'un mot anglo-saxon qui signifie *priez*, lieu de prières. Mais nous aimons mieux regarder comme tout à fait probable le sentiment de ceux qui ne donnent pas à Périers d'autre étymologie que celle de Petra, pierre, Petraria, perrière, lieu empierré, lieu perray, ou comme on disait encore chemin ferré.

La tradition populaire à Périers d'un cataclysme qui, à une époque fort reculée, aurait bouleversé et détruit de fond en comble une ville plus considérable, ne mérite aucune attention. Périers d'après cette tradition viendrait du mot *perire périr*. Cette étymologie n'a pas d'autre fondement que celui d'une certaine consonance entre le mot périr et Périers. Mais à défaut d'autre preuve, le nom latin de Périers au XIII° siècle, *Piri, Poresei, Piresei*, repousserait bien loin cette interprétation. Périers s'est donc appelé en latin *Piri, Poresei, Piresei, Petraria*, et en français, *Perières* ou *Perrières, Pairiez* (XVIII° siècle) *Periez* (XIII° siècle). Le dictionnaire des villes, des bourgs et des communes rurales des cinq départements qui composent l'ancienne Normandie, Caen 1828, l'appelle Périers-sur-Taute La carte de Cassini porte Perrières (3). Corneille, dans son

---

(1) Du Cange, Glossarium, v. mot *Petra*.
(2) Monastic. Anglican. t. II p. 593. « Dedi eis turbariam et petrariam. »
(3) Il ne faut pas confondre Périers-sur-Taute avec Périers-sur-Andelle, Arrondissement

dictionnaire universel, géographique et historique, Paris 1708, dit Périères ou Pairiers. En parlant de Périers-sur-Andelle, du Plessis prétend que cette commune tire son nom de l'abondance des poiriers dont son sol était planté. Notre Périers ne peut revendiquer cette étymologie. C'est pourtant celle qui a prévalu au temps où fut constitué le blason de Périers, car ses armes portent : *d'argent à la bande d'azur, chargée de trois molettes d'éperon d'or et accostée de deux lionceaux de sable, celui en pointe contourné, un poirier arraché de sinople brochant, chargé à la pointe d'une burelle abaissée de gueules.*

Nous trouvons peut-être encore dans ce blason l'explication de la devise ou dicton populaire « *se faire mordre aux chiens de Périers.* » Le peuple aura pris les deux lionceaux des armes pour deux vulgaires chiens. Ainsi la science vient-elle à propos justifier Périers et ses habitants d'un trop mauvais renom.

des Andelis, canton de Grainville; la Perrière, Arrondissement de Mortagne, canton de Pervenchères; Perrières, Arrondissement, de Falaise, canton de Coulibœuf; Périers-au-Bocage, Arrondissement de Mortain, canton de Sourdeval; Périers-sur-Dive, Arrondissement de Pont l'Evêque, canton de Dives; Périers-sur-le-Don, Arrondissement de Caen, canton de Douvres.

Le terrain de Périers et de son canton est schisteux et granitoïde. Pourtant les grés y ont une certaine importance, ainsi que dans le canton de Lessay et de la Haye-du-Puits. Dans une partie du canton de Périers, nommée le Bauptois, on voit des herbages qui ne cèdent à aucun de ceux du Bessin, du Cotentin ou même de la vallée d'Auge, par la fertilité et la propriété d'engraisser les bestiaux du plus grand poids.

Aux environs de Périers il y a deux espèces de tuf ou travertin. Monsieur de Gerville, le savant antiquaire, l'a découvert sur la route de Carentan à Coutances; il suit le cours parallèle des deux rivières la Sève et la Taute. Entre ces deux rivières la grande route de Périers à Carentan, qui se dirige parallèlement à leurs cours, partage assez exactement deux espèces de ce travertin. Celui de la Taute, à l'est de la route, à Sainteny et Bohon, est d'une couleur brune, et contient plus de cent espèces de fossiles, parmi lesquelles il y a de grosses térébratules, des huîtres, des cardites et beaucoup de balanes avec de petits cérites et des cardites analogues à celles de nos fanulières.

Le côté occidental de la même route n'offre plus de ce travertin brunâtre, mais une bien plus grande quantité d'une espèce jaunâtre, contenant des fossiles, qui consistent particulièrement en polypiers et en petites coquilles bivalves striées, des genres lisse et peigne. Ces deux espèces de travertin ont été autrefois employés à faire les voûtes légères de nos grandes églises. Le même antiquaire dit avoir rencontré des débris du premier travertin dans les ruines de l'église abbatiale de Hambye. L'usage de ce travertin semble avoir été beaucoup moins fréquent que celui du côté occidental de la route de Périers à Carentan. Le tuf jaunâtre de cette contrée se retrouve partout en grande quantité soit dans le pays même, soit dans les départements voisins, soit même à l'étranger. Car il paraît que le tuf provenant des carrières, creusées sur les bords de la Sève à Sainteny, Méautis, Nay, Gorges, le Plessis et Saint-Germain-le-Vicomte, s'exportait autrefois par mer. On l'embarquait à Pirou, pour le transporter en Angleterre, après la conquête. La moitié de la ville de Carentan est bâtie avec ce tuf jaune, ainsi que l'église d'Auxais et celle de Sainteny.

A peu de distance du bourg de Périers, sur la route de Périers à Saint-Lô, aux environs du bosc d'Aubigny, Monsieur de Gerville a rencontré une très grande quantité de fossiles, les plus récents qu'il eût encore trouvés dans le Cotentin. Selon ce savant, au lieu de cérites on remarquait dans cette région un grand nombre de buccins, dont il a pu distinguer une dizaine d'espèces, parfaitement conservées.

La rivière la plus importante qui passe à une petite distance de Périers est la Taute. Elle prend sa source à Cambernon et descend au nord par St-Sauveur Lendelin, Périers, Marchézieux et se joint à l'Ouve, pour former cette partie du bras de mer appelé le Grand-Vey.

Une autre rivière, tributaire du Grand-Vey, est la Sève. Elle vient d'une source, située entre les cantons de Périers et de Lessay et coule directement au nord à travers les marais. C'est un cours d'eau sans importance, quoiqu'il soit navigable dans une partie de son parcours.

La rivière de Manne et celle de Holerotte sont un affluent de la Carente, toutes les deux passent sur le territoire même de la commune de Périers.

Traces de civilisation romaine à Périers.

Les Romains, après l'occupation, s'empressèrent de mettre les villes conquises en communication par des voies militaires. Il y a des pays de plaines ou de forêts, où il a été relativement plus facile d'observer le tracé des anciennes voies romaines. Cette recherche au contraire offrait plus de difficultés dans une contrée aussi bien cultivée que le Cotentin et entièrement divisée par des clôtures épaisses. On conçoit comment un usage de quinze siècles a pu tout dénaturer et tout effacer sur le sol. Cependant ce qui reste de forêts et de bruyères intelligemment et minutieusement observées, certains noms de territoire ont décelé l'existence de quelques portions de ces chemins ou empierrements romains assez bien conservées. Ainsi le nom de Périers, son village des Milleries, la proximité de la paroisse de Millières, le chemin Perray, et les traces manifestes d'un empierrement analogue à celui des voies romaines, ont fait reconnaître le tracé d'une de ces voies sur la commune de Périers, dans la direction d'Alleaune à Coutances, à la hauteur des Landes de Périers et de Vaudrimesnil. Une découverte faite, en 1771, lors de l'établissement de la route de Périers à Coutances, confirme ces données. On trouva alors une quantité considérable de médailles de grand bronze à Monthuchou, au sud de l'église. Ce qui aide à fixer le tracé de la voie de *Crociatonum* où peut-être aussi celle d'Alleaune à Coutances. Elle devait se diriger de Périers vers Monthuchou à peu de distance du lieu où fut plus tard élevée l'Eglise, pour aboutir à Cosedia. Cosedia était le siège du préfet du Prétoire qui gouvernait la seconde Lyonnaise.

Les médailles en or de Julien, découvertes vers 1825 dans le territoire de Gorges, sur le chemin Perray, montrent encore que ce chemin est une ancienne voie romaine.

La garenne de Périers.

Le nom de Garenne assez répandu en Normandie et par toute la France, paraît un bon indice archéologique. On cite un très grand nombre de lieux appelés *garennes*, ou *varennes*, terres de garenne ou bois de la garenne, dans lesquels on a pratiqué des fouilles très intéressantes au point de vue archéologique. On appelle garenne, à Périers, une grande pièce de terre située à l'entrée de la ville, rue de Saint-Lô. Qui sait si en fouillant dans ce champ on ne ferait pas une découverte analogue à celle qui eut lieu à Caen en 1851, au lieu dit la garenne? On y trouva quarante médailles de bronze de Commode et de Posthume. Ailleurs, comme dans le bois de Chambord (commune de Chambord-en-Vexin), c'est en 1856 et 1857, un dolmen et un vase tenant vingt monnaies d'argent. Là ce sont des sépultures franques mises à nu, ici comme en Auvergne, la célèbre momie des Martrés. (1).

Conjectures historiques sur les origines de Périers.

Quelques années avant le commencement de l'ère chrétienne, Jules César vint dans les Gaules faire cette fameuse expédition, qui se termina par la conquête de notre pays. Dans une première campagne une légion commandée par Crassus, avait suffi pour contenir toute la partie occidentale de la Gaule. L'année suivante César se vit obligé de déployer toutes ses forces contre la ligue formée par les peuples armoriques ou maritimes. Il divisa ses légions; une partie considérable de ses troupes alla combattre les Vénètes, tandis que trois légions sous le commandement de Titurius Sabinus, lieutenant de César, furent envoyées pour faire face aux Unelli, réunis aux Lexoviens et aux Aulerques et Buroviques.

Sabinus campa son armée sur une élévation entre Valognes et Coutances, à une distance à peu près égale de ces deux villes. Monsieur de Gerville croit avoir découvert l'emplacement du camp de Sabinus; c'est le grand Montcastre situé à la jonction des quatre paroisses du Plessis, Lastelle, Gerville et Lithaire. Ce camp occupait environ cinquante hectares, espace convenable pour trois légions. Les fossés avaient une largeur de vingt-quatre mètres. De cette position, l'une des plus belles du département, on découvre tout le pays à dix lieues à la ronde, la mer au sud, à l'ouest et au nord-est, ainsi que l'île de Jersey.

Viridovix, chef des trois peuples coalisés, établit son camp à deux milles de celui de Sabinus. Les antiquaires les plus autorisés disent l'avoir découvert dans la lande de Laune, à un endroit appelé encore aujourd'hui les *Castillons*, et offrant encore les traces de trois enceintes distinctes (2).

Sabinus retranché dans une position très forte, usa d'un

---

(1) Abbé Cochet, la Seine inférieure historique et archéologique p. 444.
(2) Un mémoire sur la découverte de ces deux camps fut lu à l'Institut en 1813.

stratagème pour s'y faire attaquer par les Gaulois. Ceux-ci arrivèrent en désordre dans un camp qu'ils croyaient abandonné. Sabinus qui leur avait tendu un piège, les attaqua en bon ordre des deux côtés, et n'eut pas de peine à les défaire entièrement. Les vaincus formaient la majeure partie de la province, connue longtemps après sous le nom de Neustrie.

Rome avait triomphé, César était maître du pays appelé plus tard le Cotentin. Les Unelliens ou habitants du Cotentin étaient soumis à sa domination, en même temps que les Venètes, les Osismiens, les Curiosolites, les Lexoviens, les Aulerques et les Rhedons, toutes peuplades limitrophes de l'Océan. Qu'était Périers à cette époque ? un village, sans doute ; peut-être une de ces mansions établies de place en place sur les voies romaines. Car à dater de cette époque, il y eut une voie romaine allant d'Allaune à *Crociatonum* et de *Crociatonum* à *Cosedia*. Après César, au temps où écrivait Ptolémée, le petit peuple qui avait conservé le nom de *Unelli* avait pour capitale *Crociatonum*, dont la position répond à St-Côme ou au pont d'Ouve près de Carentan.

Longtemps après Ptolémée, l'itinéraire d'Antonin et la carte Théodosienne indiquent dans le pays des Unelliens les villes de Corallium (Cherboug) Allaunium (Alleaune) Cosedia (Coutances) Fanum Martis (St-Pair) et Crociatonum (St-Côme) (1).

Au commencement du II° siècle, la province Lyonnaise qui avait Lyon pour capitale, fut divisée en deux par Adrien. Alors le Cotentin, ou le pays des Unelliens, fit partie de la seconde Lyonnaise, dont Rouen devint la métropole. Plus tard Constantin créa à Coutances un préfet du prétoire qui gouvernait la seconde Lyonnaise et d'autres provinces.

L'empereur Constance établit la première légion Flavienne à Coutances.

La domination romaine dura près de cinq siècles dans nos contrées, comme dans le reste des Gaules. Lois, institutions, mœurs, usages, tout jusqu'à la langue même devint romain.

---

(1) *Grannonum* (Portbail) est signalé plus tard dans une notice du Bas-Empire.

A l'arrivée de Clovis, il n'y avait plus de Gaulois dans les Gaules. Que fut Périers à l'époque gallo-romaine? sans doute une mansion ou station sur la voie romaine d'Alleaune à Cosedia, presque au centre du territoire des Unelliens. Périers sous la domination des rois francs avait-il reçu déjà le bienfait de l'évangélisation chrétienne? La paroisse ne fut-elle constituée qu'après la constitution de la monarchie franque? Quel fut le premier apôtre du pays? Ce sont là autant de questions qui demeureront insolubles, à défaut de documents historiques sur les origines de l'Eglise de Coutances.

Périers n'a pas d'histoire jusqu'à Richard I, duc de Normandie. Ce bourg ne fut pas sans doute épargné durant les invasions des Normands. On ne peut douter que le séjour de Hasting et de ses Danois n'ait été très funeste au Cotentin. L'envahisseur est représenté dans le chartrier de Coutances comme très cruel et n'épargnant ni le sacré ni le profane. Il ravagea sans doute le plat pays, et il se vengea sur les environs de ses premiers insuccès devant les villes de St-Lô et de Coutances. Enfin St-Lô fut pris en 890; Coutances assiégée en 866, tomba aussi sous leurs coups et fut détruite de fond en comble. Certains auteurs fixent à 890 l'époque du sac de cette ville; dès lors le pays n'est plus, sous la farouche domination des barbares envahisseurs qu'un chaos qui échappe à l'appréciation de l'histoire.

L'ordre ne se rétablit qu'après la conversion de Rollon et la cession, qui lui fut faite de la Neustrie en 911. La Neustrie, devenue la Normandie, vit Rollon relever au profit de ses lieutenants, le régime féodal, que la conquête avait détruit. Les Normands du Cotentin, imitant leur duc, se firent baptiser sous Rollon et ses successeurs. Les villes se rebâtirent, des abbayes et des couvents furent fondés, les terres remises en culture, et le pays doté d'une organisation administrative et judiciaire, qui firent partout succéder l'ordre au chaos.

Nous sortons enfin de ce que nous pourrions appeler l'ère des fictions, et nous touchons pour Périers aux époques vraiment historiques.

CHAPITRE II

PÉRIERS AU TEMPS DU BAILLIAGE

Périers est situé en Basse Normandie. La Basse Normandie comptait, outre le pays (1) de Cotentin, le pays des Marches, cap. Argentan; de la campagne d'Alençon, cap. Alençon; du Bessin, cap. Bayeux; du Bocage cap. Vire; d'Oulme, cap. Domfront; de l'Avranchin, cap. Avranches.

Périers est du pays de Cotentin qui renfermait : Coutances sa capitale, Cérences, Percy, Villedieu-les-Poëles, Granville, Hambie, Cerisy-la-Salle, St-Lô, St-Sauveur-Lendelin, Périers, Carentan, St-Sauveur-sur-Douve, Ste-Mère-Église, Montebourg, Valognes, Bricquebec, Cherbourg, Barfleur, St-Pierre-Église, Iles St-Marcou.

Au point de vue fiscal, Périers appartenait à la Généralité et Intendance de Caen, qui comptait neuf élections : Caen, Bayeux, St-Lô, Carentan, Valognes, Coutances, Avranches, Vire, Mortain. Périers était de l'Election de Coutances (2). Périers avait pourtant trois paroisses de sa Sergenterie dans l'élection de Carentan, savoir : Périers, St-Patrix-de-Claids, Vaudrimesnil.

Périers avait un baillage, intitulé de St-Sauveur-Lendelin,

(1) Le pays c'est le *pagus* gallo-romain, le territoire ou la subdivision du territoire qui a une physionomie naturelle bien caractérisée. Ann. de la Société de l'Histoire de France pour 1837 : v. liste de tous les pays de la Gaule.
(2) Cf. Almanach royal 1789.

siant à Périers, et un titre de Vicomté. Il est cité comme un des plus anciens bourgs du pays. (Mss. de Toustain de Billy).

> « Qu'importe, lorsqu'on dort dans la nuit du tombeau,
> D'avoir porté le sceptre ou traîné le râteau !
> On n'y distingue point l'orgueil du diadème :
> De l'esclave et du roi la poussière est la même. »
>
> (THOMAS, Epître au peuple).

Ce langage emphatique de la démocratie n'a pas déraciné le culte des peuples pour ces vieilles familles, dont les noms bien des fois séculaires ont paru avec tant d'éclat dans les annales de la France. Nous ne craindrons point de sacrifier à ce sentiment de respect pour les anciennes familles, chaque fois que l'occasion s'en présentera dans le cours de cette histoire.

Les de Périers figurent dès le XIIe siècle dans les annales du pays. Une charte de Richard de Bohon, évêque de Coutances, en faveur d'Alain de Périers, nous montre le marché de St-Lô fréquenté dès le XIIe siècle par les marchands de laine.

Une autre charte, en faveur de l'abbaye du vœu de Cherbourg, au temps de Richard de Vernon, de Richard, abbé de Montebourg, de Philippe de Valognes, de Robert Le Veneur, et de Robert de Bélêmes, est signée par ces seigneurs et par Eudes de Périers (1).

Thomas de Périers et Gièse sa femme donnent, en 1183, à l'abbaye de la Luzerne, l'Église de St Martin de Tribehou (Tribohou). C'est cette Église que l'on appelait St Georges de Raids et aussi St Martin-des-Champs ou l'Égaré (2) 1198. Le rôle de l'échiquier porte : « *Thomas de Piris reddit compotum de empruncto facto in ballivia Constantiensi scilicet de Igerio de Villadei X lib in quietancia hospitaliis de hominibus suis de Villadei IIII lib per breve Regis.* »

---

(1) Cartulaire de Marmoutier, T. II p. 28 et 29.
(2) Le Cann, Histoire du diocèse de Coutances, t. II p. 502.

En 1228, l'abbaye de Hambye reçoit à son tour des libéralités de la part du seigneur Thomas de Périers. Il lui concède également des droits sur l'Église de Tribehou. Il n'en avait sans doute accordé qu'une partie à l'abbaye de la Luzerne.

Les de Périers n'étaient pas éteints à la fin du XIII° siècle, car nous voyons figurer, parmi les templiers détenus sous Philippe-le-Bel, Adhémar de Périers *(de Peresio)*, chevalier. Il était enfermé dans la maison du comte de Savoie, près la porte St Marcel à Paris (1).

Vers la même époque, en 1289, Richard de Périers est archidiacre de Coutances. Le cartulaire de cette Église (fol. 2) en fait mention en ces termes : *Frater Eustachius Episcopus Constantiensis de consensu Capituli concedit Richardo de Piris, archidiacono de Constantio facultatem emendi annuum redditum ad valorem XV librarum turonensium ad quamdam capellarisam faciendam in Ecclesia.* » Ces quinze livres tournois valaient environ 800 francs de notre monnaie.

La famille de Périers était-elle alliée à celle de Grosparmi, établie à Périers dès le XIII° siècle? on serait tenté de le croire, quand on voit le personnage le plus distingué de cette famille Grosparmi, le cardinal Raoul, prendre aussi le nom de Raoul de Périers. Quoiqu'il en soit, la famille de Grosparmi était ancienne et fort riche. Siméon de Grosparmi était qualifié du titre de bourgeois de Périers; mais l'on sait qu'au moyen-âge ce titre de bourgeois valait une qualification nobiliaire. Il donna l'hospitalité, en 1250, à Eudes Rigauld, archevêque de Rouen, qui faisait la visite canonique des maisons religieuses de sa province ecclésiastique. Six ans plus tard, lorsque St-Louis passa par Périers, en 1256, il fut complimenté par Siméon de Grosparmi, qui était alors le personnage le plus considéré du pays. Le roi l'estimait beaucoup : il avait eu deux de ses fils pour chanceliers, ou gardes du sceau royal. Siméon Grosparmi avait eu quatre fils : Raoul, Jean et Colin. Raoul devint évêque

---

(1) Michelet, Procès des Templiers, T. I, p. 118.

d'Évreux. On lit en effet, que St-Louis, accompagné de ses deux fils, Louis et Philippe, assista en l'année 1259 dans l'Église de St-Taurin d'Évreux, au sacre de Raoul Grosparmi, né à Périers, et nommé évêque d'Évreux : « *Anno 1259, die crastino sancti Lucæ evangelistæ, consecratus est in episcopum ebroïcensem magister Radulphus de Grosparmi, natus de Piris, in ecclesia beati Taurini ebroïcensis ; ad cujus consecrationem interfuit etiam Ludovicus illustris rex Francorum cum duobus pueris scilicet Ludovico et Philippo.* » (1).

Raoul devint plus tard cardinal et évêque d'Albe : il mourut au siège de Tunis, à la suite de St Louis. La famille à laquelle il appartenait est souvent citée dans les actes du moyen-âge. Jean Grosparmi, dans le mois de février 1265, donne à perpétuité à l'Église de Coutances dont il était chanoine 40 sous de rente à prendre, au jour de l'Ascension, sur sa maison de Coutances, que lui vendit autrefois Robert du Lorey, clerc, et Alix, sa femme, parce qu'il serait fait annuellement un service pour feu Siméon Grosparmi, son père en son vivant bourgeois de Périers, et que les deux tiers de la rente seraient distribués aux chanoines et l'autre aux clercs du chœur (2).

Le père du Cardinal de Grosparmi eut la joie de voir son fils revêtu de la pourpre. Il mourut vers l'an 1264. C'est

---

(1) Lebrasseur, Histoire d'Évreux, p. 193.

(2) Il y avait au moyen-âge nombre d'ecclésiastiques qui avaient reçu la tonsure et les ordres mineurs sans dessein de passer outre. Ils étaient mariés ou non mariés. Un concile provincial de Normandie tenu à Pont-Audemer, le lendemain de la Décollation de St Jean-Baptiste, en 1262, enjoignit aux clercs mariés ou non mariés, de s'abstenir aux fêtes et dimanches de tout commerce séculier et indécent, et de porter l'habit clérical et la tonsure. Le concile statue contre les délinquants que, si après une troisième monition, ils ne se corrigent pas, les clercs non mariés et leurs bénéfices seront soumis aux lois et coutumes du pays, et que les seigneurs temporels pourraient exiger des clercs mariés les mêmes redevances que de leurs autres vassaux. Si après les trois avertissements ils ne portaient ni l'habit ni la tonsure cléricale et qu'ils fussent convaincus de quelque crime énorme, l'Église ne devait ni les retirer des mains de la justice séculière, ni user de ses censures en leur faveur (3). Les canons de ce concile nous expliquent ce point de discipline ancienne qui permettait à l'Église d'avoir dans les paroisses des clercs mariés non engagés dans les ordres sacrés. Tel était ce clerc Robert du Lorey qui avait traité avec Jean de Grosparmy au sujet de la vente d'une maison.

(3) Annuaire de la Manche 1856. p. 7.

ce que l'on peut conjecturér de la fondation faite pour lui en février 1265, par son fils Jean, chanoine de Coutances. Colin de Grosparmi continua dans le pays les traditions honorables de sa famille. C'est chez lui que descendit l'Archevêque de Rouen, lorsqu'il visita une seconde fois les communautés religieuses de sa province. Colin fit à l'Archevêque les honneurs de sa maison. Colin avait cinq enfants savoir : trois filles, dont l'une fut religieuse à Evreux, et deux fils : l'aîné devint chanoine de la cathédrale de Bayeux et le jeune, Raoul, monta sur le siège d'Orléans, au commencement du XIV° siècle. Ce prélat, homme fort savant, fut après son oncle, le cardinal Raoul de Grosparmi, le membre le plus distingué de cette illustre famille. Il avait appelé auprès de lui deux neveux, Thomas et Nicolas, tous deux prêtres. Le nom et la famille de Grosparni persisteront aux environs de Périers et dans la contrée. On les y trouve aux XIV°, XV° et XVI° siècles (1).

Le 21 août 1556, sa négligence à présenter ses lettres de noblesse au sieur de Mondreville valut au sieur de Grosparmi une amende égale à six années de son revenu. C'est ce que nous apprend le sire de Gouberville dans son journal manuscrit (Edit. 1880 p. 17).

Les de Grosparmi, de Flers, formaient une autre branche de la même famille, qui s'est éteinte par les femmes dans la famille de Pellevé.

En 1404, nous trouvons Raoul de Grosparmi, seigneur de Beuville et de Flers. Jeanne de Grosparmi, sa fille, épousa Jean de la Haye, seigneur de Bouillon (paroisse de Semilly).

---

(1) Ainsi d'après le registre des fiefs de Philippe Auguste, Raoul de Grosparmi avait un fief à St-Denys-le-Vêtu. On lit qu'en 1327 Raoul de Grosparmi tient ès paroisses de St-Denys-le-Vêtu, de Fleury, de la Bloutière, un demy fief de Haubert du roy nostre sire et en doit ledit Raoul 20 L. mansois à la my-caresme et 20 à la St-Michel et vaut ce que ledit Raoul a audit bien de revenu bon an mal an 30 L. environ. (Ann. de la Manche, 1855 p. 22). Le 5 mars 1419, on trouve Guillaume Grosparmi et sa femme à Beuzeville-la-Bastille. L'Église conserve plusieurs pierres tombales. Sur l'une on lit cette inscription « Cy gisent nobles personnes Rogier Simon, seigneur de Plain-Marais et de Grosparmi décédé le 1er jour d'aoust en MIIII et XIX, et damoiselle Philippine Denys de Thiéville sa femme, décédée le 7me jour de septembre MCCCC et XXIV. »

La maison de Grosparmi avait hérité de la famille d'Esquai et prenait le titre de vicomte d'Esqai. Raoul de Grosparmi doit être le père de Nicolas de Grosparmi qui, de Marie de Reux laissa trois fils : Jehan de Grosparmi, Guillaume et Mathurin de Grosparmi et une fille Guillemette de Grosparmi, mariée, le 8 janvier 14..., à Germain de Grimouville.

A cette date Nicolas de Grosparmi était mort, et Jehan de Grosparmi, baron de Flers, son fils aîné, et Guillaume de Grosparmi son second fils, accordèrent à leur sœur en considération de son mariage 300 L. tournoys argent comptant et une rente de 20 L. par an rachetable pour le prix de 400 L. tournoys. Ce Jehan de Grosparmi épousa Jacqueline de Sillans, d'une très ancienne famille originaire de Provence, qui se rattachait à Gilbert de Sillans, venu en Normandie à la fin du XIIIe siècle.

Jehan de Grosparmy mourut au mois de mai de l'année 1541. En lui s'éteignait la branche de Flers ; il ne laissa que deux filles ; l'aînée, Anne de Grosparmy, âgée de cinq ou six ans, et la cadette, Jeanne de Grosparmy, âgée de huit jours. Leur mère, Jacqueline de Sillans, en eut la garde-noble.

Le 22 juin 1544, le roi remit les mineures à la garde de Richard de Pellevé, et à la mort de celui-ci, il les confia à sa veuve, Louise de Grippel, par lettres patentes du 8 février 1546, avec permission de faire procéder au mariage de Jean de Pellevé avec Anne de Grosparmy et à celui de Henri de Pellevé avec Jeanne de Grosparmy, dès que cette dernière aurait atteint l'âge nubile, et ce en considération des services que lui avait rendus Richard de Pellevé.

Le 3 mars suivant, l'accord des deux mariages fut régulièrement passé, et le 15 avril 1547, Guillaume de Grosparmy, cousin germain du père des mineures y donna son consentement.

Les armes de Grosparmy étaient : *de gueules aux jumelles d'argent, au lion passant de même et posé en chef.*

Armes de Pellevé : *de gueules à une tête humaine d'argent au voil levé d'or.*

Jean de Pellevé tomba sur un champ de bataille. Son frère aîné, Richard, fut tué en 1589, à la bataille de Moncontour, dans les rangs de l'armée royale. Henry de Pellevé de Caligny, baron de Flers, devenu par la mort de ses deux frères, Richard et Jean, le seul héritier de sa branche et seigneur de Flers, resta invariablement attaché à Henri III et à Henri IV ; et pourtant dans le camp opposé, celui de la Ligue, se trouvait son cousin germain, le cardinal de Pellevé, esprit remuant, infatigable, l'âme de la coalition, et dont un poète du temps a pu dire :

> Une fois il fit bien : ce fut son trépas,
> Le bon Dieu lui pardoint, car n'y il pensait pas.
>
> (*Satire Ménippée*, Edit. MATTH. KERNER. t. XI, p. 302).

Au temps où florissait à Périers la famille de Grosparmi, un événement digne de remarque vint augmenter l'importance commerciale de cette bourgade. Jusqu'au commencement du XIII° siècle, et dès le XI° siècle, la paroisse d'Aubigny avait une foire et un marché. Mais en 1216, Philippe d'Aubigny ayant quitté le parti de la France pour celui de Jean-sans-Terre, Louis VIII réunit au domaine de la couronne la seigneurie d'Aubigny, en Cotentin. C'est à cette époque que le marché d'Aubigny fut transféré à Périers.

La conduite de Philippe d'Aubigny n'avait que trop bien justifié la sévérité du roi de France. Jean-sans-Terre était mort le 19 octobre 1216, dans le château de Nework, comté de Nottingham. Il était mort d'une indigestion comme son aïeul Henri I. Philippe d'Aubigny, gardien des îles normandes, fut un des barons qui, peu de jours après cette mort, le 28 octobre 1216, se réunirent à Glocester et firent couronner le jeune roi Henri III, âgé de dix ans, par les évêques de Winchester et de Bath, en présence du légat du pape Innocent. A partir de ce jour, la cause de Louis VIII, fils de Philippe-Auguste, fut perdue. Le roi de France essuya une dernière défaite sous les murs de Lincoln (1 juin 1217.) Un dernier effort fut engagé entre la marine de la France et celle d'Angleterre. Les flottes ennemies se rencontrèrent vers le milieu du détroit. Les Anglais paraissent hésiter à commencer l'attaque, ils étaient inférieurs en nombre. Mais la victoire de Lincoln leur rendit leur audace et, grâce à l'habileté de Philippe d'Aubigny ils furent victorieux. Un traité de paix fut signé : toutes les villes, bourgs, châteaux et domaines qui avaient été occupés par Louis pendant la guerre revenaient à Henri. On remarque que tous les noms, apposés au bas de ce traité, étaient des noms normands, la plupart originaires du Cotentin ; parmi eux figurait celui de Philippe d'Aubigny. Le roi de France en éprouva un ressentiment amer, et il se vengea en confisquant les terres que ce baron possédait dans le Cotentin (1). La translation du marché d'Aubigny à Périers et celle du bailliage de St-Sauveur-Lendelin devinrent pour Périers une source de prospérité. La population s'accrut en proportion du nombre des officiers du bailliage qui s'établirent avec leurs familles dans la localité. Et dès lors la ville de Périers acquit une importance qu'elle ne devait plus perdre.

Périers n'eut pas seulement la gloire d'être la patrie d'un chancelier de France. Il peut s'honorer aussi d'avoir vu dans ses murs un de nos plus grands rois. L'histoire nous apprend que St Louis qui voulait surveiller par lui-même l'administration de ses agents et se mettre en rapport direct avec ses sujets, visitait souvent les différentes parties de ses états, et que la Normandie, après sa réunion à la France, attira particulièrement son (attention : aussi cette province fut-elle plus d'une fois le but de ses voyages. Le saint Roi, en l'année 1256, consacra deux mois à parcourir la Haute et la Basse Normandie ; et on le vit visiter successivement dans notre contrée : St-Lô, Carentan, Valognes, Cherbourg, Périers Coutances, Avranches etc, etc. Le roi dans ses voyages s'occupait particulièrement des établissements consacrés au soulagement des pauvres et des malades ; c'était envers eux surtout que

---

(1) Dupont, Histoire du Cotentin. t. I, p. 47.

son immense charité prodiguait ses faveurs et ses bienfaits (1).

Au commencement du mois d'avril 1256, St Louis revint par Valognes à Périers. Dans cette dernière localité, il logea chez le père de son chancelier, Simon de Grosparmi, bourgeois de Périers (2). Le saint roi revint encore dans la basse Normandie en 1269. Il est à croire qu'il eut à cœur de visiter encore une fois la famille du Cardinal, Légat de la Croisade que l'on prêchait partout en France.

Un autre habitant de Périers au XIIIᵉ siècle doit à une transaction qu'il fit avec St Louis l'honneur de voir son nom passer à la postérité. Il s'agit de Jean Desjardins.

Il existait à St-Sébastien, dans le XIIIᵉ siècle, un moulin appartenant à Jean Desjardins, de Périers. Le roi Louis IX ayant donné à fieffe perpétuelle à cet homme la pêcherie qu'il possédait dans la parroisse de la Feuillie, pour une redevance annuelle, exigea qu'il lui donnât une garantie sur son moulin de St-Sébastien. Voici l'acte qui intervint entre le Roi et Desjardins.

« Louis, par la grâce de Dieu, roi des Français, faisons savoir à tous présents et avenir que nous avons donné et concédé à Jean Desjardins, de Périers, et à ses héritiers, pour 30 sous tournois de rente perpétuelle, qu'il nous paiera à la fête St-Michel, la pêcherie de notre vivier de la Feuillie, situé dans la paroisse de la Feuillie, ainsi qu'il s'étend en longueur, sans détruire la chaussée ni détériorer le moulin, sauf en tout le droit d'autrui. Et si cette pêcherie donnée à ferme, était tenue à quelque chose envers quelqu'un, ledit Jean et ses héritiers seront tenus de faire et de payer ce qui sera à faire ou à payer. Pour sûreté de la rente ci-dessus, ledit Jean a assis en contre-plège, sur le moulin qui lui appartient en la paroisse de St-Sébastien, 10 sous de rente annuelle qui nous demeureront à perpétuité avec la susdite rente de fieffe, dans le cas où il viendrait lui ou

---

(1) Les voyages de St-Louis en Normandie par Monsieur Léopold Delisle. Mémoire de la Société des Antiquaires de Normandie T. XX. p. 162.
(2) Gustave Dupont, Histoire du Cotentin et de ses Iles, t. I. p. 116.

ses héritiers, à se dédire du présent contrat. Afin que le tout soit ferme et stable à l'avenir, nous avons fait apposer notre sceau sur les présentes lettres. Fait à Paris l'an de Notre-Seigneur 1269, au mois de février. »

On voit que le saint roi, savait stipuler des garanties pour le cas où ses débiteurs manqueraient à leurs engagements.

St Louis, en l'année 1269, donna à fieffe perpétuelle, à Jean Desjardins, de Périers, et à ses héritiers, pour 30 sous de rente, payable, chaque année à la St-Michel, la pêcherie de son vivier de la Feuillie, sans pouvoir détruire la chaussée ni détériorer le moulin, et sous la condition de respecter les droits d'autrui. Alors, le roi possédait le moulin qu'on voit sur la rivière d'Ay, au dessous de l'Église; il lui venait du partage du comté de Mortain, après la mort de Philippe de Boulogne, car le premier lot qui échut au roi comprenait la Feuillie : « Hæc est prima lotia, dit l'acte, Criencie, Foilleia Rex cepit istam lotiam, actum apud Rothomagum in scaccario pasche, anno gratio MCCXXXV mense aprilis. » Ce qui paraît encore confirmer ce fait, c'est qu'en 1249, le roi paya aux exécuteurs testamentaires du comte de Boulogne, à cause du Moulin de la Feuillie, 12 L. 5 sous.

Un autre bourgeois de Périers, Etienne de Sèves, mérite d'être signalé dans cette histoire. Il est cité, en 1309, comme légataire particulier de Raoul de Grosparmi, évêque d'Orléans, et son nom reparaît encore dans les annales du pays, à l'occasion des franchises que l'abbé de St-Taurin d'Evreux accorda, en 1336, aux habitants de Périers. Ce document fait mention de notre Etienne de Sèves, comme d'un homme recommandable par la dignité de sa vie et son influence dans la contrée.

Un peu plus de vingt ans après, la guerre vint jeter l'alarme dans la paisible population de Périers. Français et Anglo-Navarrins étaient en lutte les uns contre les autres. Les hostilités se prolongèrent avant et après le traité de Bretigny, pendant la captivité du roi Jean et les premiers temps qui suivirent sa délivrance.

Coutances tenait pour le roi de France, Périers faisait

partie du domaine de Blanche de France, femme de Philippe d'Orléans. Il en était de même de St-Sauveur-Lendelin et de Pontorson. Les habitants de Périers ne se montrèrent pas moins bons français que ceux de Coutances. Sous les ordres d'un capitaine, nommé Colin Pélerin, et de Richard de Condren, ils se retranchèrent dans leur Église, transformée en forteresse. Mais dès les premiers mois de 1359, Périers était tombé aux mains des Anglo-Navarrins.

Deux ans auparavant Colin Pélerin avait dû recourir à la clémence de la cour, après avoir tué un bourgeois de Périers, nommé Pierre Molé ou Moley. Il y eut en effet lettres de rémission données en 1357 par Charles, régent de France, à Colin de Périers « *Colino Peregrino Capitaneo de Piris in Constantino.* »

Richard Condren et Colin Pélerin avaient l'humeur joyeuse. Mais les saillies de cette humeur les avaient entraînés l'un et l'autre au-delà des justes bornes, un jour qu'ils avaient fait du tapage à la porte d'un bourgeois de Périers nommé Colin Putey, parce que sa femme baignait un enfant dans une poêlle. Cela avait nécessité des lettres de rémission en faveur de Richard Condren, chevalier.

Richard de Condren devint un des personnages les plus marquants de Périers. Blanche de France le fit son bailly en toutes ses terres de Normandie, et notamment à Pontorson et à St-Sauveur-Lendelin. Il fonda le mercredi après la fête de tous les Saints 1376, une messe perpétuelle et quatre messes à diacre et sous-diacre dans la chapelle Notre-Dame de l'Église St-Pierre de Périers pour lui, pour madame Symonne de la Hézardière, sa femme, pour leurs ancêtres et descendants, moyennant 19 L. tournois de rente et 100 sous tournois de rente d'autre part pour l'entretien du chapelain de ladite chapelle.

Il était seigneur du Bois, dans la vicomté de Périers. Il fut fait Chevalier par Philippe de France, duc d'Orléans, fils de Philippe de Valois, et confirmé dans ce titre le 25 mai 1377. Nous le voyons faire des transactions en 1380, 1381, 1382, 1383 avec différentes personnes de Périers, telles que

Colin Escoulant, Raoul Le Petit Lesney, Guillaume de Sèves, fils d'Etienne de Sèves, Silvestre Clouet, Jehan Le Prévost, Jehan Pélerin, Colin Fenestre. Le 2 février 1398, il faisait aveu à Louis, duc. d'Orléans, d'un fief situé dans la vicomté de St-Sauveur-Lendelin. La femme de Richard de Condren s'appelait, comme on l'a vu, Simonne de la Hézardière. Il en eut quatre enfants : Robinet, Richard, Simonne et Alix. Robinet était encore mineur, sous la charge de son père, le 6 novembre 1382. Richard épousa Guillemette Desmoulins ; Simonne se maria à Regnault Le Grand, écuyer, seigneur d'Espinay De ce mariage naquit Jean Le Grand. Alix épousa Pierre Gondouin, écuyer, et mit au monde Jean Gondouin, écuyer, seigneur de Tains.

Richard de Condren, fils de Richard, fait une transaction le 12 septembre 1453 avec Jehan Le Grand, fils de Regnault Le Grand et de Simonne sa sœur.

Il eut de Guillemette Desmoulins, sa femme, Jehan de Condren, écuyer, seigneur du Bois, qui épousa Jeanne Le Bourgeois. Jean de Condren eut huit enfants : quatre fils et quatre filles, qui furent François, Robert, Guillaume, Jacques, Marguerite, Michelle, Catherine et Françoise. Il passa un accord, le 19 septembre 1483, avec M° Percheval de Bordel, procureur fondé de Jehan Le Grand, son cousin germain. •

François de Condren épousa Girette de Drosay, fille de noble homme, Guillaume de Drosay, seigneur de Sauce et de Beaucoudray. Il eut le fief et vavassorerie du Bois avec toutes ses appartenances, dignités, libertés, le droit de patronage de l'Église de Gonfreville et de la chapelle Notre-Dame, fondée en l'Église de Périers, et tous les biens situés en la vicomté de St-Sauveur-Lendelin.

Guillaume de Condren épousa, le 5 octobre 1506, Catherine Guillebert, fille de feu Jehan Guillebert et sœur de M° Thomas Guillebert, curé de Canon, et seigneur de Secqueville. Nous allons donner sa descendance.

Jacques eut quatre fils : Guillaume, Charles, Jehan et Marin. Il avait eu pour sa part tous les biens et héritages situés dans la vicomté de Valognes. Sans suivre la descendance de Jacques de Condren, nous dirons seulement que ses fils Guillaume et Charles allèrent se fixer dans la Saintonge et le Poitou. Marguerite épousa Richard Mahieu, écuyer; sa sœur Michelle se maria à Jehan Le Petit, Catherine à Guillaume Le Petit.

Guillaume de Condren est cité dans un acte de 1512 où il est qualifié seigneur du Bois. Il possédait conjointement avec son frère Jacques tous les biens et héritages situés dans la vicomté de Valognes. Il eut trois enfants : Pierre, Robert et Jehanne. Celle-ci se maria en 1541; elle épousa noble homme Robert Mahieu, fils de Jacques Mahieu. Robert, écuyer, paraît dans des actes de 1541 et 1557.

Pierre de Condren reçut le Sacrement de Confirmation et la tonsure cléricale de Jean d'Aloigny, évêque de Castorie, suivant les lettres du vicaire général d'Augustin Trivulce, évêque de Bayeux, Cardinal Diacre de la Sainte Église romaine, lors absent de son diocèse. Ces lettres furent données dans le manoir épiscopal de Bayeux sous le scel du Cardinal. Le 6 juin 1533.

(Signées................. original en parchemin dont le Sceau est perdu).

Le diocèse de Coutances avait alors pour évêque Philippe de Cossé qui ne vint jamais dans son diocèse. Avec la permission de son vicaire général, l'évêque de Castorie dut faire cette ordination à Bayeux, ainsi que l'attestent ces lettres. Il en fit une autre dans la même ville, en 1535, suivant la *Gallia Christiana*. (1).

Pierre de Condren ne poursuivit par son dessein d'entrer dans la carrière ecclésiastique. Il se maria avec Marie Dumonchel le 13 mai 1540. En 1550, nous le voyons renoncer à la succession de son père. De ce mariage sortirent Noël et Guillaume. Pierre de Condren décéda en 1585.

Noël resta en Normandie.

(1) T. XI, p. 387.

Guillaume, son frère puîné, quitta le pays vers 1566, à peu près à l'époque où ses cousins germains, les fils de Jacques Condren, Guillaume et Charles, prenaient la route de la Saintonge et du Poitou.

Guillaume de Condren, sieur du Bois et du fief du manoir dit l'Hermitte, rend en 1581 aveu à Barbe d'Estrée, dame de Champmerin, Chauldun, Vaulbuyn, dudit fief, du manoir relevant en fief, foi et hommage, de ladite dame. Il expose en 1586 qu'il a quitté le pays de Normandie depuis environ 20 années pour s'attacher au service du Roi. Il faisait alors depuis 10 ans sa plus continuelle demeure à Vaulbuyn, près de la ville de Soissons. Nous croyons qu'il avait quitté la Normandie par suite de son attachement au calvinisme. Il avait dû se soustraire aux recherches exactes du gouverneur de basse Normandie, de Matignon. Guillaume Condren épousa, le 22 novembre 1587, dans le logis seigneurial de Barbe d'Estrée, dame de Champmerin, demoiselle Marguerite du Haste, fille de feu noble homme Jehan du Haste, écuyer, ancien commissaire ordinaire de l'artillerie du roi. Elle lui apportait la seigneurie de la Muette, de St-Denys et de Largny en partie. Guillaume de Condren, seigneur du Bois, eut quatre enfants, Henri, Charles, Catherine et Elisabeth. Charles de Condren fut le célèbre supérieur général de l'Oratoire, dont la sainteté singulière exerça une action si féconde sur les hommes de son temps les plus éminents en piété, tels que St Vincent de Paul et Monsieur Olier. Nous ne poursuivrons pas plus loin la descendance de Guillaume de Condren, elle n'appartient pas à notre histoire. Qu'il nous suffise de noter les principaux événements qui marquèrent la vie de ce noble enfant de Périers. Il devint commissaire général intendant des réparations et fortifications de la ville de Caen, en 1592. En 1593, il est commissaire général et intendant des réparations et fortifications de toute la Normandie. Dans sa provision le Roi le félicite de sa louable affection pour ce qui intéresse le service de Sa Majesté.

Sous le nom de seigneur du Bois-Condren, il est maître d'hôtel ordinaire du Roi à Paris en 1594. Le 27 décembre 1608

Marie reine de France et de Navarre le nomme capitaine de son château de Monceaux, dont il se démit 8 ans plus tard, en 1616, en faveur d'un de Bassompierre. En 1622 Guillaume de Condren ajoute à ses autres titres celui de seigneur de la Court et en 1630 nous le voyons assister au mariage de Henry, son fils (1).

François I", le 24 ou 25 avril 1532, a dû passer par Périers, lors de son voyage à Caen, Bayeux, St-Lô, où il séjourna au manoir de Vaucelles, situé près de la Vire. Il arriva à Coutances le 21 avril vers les cinq heures du soir par le pont de Soule, il passa trois jours à l'évêché (voir de Bras, voir Dupont, t. III. p. 252). Il repartit de Coutances le 24 ou le 25, passa par Périers, s'arrêta au château de Bricquebec et arriva à Cherbourg le 28 avril. De Cherbourg, le roi revint par Valognes, Huberville, Carentan et St-Lô; il se rendit de St-Lô à Coutances où il était de retour le 3 mai. De là il alla en Bretagne en passant par Avranches, le mont St-Michel et Chateaubriand. (voir l'histoire du mont St-Michel par Dom Huygnes).

Les troubles religieux furent grands en l'année 1558. Le petit peuple fut assez facilement séduit ; et les impôts ainsi que les subsides étaient si excessifs qu'en plusieurs villages, dit de Bras « on ne faisait plus assiette de tailles. » Les décimes étaient si élevées que les curés et les vicaires prenaient la fuite dans la crainte d'être emprisonnés. Cela amena la suspension du service religieux dans bien des paroisses, surtout dans les baillages de Périers, Plumetot, Secqueville, Soliers et autres lieux (2).

La même année le sire Guillaume de Gouberville avait une cousine à Périers; c'était madame d'Estoubeville. Il lui envoya par Cantepyge, qui avait couché à St-Germain en revenant de Périers, les vittecoqs et le lin qu'il lui destinait (3).

Une autre dame de la noblesse passa ses derniers jours à

---

(1) Chérin, vol. 58, Cabinet des Titres.
(2) De Bras, Recherches sur la ville de Caen.
(3) Journal manuscrit du Sire de Gouberville. (1880 p. 130).

Périers, dans la fin du même siècle. C'était Ursine Le Cointe femme de Julien Davy du Perron.

Tous les deux étaient de maisons nobles et anciennes du pays, l'une dite *du Perron* et l'autre de *Languerville*. Malheureusement ils s'étaient laissés séduire comme tant de beaux esprit du temps par les erreurs de Calvin. Ils s'étaient donné leur foi pour se marier ensemble, mais ils ne purent exécuter leur dessein que sept ans après, à cause des rigueurs qu'on exerçait alors en France contre les calvinistes. Pour contracter leur union ils se rendirent successivement à Genève, et dans le canton de Berne. C'est là, si l'on en croit l'éditeur des œuvres du Cardinal du Perron qu'il serait venu au monde (1).

Après la paix rendue à la France, les parents du jeune du Perron reprirent la route de la basse Normandie. Ils passèrent par Rouen, mais le sieur du Perron y fut fait prisonnier, et ce ne fut qu'au travers de difficultés sans nombre que sa femme avec deux de ses enfants, put arriver au terme de son voyage. De nouveaux troubles obligèrent les du Perron à se réfugier à Jersey. Après trois ans de séjour dans cette île, ils repassèrent en France pour retourner encore dans l'île Normande à la suite de nouveaux dangers. C'est au milieu de ces vicissitudes que se forma, sous les yeux de son père et de sa mère, l'éducation du futur Cardinal. Lors du siège de St-Lô par le maréchal de Matignon, gouverneur de la basse Normandie, Julien du Perron fut arrêté avec toute sa famille, qui eut à subir de grandes rigueurs. La famille du Perron était dans la maison de Languerville, où le frère de Ursine Le Cointe lui offrait une généreuse hospitalité.

Julien Davy du Perron mourut dans son attachement à l'hérésie. Ursine Le Cointe devait être plus heureuse. Elle s'était retirée chez sa fille, Marie Davy du Perron, qui avait épousé à Périers Robert Le Noël. Son fils, le futur Cardinal, lui écrivit une longue lettre

---

(1) L'Histoire de St-Lô fait naître le Cardinal du Perron à St-Lô dans la maison de Languerville. Mais le neveu du Cardinal du Perron, Jacques le Noël du Perron, qui édita les œuvres de son oncle en 1630, le fait naître en Suisse. Un témoin de la famille, si rapproché des faits, nous semble d'un plus grand poids dans son témoignage que tout autre historien.

pour l'engager à se convertir. La mère suivit les conseils de son fils. Elle se convertit si bien que son petit-fils, Jacques Le Noël du Perron, écrivait en 1629, lorsqu'il édita, les *Œuvres diverses*, du Cardinal, son oncle : « Cette illustre et vertueuse damoiselle suivit peu de temps après, par sa conversion, ces doctes et pieuses instructions et durant plus de vingt ans qu'elle vescut depuis, avec toute sorte de zèle et de dévotion, mérita comme une autre sainte Monique, d'estre célébrée à la postérité, pour digne mère d'un grand et admirable prélat » (1). La mère du Cardinal du Perron mourut vers l'an 1600. Elle fut inhumée dans l'Église de Périers, en la nef latérale, du côté de l'évangile.

La sœur du Cardinal, Marie Davy du Perron (2), avait épousé, à Périers, Robert Le Noël, seigneur de Gruchi ou Groucy. De ce mariage sortirent deux enfants : 1° Jacques Le Noël, qui ajouta à son nom celui de du Perron que portait sa mère, et qui mourut évêque d'Evreux. 2° Jeanne Le Noël, qui épousa son parent, Jacques le Ménicier, fils de Michel Le Ménicier, écuyer, seigneur de Martigny.

Les monastères, dans les dernières années du XVI° siècle, devinrent souvent le foyer de toutes les menées des partisans de la Ligue. Alors, et en 1591, les Etats de Normandie s'assemblèrent dans la grande salle de l'Abbaye de St-Etienne de Caen, sous la présidence du duc de Montpensier, pour prendre des mesures afin de fortifier le parti royal, et combattre efficacement les tentatives faites de tous côtés avec une incessante énergie pour entrainer les populations dans le parti contraire. Le parlement, voulant sanctionner ces mesures, fit saisir entre autres baronnies, celles de la Haye-du-Puits et de Périers, ce qui donne à penser que l'Abbaye de St-Taurin favorisait le parti de la Ligue (3).

Ainsi le Parlement de Rouen s'occupa activement de faire saisir les biens des Ligueurs et de vendre ces biens. C'était un moyen efficace de se procurer de l'argent, et d'affaiblir la Ligue. Une

---

(1) Diverses Œuvres du Cardinal du Perron, Paris 1629, in. fol. t. I p, 839.
(2) La famille Davy du Perron est représentée aujourd'hui par les enfants du marquis Adrien Davy de Virville.
(3) Mémoire de la Société des Antiquaires de Normandie. (t. XXI. p. 20)

chambre du domaine, créée sur la demande du Parlement de Normandie, fut composée de magistrats pris dans son sein et présidés par Groulart ; elle était occupée sans relâche à prescrire des saisies. Ainsi furent saisies la baronnie de Périers et celle de la Haye-du-Puits. La Ligue avait pillé les biens des royalistes. Il était de bonne guerre d'emprunter enfin de la Ligue elle-même les moyens de la combattre, de la détruire et de réparer les dommages qu'elle avait causés aux adversaires. (1).

Mais la désolation fut grande dans le plat pays de Cotentin. C'est ce que nous apprennent les cahiers de doléances des trois ordres des Etats de Normandie qui se tinrent à Caen après l'abjuration du roi Henri IV (25 juillet 1593). La première séance des Etats eut lieu le mardi 16 novembre 1593 au couvent des Carmes. On lit notamment dans les cahiers de remontrances que le plat pays du Cotentin est incessamment parcouru par une soldatesque indisciplinée et qu'il en était arrivé à n'avoir plus de quoi se nourrir. « Si bien, disaient les commissaires des trois Etats, que c'est chose monstrueuse de voir qu'en tels endroits y ait pas un cheval, jument, bœuf, mouton ou autre beste ; que c'est chose lamentable de voir un père de famille, sa femme et ses enfants servir de bestes et la corde sur les épaules, tirer à force de *rains* (sic) une petite *charuelle* : voir les pauvres gens en général, si défaits, si basanés, si découverts de toutes parts, qu'il ne leur reste aujourd'huy, pour l'extrême *povreté* à laquelle ils sont réduits (et desquels la *moietié* sont morts), que le plus petit membre qui est encore sur eux pour faire entendre au Roy leur misère, leur calamité, leur povreté. » (2).

1632. — Impôts sur le sel.
Prisonniers s'évadant des prisons de Périers.

La taxe qui existait sur le sel, et qui était, en 1632, de 6 L., par minot, fut augmentée de 40 sols. Il fut stipulé qu'il y aurait soli-

---

(1) Floquet, Histoire du Parlement de Normandie. t. 3. p. 509
(2) Cette phrase est peu intelligible. Si tous les cahiers étaient écrits dans cette langue, ils devaient faire peu d'impression sur l'esprit du monarque.

darité entre les contribuables, c'est-à-dire que ceux qui étaient solvables devaient prendre au grenier la quantité de sel que les pauvres ne pouvaient pas payer. La fraude la plus légère était punie d'un emprisonnement, qui, souvent durait deux ou trois ans avant que les juges ne fussent saisis du procès. Les emprisonnements étaient subis dans d'horribles geôles, où la faim, la saleté et l'entassement des prisonniers engendraient la peste. Le geôlier des prisons de Périers étant mort de cette maladie (1632), tous les prisonniers qui y étaient détenus profitèrent de cet événement pour s'évader et prendre la fuite.

(REGISTRE DU BUREAU, année 1632 f° 3).

Révolte à Périers.

En 1638, l'indiscipline des gens de guerre n'avait plus de limites dans le Cotentin. On eût dit que le temps des grandes Compagnies était revenu.

A Périers, on eut à déplorer au mois de mai 1638 des scènes d'une incroyable sauvagerie. Un soldat, appartenant au détachement qui logeait dans le bourg, avait rompu le cou à un enfant. Il avait été jeté en prison pour cet acte de cruauté; mais ses camarades brisèrent les portes de la prison et le délivrèrent. Les bourgeois se plaignirent amèrement au bailli de Périers de toutes ces violences, mais le trouvant peu disposé à les protéger, ils le menacèrent d'incendier sa maison. Le bailli appela la noblesse à son aide. Une trentaine de gentilshommes des environs répondirent à son appel, se réunirent dans son jardin et députèrent quatre d'entre eux auprès du maréchal des logis qui commandait la troupe. Ces délégués furent fort mal reçus; néanmoins, dans leur amour de la paix, et pour étouffer la querelle, ils proposèrent un accord, lorsque survint une femme sur la place du marché. Elle se plaignait à grands cris d'avoir subi le dernier outrage de la part d'un soldat, et son mari la suivait, adressant des reproches aux hommes du détachement. L'un d'eux tire son sabre et lui coupe la main; un domestique du vicomte veut intervenir, et est tué sur le coup. Le vicomte sort seul et sans armes de la maison du bailli et saisit le meurtrier; mais cinq ou six soldats se jettent sur lui. Un gentilhomme, nommé Rouaille, parent de M. Du Perron, baron de Périers, vole au secours du vicomte et renverse d'un coup de pistolet un soldat qui s'élançait tête baissée pour le frapper. La population s'amasse, s'arme de pierres et de bâtons, sonne le tocsin et engage contre la troupe un combat qui coûta la vie à cinq soldats et à trois des habitants. Le lendemain le bourg était fermé par des barricades, et plusieurs milliers de paysans étaient accourus en armes. Il ne fallut pas moins que la présence de Monsieur de Matignon pour calmer les esprits et rétablir la paix. Le sieur Rouaille fut poursuivi par le grand prévôt, mais on espérait bien que la protection du baron de Périers, son parent, le couvrirait (1).

Périers avait encore des troupes en garnison au commencement de l'année 1640. Après la défaite des Nu-pieds (30 novembre 1639) (2), et l'exécution de plusieurs rebelles, ordonnée par le Présidial de Coutances, la Cour crut prudent de laisser dans le bas pays et dans le pays plat deux régiments de cavalerie, qui furent distribués dans les villes de la généralité de Caen. Le régiment du marquis de Coislin eut ses compagnies en garnison à Pontorson, Villedieu, Vire, Condé-sur-Noireau, Athis et Bayeux, tandis que le régiment de Vatimont fut réparti entre Valognes, Montebourg, Carentan, Périers et Coutances. Gaspard de Coligny, comte de Saligny, maréchal de camp, fut investi du commandement de ces forces, avec un pouvoir si ample qu'il anéantissait celui de Messieurs de Matignon et de Canisy.

Disette de 1660 et 1661.

Mazarin étant mort le 9 mars 1661, le jeune roi voulut seul gouverner son royaume. Il ordonna, en faveur des contribuables,

---

(1) V. lettre écrite le 15 mai 1633 par un membre de la famille de Carteret à Monsieur Havilland. Dupont, Histoire du Cotentin.

(2) Les *Nu-pieds* étaient des rebelles commandés par Jean Nu-pied. Ils s'étaient révoltés, pour se soustraire aux impôts excessifs, qui existaient jusque sur le pain. Avranches était le foyer principal de cette révolte. Les Nu-pieds furent défaits sous ses murs par le colonel de Gassion. Leur drapeau fut pris et envoyé au roi : il était de couleur verte et portait comme emblème une ancre noire.

une décharge de 3.000.000 L. sur la taille de 1662, à cause de la disette du blé et des maladies qui avaient fait mourir quantité de taillables dans les années 1660 et 1661. L'indélicatesse des agents du fisc et les exemptions plus ou moins illégales qu'on inventait chaque jour avaient ému plusieurs villes du Cotentin. Ainsi l'on signalait à l'intendant des finances un procédé qui était en usage dans la généralité de Caen. Les paysans riches envoyaient leurs fils dans les villes franches comme Cherbourg ou Granville, leur faisaient, à leur majorité, conférer la qualité de bourgeois, puis ils leur affermaient leurs terres « *par intelligence* » et ils s'affranchissaient ainsi de la contribution. Plusieurs villes voulurent se soustraire à ces désagréments ; elles demandèrent à payer l'impôt par amodiation en percevant un droit déterminé par le tarif sur toutes les marchandises entrant ou sortant de la ville. Coutances présenta à cet effet une requête au roi, le 20 juillet 1660 ; Carentan et St-Lô suivirent cet exemple en 1661, Caen en 1662, Valognes et Avranches quelques temps après.

Les seules villes franches furent Cherbourg et Granville ; les villes abonnées étaient Caen, Bayeux et Valognes ; les villes tarifées furent Avranches, Coutances, Périers, Condé-sur-Noireau, Pontorson, St-Lô, Torigny et Vire (1).

Noblesse de Périers aux XVI° et XVII° siècles, d'après Chamillard.

Chamillard établit en 1663 trois classes de la noblesse Normande 1° l'ancienne noblesse ; 2° les anoblis avant 1611, c'est-à-dire ceux dont les titres d'anoblissement ont une date certaine depuis environ 1450 ; 3° ceux qui ne présentèrent pas leurs lettres d'ennoblissement, mais qui justifièrent leurs quatre degrés de noblesse, ce qui était nécessaire pour être exempté de la taille. C'est d'après ces règles qu'il examina la noblesse de Périers, et le résultat de son enquête donna les noms suivants :

Le Noel Jean anobli par charte de juin 1593.

---

(1) Archives du Calvados, Etat des villes dressé le 30 mai 1759.

Robert et sa famille ont pris des lettres de dérogeance et à cette fin approchez pour la vérification d'icelles par les paroissiens de Périers, dattées du 10 février 1585, lesquelles ont été enterrinées à la cour le 16 de décembre 1588, et eux maintenus au privilège comme d'ancienne noblesse après avoir justifié leur généalogie.

Noblesse de Périers sous Louis XIV.

Jacques Canu à Périers et à St-Martin d'Aubigny (1513).

Jean Le Coq à Périers (1544).

Jacques Le Noel, à Périers (1593). Il prouva en 1666 que la noblesse de sa famille remontait à 1593.

Adrien Le Roux, à Périers (1550).

François et la famille Davy à Périers et Feugères (1594).

Bonaventure et famille Macé, à Périers.

Pierre et famille Matinet, à Périers.

Jean et famille Sanson, à Périers et Gorges (1).

Sieuries.

A la même époque, nous trouvons, outre la noblesse dûment constatée par le commissaire du Roi, les sieuries suivantes :

Jean Le Coq, sieur de Boosrobert fait une fondation dans l'Église de Périers en 1651. Jean Le Coq, sieur du Rocher, fils du précédent, reconnaît cette fondation.

Françoise Maucouvenant, veuve de Antoine Le Forestier, en 1700.

Catherine Leclère, femme de M. de St-Affrique, fille et héritière de feu Bonaventure Leclère, lequel était lui-même héritier de Jean Leclère, diacre (1699).

M. Le Forestier, sieur de St-Malo, demeure à Périers, rue du Pont-l'Abbé, le 27 février 1689 et le 18 mars 1731.

Julien Agasse, sieur des Rivières (26 juillet 1699).

Louis de Beurry fait une fondation en faveur du trésor de l'Église paroissiale.

---

(1) De Pontaumont, Histoire de la ville de Carentan.

Marguerite de la Fosse (23 Août 1699).

Noel Agasse, sieur de la Noe (16 septembre 1636)

Jean Agasse, sieur de la Noe, fils de Jacques (1699).

Raoul de la Varde (1682).

François Agasse, sieur du Manoir (3 juin 1623).

Pierre de Roigny, marchand à Périers (1633).

Gilles le Coq, sieur du Bois-Rivet.

Nicolas Ferrand, sieur de la Perrelle (1699)

Robert le Noel, sieur de Groucy.

Veuve de Bonaventure Macé de la Besnardière (1699).

François le Picard, sieur de Manouville, fils de François le Picard, sieur des Longschamps. Sa veuve s'appelle Catherine de Gangy.

Marie Françoise Davy, Veuve de Jean Pierre le Fauconnier (avril 1689).

François de la Feuillye (1698).

La plupart des bourgeois de Périers et autres villes de Normandie prirent, au XVIe et au XVIIe siècle, un titre qui leur donnait un air de noblesse. Il y eut des sieuries à volonté, et chaque famille semble avoir choisi la qualification qui lui convenait le mieux. Il arrivait même assez souvent que des bourgeois de diverses familles portaient simultanément un titre de sieurie de même nom.

Quelques-uns de ces titres ont rapport à la demeure même du bourgeois : par exemple, le sieur de Hautmesnil, le sieur du Manoir, le sieur des Hautes-Maisons.

Plusieurs sont empruntés au site : sieur du Mont, sieur de la Croutte, sieur des Carrières, sieur du Val, sieur des Vallées.

Beaucoup tiennent à la nature du sol, à l'étendue de la propriété, au voisinage d'une fontaine, d'une rivière, par exemple le sieur des Champs, le sieur des grands Camps, sieur de Beauchamp, sieur des Marais, sieur du Mont, sieur de la Marre, sieur de la Noire-Marre.

D'autres dérivent des productions du sol : sieur de la Jonquière, sieur de la Lande, sieur de Bois-Fossé, sieur du Bois.

Quelques-uns de ces titres vont même jusqu'à désigner une

branche d'industrie ou de commerce : sieur des Carreaux, sieur des Briques.

Au XVIII° siècle tous ces titres subsistaient encore : ils finissent même souvent par dominer ou remplacer le nom de famille dans l'usage ordinaire de la vie. Ainsi on dit le sieur de Maneville pour Lescaudey, sieur de Maneville ; le sieur de Longpray ; le sieur de Longchamp.

Un auteur de notre Basse Normandie, Thomas de Pontaumont né à Carentan en 1653, décrit en quelques traits d'un vif coloris le profil d'une de ces maisons de campagne, telles qu'il en existait à Périers aux XVII° et XVIII° siècles. « Vers le sud, dit-il, brillent au soleil couchant, la vitre et la girouette du paisible manoir, où naquit mon père ; il est caché sous des ormes touffus qu'arrose le ruisseau du domaine de Pontaumont, qui confond bientôt son nom et son cours avec ceux de la rivière des *Gouffres :* là Barbe (sa femme), par la sérénité de son bon sens et le doux éclat de ses vertus, charme mes loisirs champêtres, tandis que Marie Thérèse et Charlotte suppléant leur mère à faire les honneurs de cette maison des champs, en émaillent, avec leurs jeunes et charmantes amies de Soulbieu, les vertes prairies, qui entourent cette fraîche demeure. » Tel était, à la fin du XVII° siècle, le manoir d'un membre des anciens présidiaux de la Basse Normandie. Qu'on transporte ce petit tableau à Périers, au château de Basmaresq, ou chez les Le Noël de Groucy, au manoir de la Hézardière, ou de la Besnardière de Gouéy, et l'on aura l'idée de cette vie honorable et pure des gentilshommes et des bourgeois de notre pays.

En 1783, la noblesse de Périers comptait Messieurs de Basmaresq, écuyer ; de Condren, écuyer ; de Carlon, écuyer ; d'Auxais du Perron, écuyer ; de Fontenay, écuyer ; Yvelin, écuyer.

Périers avait sa baronnie, qui appartenait à l'abbaye de St-Taurin d'Evreux. De cette baronnie relevaient :

1° Le fief de Basmaresq, érigé en 1614. On trouve comme seigneurs de ce fief, en 1657, Bonaventure Le Canu, sieur de Basmaresq (1) ; en 1728, Nicolas Le Canu, écuyer ; en 1768, Charles

---

(1) Etat des naissances, mariages, décès. Année 1657 (Archives de la Mairie).

Le Canu, chevalier. Le 8 septembre de cette année, il est parrain à Carentan, avec Dame Louise Charlotte Angélique de Clamorgan, de Anne Félicité Charlotte de Hérissier. En 1769 on rencontre Messire Charles Le Canu, écuyer ; et en 1789, Félix Le Canu de Basmaresq fait partie de la grande assemblée des trois ordres du baillage du Cotentin. Il y avait sur ce fief, que Cassini a indiqué sur sa carte, une chapelle aujourd'hui détruite.

2° La paroisse de Vaudrimesnil.

3° Le territoire de Millières. On y comptait plusieurs fiefs nobles, dont l'un était une extension de la baronnie de Périers. A la fin du XVII° siècle, ce fief appartenait à l'archevêque d'Aix, Daniel de Cosnac, abbé de St-Taurin d'Evreux. Le moulin à eau et à blé qui en dépendait était alors d'un revenu de 200 L. (1).

Le receveur de la baronnie de Périers était Jean Robin, en 1699.

Terminons le tableau des faits qui constituent l'histoire de Périers avant 1789.

Les mercuriales du prix des grains du baillage de Périers, pendant une partie du XVIII° siècle, présentent les résultats suivants :

1763, Froment, mesure de 24 pots : 2 livres 14 sous ; avoine 12 pots au boisseau : 9 sous 9 deniers. — 1764, Froment 2 livres 14 sous ; avoine 12 sous 1 denier. — 1769 12 pots de froment : 3 livres 9 sous ; 16 pots d'avoine, 1 livre 6 sous. — 1770, 12 pots de froment : 3 livres 13 sous ; 12 d'avoine : 1 livre 1 sou. — 1777, froment, mesure de 12 pots, 54 sous 2 deniers ; avoine, mesure de 16 pots ; 22 sous. — 1778, froment, mesure de 16 pots : 3 livres 10 sous ; avoine : 35 sous 2 deniers.

En 1779, un arrêt du conseil du Roi, du 20 juillet, maintenait les habitants de Périers dans leurs droits d'usage sur les landes de la commune (2).

---

(1) Annuaire de la Manche. Année 1864 p. 27 et 30.
(2) De Pontaumont, Histoire de Carentan, p. 262.

CHAPITRE III

LE BAILLIAGE ET SES OFFICIERS

Geoffroy, mari de Mathilde et père de Henri II, avait conquis la Normandie et fit investir son fils de la duché, en 1152. Obligé de gouverner l'Anjou et le Maine, où il résidait, sa femme et son fils guerroyant en Angleterre, Geoffroy, soit comme duc soit comme régent, gouvernait aussi la Normandie. Il avait eu pour ennemis acharnés dans le Cotentin les Vicomtes de St-Sauveur, les de la Haye. Il ne pouvait laisser à l'un d'eux la vicomté du Cotentin et de l'Archipel. C'est alors qu'important de l'Anjou, non une institution nouvelle, mais un mot nouveau, ils changea les juges *itinérants* en juges sédentaires ayant sous leur juridiction un territoire limité. Ce territoire était la *baillie* ou *bailliage*, c'est-à-dire la contrée *baillée*, donnée à un magistrat, qui prit le nom de *Bailli*. Cette charge était noble et le titulaire portait l'épée. Il y eut des grands et des petits *bailliages*. Le grand bailliage du Cotentin fut divisé en trois petits bailliages continentaux : Gavray, Coutances, Cérences ; les îles eurent chacune leur petit bailli. Le grand bailli du Cotentin était Osbert de la Heuze. La vicomté du Cotentin et des îles devint un titre purement honorifique, donné à un frère bâtard d'Etienne. On désignait indifféremment alors les baillis sous le nom de *ministri* ou de baillis ; le mot français a prévalu (1).

(1) Pegot-Ogier, Hist. des Iles de la Manche, in-8°, 1881, p. 136.

Le bailliage de Cérences est donc plus ancien que celui de Périers ou de St-Sauveur-Lendelin. Mais une réorganisation judiciaire s'opéra bientôt. Le bailliage de Cotentin, l'un des sept ressorts judiciaires du parlement de Rouen, avait d'abord une juridiction restreinte. Il ne s'étendait qu'à la plus grande partie de l'évêché de Coutances, Valognes, Carentan, Avranches et Mortain. Ce bailliage fut subdivisé en dix bailliages royaux secondaires, tous indépendants les uns des autres. C'étaient les bailliages de Coutances, Valognes, St-Sauveur-le-Vicomte, Carentan, St-Lô, St-Sauveur-Lendelin séant à Périers, et Cérences, démembré du bailliage de Périers, Avranches, Mortain et Tinchebray.

Le tribunal de chacun de ces bailliages siégeait dans la ville qui lui donnait son nom. Seul celui de St-Sauveur-Lendelin faisait exception. Il était fixé à Périers. Le nouveau bailliage de Cérences avait été démembré de celui de Périers ou plutôt il n'était qu'un des sièges de ce bailliage.

Le tribunal de Périers, comme les autres du grand bailliage du Cotentin, était présidé par un lieutenant général du bailli, ayant sous ses ordres d'autres chefs de justice. C'étaient le *Lieutenant particulier* (sorte de vice-président), tant *civil* que *criminel*, et un certain nombre de juges ordinaires, appelés *conseillers* ou *assesseurs*. Il y avait aussi le ministère public, composé de ce qu'on nommait les *gens du roi*, c'est-à-dire un avocat, un procureur du roi, et ses substituts. Ces officiers royaux, sauf les derniers, étaient investis de leurs fonctions par voie d'achat ou d'héritage, et par application de la vénalité des charges.

Le bailliage de Périers avait pour mission de juger au *civil* et au *criminel*.

Au *civil* il jugeait en première instance les cas nobles, c'est-à-dire ceux qui concernaient les personnes et les terres nobles. Le même tribunal jugeait en appel les cas *roturiers*, dont la connaissance en premier ressort appartenait à la vicomté sise dans l'enclave du bailliage. Les *actions possessoires*, qui étaient déférées en première instance au tribunal du vicomte, étaient portées par appel à celui du bailliage. Le tribunal de la vicomté avait été supprimé et réuni à celui du bailliage en 1749. Relevaient encore du bailliage les affaires jugées par les hauts justiciers de son ressort. Ceux-ci étaient compétents à statuer en première instance sur toutes matières *nobles* et roturières, quelque fût la nature de l'action.

Les causes criminelles étaient également dans les attributions du bailliage. Ce qui avait lieu, soit directement, soit par voie d'appel des sentences des hauts *justiciers*. En matière criminelle, la vicomté n'avait aucune compétence, elle pouvait cependant instruire l'affaire.

En toutes circonstances, appel des arrêts du bailliage pouvait être porté au parlement de Rouen. Toutefois, en vertu d'une décision récente, quand au civil une cause ne dépassait pas la valeur de deux milles livres, elle pouvait, au gré des parties, être jugée définitivement par le présidial, établi sous Henri III à Coutances, l'un des sept sièges présidiaux correspondant aux sept grands bailliages de Normandie.

A côté du bailliage royal de St-Sauveur-Lendelin séant à Périers il y avait des juridictions secondaires, qui en ressortissaient. C'étaient les vicomtés et les hautes justices.

La vicomté était une institution royale, elle fut supprimée comme tribunal en 1749. Elle comprenait un juge appelé *vicomte* avec un procureur du roi.

Il y avait une *haute justice* dans le ressort du bailliage de Périers, celle de Créances, appartenant à la famille de Vassy. Elle constituait une juridiction purement seigneuriale, formant la dépendance de ce grand fief. L'appel des sentences de cette *haute justice* avait un privilège, celui de pouvoir être porté au parlement de Rouen, sans passer par le bailliage de Périers.

A côté des *hautes justices*, il y avait les *moyennes justices* avec une compétence restreinte. Quant aux *basses justices*, elles appartenaient à tout fief noble, et ne constituaient qu'une simple juridiction de police.

Dans les hautes comme dans les moyennes justices sises dans le ressort du bailliage de Périers, il n'y avait qu'un juge ou bailli, nommé par le seigneur, mais agréé par le bailliage lui-même. Il rendait la justice ayant pour assesseur un *procureur fiscal*, jouant le rôle de ministère public. Ajoutons à cette nomenclature d'officiers de justice, les procureurs et avocats, les huissiers audienciers, exclusivement chargés de la police de l'audience, les sergents nobles, employés pour lancer les ajournements.

Le siège de cette justice était anciennement placé en la paroisse de St-Sauveur-Lendelin, presque à l'extrémité de son territoire du côté du midi. Le bien des justiciables fit concevoir l'idée de le rapprocher du centre. Ce projet ayant été examiné parut offrir de grands avantages. Il fut donc exécuté dans le XIII° siècle, et l'on choisit le bourg de Périers, qui se trouve au centre de quatre-vingt grandes paroisses. Cérences fut aussi désigné pour les paroisses d'extension, comme l'un des sièges du bailliage de Périers. Déjà Cérences avait été au XII° siècle, avec Gavray et Coutances, l'un des trois petits bailliages relevant du grand bailliage du Cotentin. Une nouvelle division judiciaire eut lieu dans le Cotentin qui supprimait les bailliages de Gavray et de Cérences. Cependant pour consoler cette dernière bourgade de la disparition de son tribunal, on en fit le siège d'extension du bailliage de Périers ou St-Sauveur-Lendelin et Cérences. Les audiences avaient lieu l'après-midi : de là le proverbe en cours dans le pays, « *non que les avocats de Cérences relevaient mangerie, mais qu'ils plaidaient après relevé de mangerie.* » (1).

Depuis cette translation du siège judiciaire de St-Sauveur-Lendelin, Périers qui était désert, devint si peuplé qu'on pouvait le mettre en parallèle sous ce rapport avec bien des petites villes. Il l'emportait même sur plusieurs par son commerce considérable de bœufs, vaches, moutons, grains, beurre, volailles, gibier et généralement de toutes espèces de marchandises.

Le chef du bailliage royal de St-Sauveur-Lendelin séant à Périers était un bailli de Longue Robe, qui prononçait lui-même le jugement d'audience, tous les vendredis et samedis de chaque semaine, à la tête d'une compagnie assez nombreuse. Il rendait

---

(1) Le Canu, Hist. du diocèse de Coutances, T. II, p. 323.

également les jugements par rapport à la chambre du Conseil, chaque fois que l'occasion s'en présentait.

Dans l'un et l'autre cas, les sentences étaient intitulées en son nom. Il tenait lui-même les Assises quatre fois chaque année, c'est-à dire de trois mois en trois mois; on y faisait l'appel, non seulement de tous les officiers du siège, mais encore des avocats, procureurs, notaires, huissiers audienciers, priseurs-vendeurs et commis des sergenteries nobles.

Il en était autrement dans les bailliages de Coutances, d'Avranches, de St-Lô, de Carentan, de St-Sauveur-le-Vicomte et de Valognes, où la justice se rendait au nom du bailli de Cotentin, par des lieutenants généraux. Le bailliage de Périers avait donc un titre plus haut, l'appel de ses sentences était porté au parlement de Rouen, où il devait la comparence une fois l'année; il était indépendant des autres bailliages.

L'Office de bailli, ainsi que tous les autres offices de ce siège faisait partie des revenus casuels du Domaine de St-Sauveur Lendelin. Rien ne peut donner une idée plus exacte du nombre de ces offices que la nomenclature suivante :

Un Bailli de Longue-Robe ;
Lieutenant Général d'Epée ;
Lieutenant Général Ancien ;
Lieutenant Général de 1635 ;
Lieutenant Particulier ;
Conseiller Avocat du Roi ;
Conseiller Procureur du Roi ancien ;
Conseiller Procureur du Roi, de la création de 1635;
Un Vicomte premier conseiller assesseur ;
Lieutenant Général du vicomte ;
Lieutenant Particulier ;
Un quatrième conseiller assesseur ;
Un cinquième conseiller assesseur ;
Un sixième conseiller assesseur ;
Un septième conseiller assesseur ;
Commissaire enquêteur, examinateur ;
Conseiller garde-scel ;

Un substitut de l'avocat du Roi ;
Un substitut du procureur du roi ancien ;
Un substitut de procureur du roi, alternatif ;
Un commissaire aux saisies réelles ;
Un contrôleur aux saisies réelles ;
Un receveur des Epices ;
Un receveur des Consignations ;
Un greffier ou commis au Greffe ;
Cinq procureurs postulants, outre les trois substituts qui avaient le même droit ;
Quatre huissiers audienciers.

On voyait souvent plusieurs de ces offices réunis et possédés par les mêmes titulaires.

Si l'on ajoute à cette nomenclature un grand nombre d'avocats célèbres, capables de paraître avec succès dans les cours souveraines, on ne se représentera pas le siège du bailliage de Périers comme un siège obscur. On verra que, par un nombre relativement considérable de ses offices, il était supérieur à quantité d'autres juridictions du royaume.

Il a eu dans tous les temps l'avantage de mériter la confiance publique, et l'approbation du Parlement de Rouen. Si l'on consultait les registres de cette Cour, on y trouverait les témoignages authentiques de cette assertion.

L'étendue du baillage de St-Sauveur-Lendelin était l'une des plus considérables de la Province. Elle se composait des fiefs dépendants du Domaine de St-Sauveur-Lendelin et de leurs extensions : ce qui comprenait plus de cent grandes paroisses, dont plusieurs contenaient depuis huit jusqu'à quinze à seize mille arpents de terre. Plusieurs de ces paroisses avaient trois et même quatre curés, soit à cause de la population, soit à raison de l'étendue du territoire.

Le baillage de Périers, était de tous ceux de la Province, le plus parfaitement arrondi, le moins enchevêtré, et celui où les compétences étaient le mieux réglées. C'est ce qui ressort de l'inspection du registre de la Réformation de son Domaine, rédigé en 1400 par des commissaires descendus exprès sur les lieux, et d'un grand nombre d'aveux et déclarations qui sont au dépôt du Chartrier de ce bailliage.

Les autres bailliages voisins avaient des extensions plus éloignées et détachées, confuses et mêlées. Tels étaient les bailliages de St-Sauveur-le-Vicomte, de Carentan et de Valognes, ainsi que les hautes justices de la Haye-du-Puits, de Varenguebecq, de Bricquebec. St-Sauveur-le-Vicomte traversait en deux endroits le bailliage de Valognes pour aller aux Pieux, à la Hague et à St Pierre-Eglise dans le Val-de-Saire ; il avait même une juridiction jusqu'à Périers en Beauficel. Le bailliage de Valognes n'était pas moins mêlé de tous côtés. La Haye-du-Puits passait par dessus ces deux bailliages pour aller à Réville au Val de Saire. Varenguebecq avait une juridiction jusqu'à Maisy, enclavé dans le territoire de Bayeux. Bricquebec allait jusqu'à Gréville, c'est-à-dire à trois lieues au-dessus de Cherbourg, et Carentan traversait les juridictions de Valognes, de St-Sauveur-le-Vicomte, de Varenguebecq et de la Haye-du-Puits, pour aller à Barneville, à Montgardon, à Angoville et à St-Germain-sur-Ay. Aucun de ces inconvénients n'existait dans la juridiction du bailliage de Périers. Il était beaucoup moins confus, et mieux arrondi.

Lorsque Philippe-Auguste en l'année 1203, réunit la Normandie à la couronne de France, par suite de l'arrêt de la cour de Paris rendu contre Jean-Sans-Terre, le territoire qui comprend aujourd'hui les cantons de Périers, de St-Sauveur-Lendelin, (1) la Haye-du-Puits et Carentan formait deux domaines d'une grande étendue, nommés l'un le domaine de St-Sauveur-Lendelin, et l'autre le domaine et la Vicomté de Carentan.

Avant cette réunion, et en l'année 1200, la princesse Blanche, fille d'Alphonse VIII, roi de Castille, et d'Aliénor, fille du roi Jean, se rendit en Normandie auprès de son oncle. Elle épousa le fils aîné de Philippe-Auguste, qui fut père de St-Louis, et roi de France sous le nom de Louis VIII. En faveur de ce mariage, Jean céda à

---

(1) Le surnom de *Lendelin* ou *Landelin*, donné à la paroisse de St-Sauveur, vient d'après une ancienne tradition, du nom d'Andelin ou Adeline, que portait un prince ou une princesse qui avait sans doute possédé le domaine de St-Sauveur « *Sanctus-Salvator qui dicitur fuisse Adeline.* »

sa nièce plusieurs domaines, et entre autres celui de St-Sauveur-Lendelin.

Après la mort de Philippe, comte de Boulogne, en l'année 1233 (1), le comté de Mortain fut partagé. L'acte de partage porte que Muneville, Créances, Lafeuillie, Geffosses, St-Sauveur, Gouville et Linverville, qui faisaient partie de ce comté, furent compris dans le premier lot que le roi choisit « *Haec est prima lotia, Munevilla, Sanctus-Salvator, Grimouvila, Criencie, Folleia, Guinonfossa, Livervilla, ... Dominus Rex cepit istam lotiam.* »

Dans le siècle suivant, en 1326, les rentes et revenus, fiefs et autres droits et dignités du domaine de St-Sauveur-Lendelin furent donnés à la reine Jehanne, veuve de Philippe-le-Long. Depuis, en l'an 1347, le duc d'Orléans, Philippe, frère du roi Jean, en eut la saisine et la propriété (2). On voit aussi que Blanche, duchesse d'Orléans, veuve de Philippe, délaisse au roi la terre, et la vicomté de St-Sauveur-Lendelin dont elle ne se réserve que l'usufruit.

Charles VI érigea le domaine de St-Sauveur-Lendelin en comté et le donna comme supplément d'apanage à Louis d'Orléans. Lorsque Charles VII eut chassé les Anglais de la France, il rendit aux comtes, barons, et autres seigneurs les terres qu'ils avaient possédées avant l'occupation anglaise et qu'ils avaient abandonnées plutôt que de servir contre le roi de France. Le duc d'Orléans, qui était fidèle au roi, rentra en possession des terres et domaines de St-Sauveur-Lendelin. Cet apanage tenu en 1465 par Charles d'Orléans devait retourner au duc de Normandie, Charles, frère du roi Louis XI.

Marie, duchesse d'Orléans, de Milan et de Valois, comtesse de Blois, de Pavie et de Beaumont, dame d'Ast et de Coucy « aiant la garde, gouvernement et administration de son très chier et très amé fils Loys, duc, comte et seigneur desdits duchiez, comtés et seigneuries, ordonnait en 1469 et 1470 la réforme du domaine

---

(1) Anno Domini 1233, obiit Philippus, comes Boloniæ, filius Philippi regis. Guillaume de Nangis, Historiens des Gaules, t. XX, p. 312.
(2) Ce duc mourut sans postérité en 1375.

de St-Sauveur-Lendelin. Cette réformation fut faite en 1476, par Jehan Le Sens, conseiller et sénéchal de la duchesse d'Orléans, en la vicomté de Caen (1) Louis XI donna la baronnie de St-Sauveur-Lendelin ainsi que celle de St-Sauveur-le-Vicomte avec la suzeraineté du Cotentin au duc de Berry pour le consoler de la perte du duché de Normandie. Cette donation de Louis XI est de l'année de son voyage en Basse Normandie.

Monsieur de Bassompière avait acquis en l'année 1582 pour 9.000 livres les domaines de St-Sauveur-Lendelin et de St-Sauveur-le-Vicomte.

Le duc de Wirtemberg qui, plus tard, était devenu engagiste du domaine de St-Sauveur-Lendelin le céda à la Reine régente de France, mère de Louis XIII. C'est ce que nous apprend un acte exercé en l'auditoire du Bailliage et vicomté de St-Sauveur-Lendelin au siège de Périers, le 20 mars 1613, par Monsieur de Marescot, Conseiller d'Etat, commissaire député par sa Majesté pour mettre la Reine régente en possession de plusieurs domaines et seigneuries de la province de Normandie ; et notamment du comté, domaine et seigneurie de St-Sauveur-Lendelin, que ladite dame Reine avait acquis de Monsieur le duc de Wirtemberg qui en était ci-devant engagiste, par lequel acte, et sur ce requérant René Crasd, écuyer, sieur du Mesnil-Guyon, maître des Requêtes de la Reine, sa dite Majesté a été, en la présence et du consentement des officiers du bailliage et vicomté de St-Sauveur-Lendelin à Périers, audience séante, mise en possession réelle, actuelle et personnelle du comté, terre et seigneurie dudit St-Sauveur-Lendelin pour en être les produits et revenus payés au trésor général de ladite dame, à compter du jour St-Michel 1612. »

« Il est ordonné que la justice sera rendue au nom du roi et de la reine, que les armes de ladite dame seront apposées en l'auditoire, Église et lieux publics, près et au-dessous de celles du roi. Il est enjoint aux curés de faire des prières publiques aux prônes de leurs grandes messes pour le roi et ladite dame reine régente,

---

(1) Le registre des réformations forme un gros vol. in fol écrit sur parchemin, contenant 362 feuillets. Il est aux archives du département de la Manche.

comme dame de St-Sauveur-Lendelin, et à tous les sujets dudit domaine de la reconnaître et de lui obéir en ladite qualité de dame de St-Sauveur-Lendelin. » (1).

Cette cession ne s'exécuta pas néanmoins sans difficultés, car on voit qu'il fut fait jussion à la Chambre des Comptes de Normandie pour lever la restriction et modification de l'arrest d'icelle donné sur la vérification des lettres, confirmation et approbation des contrats de cession à la reyne, mère du roi, des terres, seigneuries et domaines d'Alençon, de Valognes, St-Sauveur-Lendelin, St-Sauveur-le-Vicomte et Néhou par le duc de Wirtemberg ; de Carentan et de St-Lô, par le sieur de Matignon, en ce qui concerne la nomination aux offices extraordinaires desdits domaines.

Le domaine de St-Sauveur-Lendelin était engagé en 1657 à haut et puissant seigneur, Messire Roger Duplessis, duc de Liancourt, pair de France, chevalier des ordres du roi, conseiller en ses conseils, seigneur de St-Sauveur, car il donna, devant les tabellions du Châtelet de Paris, procuration à Monsieur Barthélemy Loisel pour faire au nom dudit seigneur de Liancourt, la régie et recette des droits et revenus dépendant du domaine ou seigneurie dudit lieu de St-Sauveur-Lendelin et dépendances.

François de la Rochefoucauld, prince de Marcillac, fut seigneur engagiste du domaine de St-Sauveur, depuis l'année 1664 jusqu'en 1668. Le revenu de ce domaine était alors de 18600 L.

Louis XIV engagea à S. A. S. Monseigneur Louis Alexandre de Bourbon, prince du sang et comte de Toulouse, les domaines des vicomtés de Coutances, Valognes, St-Sauveur-le-Vicomte et St-Sauveur Lendelin, ce qui comprenait entre autres les vicomtés de Gavray, de Coutances, les bailliages et vicomtés de *Périers* et de Lithaire, les vicomté et bailliage de Cérences « avec les droits de coutume, prevôté, poids du roi, fouage et monnéage, pêcher, moulins, sergenterie, maisons, halles, boutiques, étangs, échoppes, conciergeries, parc royal, prés, terres labourables et autres droits de foires et marchés et de champart, plus en diverses rentes dues tant en deniers qu'en espèces, comme froment, seigle, orge, avoine,

(1) Extrait des Archives du Département.

pains, chapons, poules, poivre, œufs, oiseaux et autres ; plus en droits de présentation aux bénéfices, cures, dépendant desdits domaines, et autres droits casuels, seigneuriaux et honorifiques. » Par une clause spéciale, Monsieur le comte de Toulouse était obligé de payer les frais de justice, nourriture et conduite des prisonniers, d'entretenir les auditoires, prisons et autres édifices dépendant desdits domaines. Le prix de cet engagement était de 450.000 L. (1).

A cette époque le domaine royal de Périers valait plus de 25000 L. de rente et payait de 13 à 14.000 boisseaux de grains. Sa haute justice s'étendait sur quatre-vingt-quatorze paroisses, dont quelques-unes étaient mixtes. C'est ce que nous apprennent les Mémoires de l'Intendant Foucault (2).

Après la mort du comte de Toulouse, le domaine de St-Sauveur-Lendelin passa à son fils, Louis Jean Marie de Bourbon, duc de Penthièvre. La princesse Louise Marie Adélaïde de Bourbon, fille du duc de Penthièvre, épousa en 1769, Louis-Philippe-Joseph d'Orléans, duc de Chartres et reçut en dot les domaines engagés de Coutances, Périers et St-Sauveur-Lendelin.

Au commencement de l'année 1747, Périers dut craindre un instant la suppression du bailliage de St-Sauveur-Lendelin. Le Chancelier de France avait donné des ordres, le 7 février de cette année, pour étudier un projet d'union de ce bailliage avec celui de Coutances. Les officiers du bailliage de Périers envoient des députés à Paris pour soumettre à la cour un Mémoire, à l'effet d'empêcher l'union projetée. Lecture faite de ce Mémoire, il est arrêté au conseil du duc de Penthièvre que les observations des officiers du bailliage menacé seront transmises à Monsieur Joly de Fleury de la Valette, Maître des requêtes, chargé de l'examen des réunions de justices. On le priera d'en rendre compte à Monsieur le Chancelier, qui sera sollicité de vouloir bien y avoir égard.

Le Mémoire des officiers du bailliage de Périers était trop bien motivé dans ses prétentions pour ne pas frapper un homme im-

---

(1) Cf. L'arrêt du Conseil du 18 septembre 1697.
(2) Etat de l'Election de Carentan en 1697.

partial. L'union eût été préjudiciable aux droits du duc de Penthièvre, engagiste du domaine de Périers. Aussi un arrêt fut-il pris le 23 mars 1747, dans le conseil du duc, en vue de sauvegarder ces mêmes intérêts. « Monsieur le Chancelier, y est-il dit, a eu la bonté de s'expliquer, qu'il était persuadé qu'il ne fallait songer à cette union en aucun temps. Mais comme ces décisions n'ont été que verbales, et qu'il est important d'en conserver le souvenir ainsi que des motifs qui les ont déterminées, « Il est Arrêté qu'il sera déposé aux Archives de S. A. S. à Paris, un exemplaire en manuscrit du Mémoire des officiers du bailliage de St-Sauveur-Lendelin, au bas duquel le présent arrêté sera transcrit et qu'il sera délivré par Monsieur de la Forest, Garde desdites Archives, une expédition dudit arrêté pour être déposée conjointement avec un double dudit Mémoire dans les Archives de St-Sauveur-Lendelin à Périers. »

Il paraît que la rumeur du projet d'union avait mis en émoi tout le bailliage de Périers. On ne s'entendait pas et l'on discutait sans pouvoir s'entendre.

Les uns informés de bonne source du projet de la chancellerie répandaient l'alarme partout, car ils voyaient un malheur fondre sur la contrée ; les autres moins bien informés ne pouvaient croire à la nouvelle du projet, tant ils le trouvaient impraticable et dénué de vraisemblance. Ils ne voyaient qu'une sorte de terreur panique dans les craintes qu'avaient certains esprits de voir l'union se réaliser.

Il n'est pas sans intérêt pour l'histoire locale de se rendre compte des arguments que firent valoir alors les officiers du bailliage pour obtenir le maintien de l'ancien état des choses. « L'état florissant de ce bourg, dit le Mémoire, est totalement dû à la translation de la juridiction de St-Sauveur-Lendelin, dont les audiences sont marquées les jours de marché : les justiciables y ont trouvé un double avantage ; ils viennent y vendre leurs marchandises, et faire en même temps instruire leur procès, sans être détournés de leur commerce ni de la culture de leurs héritages.

« Cet ouvrage de plus de quatre siècles va être renversé en un seul instant ; ce bourg fameux par son commerce, va devenir désert et retomber dans son premier état si le projet de la réunion du bailliage de St-Sauveur-Lendelin à celui de Coutances a lieu. »

« Si cette réunion s'exécutait, la vicomté qu'on laisserait à Périers perdrait son lustre, et tomberait bientôt dans la plus grande disette d'officiers.

1° Parce que les officiers qui l'ont été dans un siège supérieur n'auraient pas bonne grâce de rester dans un siège inférieur. Ils se retireraient dans leurs campagnes, le vicomte resterait seul avec un Procureur ou un Avocat du Roi.

2° Si on laissait un certain nombre d'officiers dans cette vicomté pour opiner, il est hors de doute que dans la suite, leurs offices tomberaient et resteraient aux parties casuelles. Lorsqu'il y a deux degrés de juridiction dans un siège, c'est toujours la partie la plus noble qui donne l'émulation d'entrer en charge ; cette partie supprimée ou réunie ailleurs, on n'y songe plus. L'expérience ne fournit que trop d'exemples de pareilles désertions dans plusieurs vicomtés de la même Province ».

« 3° Les officiers qui sont domiciliés à Périers ne seraient pas les seuls à se retirer à la campagne. Les avocats, procureurs, Greffiers, Huissiers, Audienciers, suivraient leur exemple, faute d'occupation, ils reviendraient simplement les jours et peu avant le temps des Audiences. Les parties alors n'ayant plus occasion de voir leurs avocats et procureurs, dans le cours de chaque semaine, les causes seraient portées aux Audiences sans instruction, mal plaidées, devant un seul juge, souvent exposé à tomber dans l'erreur. »

La réunion compromettrait les intérêts des justiciables. C'est ce qu'établit sans peine le Mémoire :

« Quand bien même le bailliage de Coutances acquerrait quelque célébrité par la réunion de celui de Périers, on ne peut douter que le législateur ne procure à tous les justiciables de Périers une voie praticable de recourir à la justice dans leurs besoins. Or en supposant la réunion, on ne conçoit pas qu'il y ait de voie praticable de recourir à la justice, du moins pendant la mauvaise saison. On ne croit pas que cette proposition puisse être révoquée en doute par ceux qui ont une connaissance exacte du terrain. Pour s'en convaincre, il n'y a qu'à faire attention que le terrain de toutes les paroisses justiciables du Bailliage de St-Sauveur-Lendelin n'est pas en campagne ni en plaine : l'héritage de chaque particulier y est exactement clos et fermé de haies chargées d'arbrisseaux et de quantité de grands arbres ; il y reste simplement un chemin de ville en ville, de bourg en bourg et des sentiers vicinaux, étroits et creusés, tellement couverts d'eau et de boue, qu'en bien des endroits, ils sont impraticables et inaccessibles pendant l'hiver et souvent pendant l'été. Dans de pareilles circonstances il paraîtrait bien étrange aux justiciables domiciliés à Périers de faire six lieues pour aller et revenir de Coutances, toutes les fois que l'instruction et le jugement de leur procès le requerraient, pendant que le bailliage est dans le lieu de leur résidence.

« Il serait bien plus onéreux à ceux qui sont éloignés de Périers de deux, de trois, de quatre, de cinq, six et sept lieues, d'être toujours exposés à faire six lieues de plus dans des chemins inaccessibles ; combien la dépense ne serait-elle pas multipliée par les différents voyages et les séjours, dans une ville où les vivres sont chers ?

Ils ne trouveraient plus le même avantage dans la vente de leurs denrées, l'instruction et le jugement de leurs procès ; ils emploieraient leur temps en voyages, pour se voir privés de leur commerce qui les fait subsister, ils succomberaient sous le poids d'un fardeau trop pesant, le pauvre serait hors d'état de revendiquer la propriété et possession d'un fonds qu'un voisin formidable lui aurait usurpé, la veuve et l'orphelin exposés à perdre leur bien, soit par les vacations excessives d'un tuteur ou de la Partie. »

Les auteurs du Mémoire font appel à tous les moyens pour défendre leur cause ; ils ajoutent :

« Une réflexion également vraie et importante consiste à dire que plus les limites du bailliage sont éloignées du lieu où la justice se rend, moins les crimes parviennent à la connaissance du ministère public ; les amis, les parents font tous leurs efforts pour les effacer et en supprimer les preuves ; lorsqu'ils y parviennent il est souvent trop tard : de là il arrive qu'à défaut de preuves, le crime par son impunité triomphe et augmente, au lieu qu'un bailliage étant placé au centre de son arrondissement, rien n'échappe à la vigilance du procureur du roi, il requiert une prompte information, fait en peu de temps une preuve complète du délit et fait prononcer la peine contre l'auteur, ses complices et adhérents : il est donc bien à désirer que le siège du bailliage de St-Sauveur-Lendelin reste dans sa position pour maintenir l'ordre et la tranquillité publique et affermir le commerce.

« Mais cette preuve de la nécessité de laisser le bailliage de Périers où il est fixé reçoit encore une nouvelle force par la position des paroisses voisines de la mer, à cause de la proximité des îles de Jersey, où les scélérats ont la facilité de se retirer quand ils ont commis quelque crime. Si ces paroisses étaient éloignées de l'œil de la justice, de six, sept à huit lieues, quelle que fût la vigilance du juge, il ne serait pas possible de poursuivre et venger le crime. »

L'importance de ce document nous a paru demander de larges extraits dans une histoire de Périers, et sa lucidité était telle qu'il fut fait droit aux observations des officiers du bailliage. Nous ne savons qui tint la plume au nom de ses collègues pour la rédaction de cette pièce, mais nous pouvons nommer les officiers alors en charge, au nom desquels elle paraissait.

C'étaient : PANCRACE HELLOUIN, écuyer, sieur d'Ancteville, Conseiller du roi, bailli de longue robe, et lieutenant général civil et criminel au bailliage de St-Sauveur-Lendelin, séant à Périers et Cérences.

CHARLES PHILIPPE HELLOUIN, écuyer, sieur de Boisharel, lieutenent général d'épée audit Bailliage.

GENEST, vicomte de St-Sauveur-Lendelin, premier conseiller assesseur du Bailli.

LOUIS LESCAUDEY, sieur de Maison Neuve, conseiller du roi audit siège.

DESLONCHAMPS, avocat au bailliage de Périers.

JEAN LE DANOIS, conseiller du roi et Lieutenant particulier au bailliage.

Jean-Baptiste Paing, conseiller et procureur du roi.

Jean François de la Varde, huissier audiencier au bailliage et vicomté de St-Sauveur-Lendelin.

Monsieur Fauvel, conseiller et avocat du roi.

Charles Varin, conseiller et avocat audit siège.

Pezeril avocat.

Les offices du Lieutenant général de la vicomté et du lieutenant particulier du même siège étaient seuls sans titulaires au moment de la rédaction du Mémoire. Ces deux offices étaient restés depuis leur vacance aux parties casuelles du duc de Penthièvre, engagiste du Domaine de Périers. Et tant que le bailliage de Périers fut menacé dans son existence, les prétendants à ces charges ne voulurent point traiter. Tous les autres offices étaient remplis, mais plusieurs étaient réunis et possédés par les mêmes titulaires. Les officiers étaient cependant beaucoup plus nombreux à Périers qu'à Carentan, où l'on ne voyait qu'un Lieutenant Général, un vicomte et un Procureur du roi. Ainsi en était-il au bailliage de St-Sauveur le-Vicomte, où il y avait un officier ou deux de plus qu'à Carentan. C'était sans doute le mauvais air de Carentan, de tout temps reconnu pour être pernicieux à la santé, qui empêchait de rechercher les offices de ce siège.

Après cette alerte, la justice du bailliage put reprendre librement son cours. Elle se vit plus affermie que jamais, l'année suivante, lorsque le roi Louis XV, par un arrêt du mois de janvier 1748, supprima la juridiction des vicomtés de St-Sauveur-Lendelin, séant à Périers et de Lithaire séant à Lessay, et les réunit au bailliage de St-Sauveur-Lendelin.

Depuis l'Edit de 1748, le bailliage siégeant à Périers se composait d'un bailli de longue robe (1), lieutenant général civil et criminel, d'un lieutenant général ancien civil, d'un lieutenant particulier, assesseur civil, de quatre conseillers, d'un avocat et d'un procureur du roi.

En 1771, la suppression du Parlement et de la Chambre des

---

(1) On sait que les baillis de longue robe rendaient la justice, à l'exclusion des baillis d'épée ou de robe courte, lesquels avaient la conduite des nobles de leurs bailliages en fait de guerres, quand le roi faisait lever son ban ou arrière-ban.

Comptes de Normandie modifia profondément l'administration de la justice dans le grand bailliage du Cotentin et dans les dix bailliages secondaires du ressort. Un conseil supérieur venait d'être établi à Bayeux. Créé dans cette ville par édit du mois de septembre 1771, enregistré au Parlement le 25 du même mois, le Conseil supérieur de Bayeux fut installé le 2 octobre au siège de l'ancien bailliage Royal en attendant la construction d'un palais.

Voici l'état des bailliages et sièges ressortissant à ce Conseil :

Caen : Bailliage et Présidial.	Coutances : Bailliage et Présidial.	Alençon : Bailliage et Présidial.
Bayeux	St-Lô	Domfront
Falaise	Carentan	Argentan
Vire	Valognes	Verneuil
Condé-sur-Noireau	Avranches	Exmes ou Illiesmes
Thorigny	Mortain	Montreuil
	St-Sauveur-le-Vicomte	
	Périers	
	Tinchebray	

Pierre Jacques Le Sens, écuyer, bailli de Périers fut choisi comme l'un des présidents de ce nouveau tribunal. Le Conseil supérieur connaissait en souverain et dernier ressort de toutes les matières civiles et criminelles dans toute l'étendue des sièges qui composaient son arrondissement. Le bailliage et siège de Périers ressortissaient à ce tribunal. Il avait un premier président, 6.000 L.

Deux présidents, 4.000 L. à chacun.

Vingt conseillers, 2.000 L. à chacun.

Un Avocat Général, 3.000 L.

Un Procureur Général pour le Roi, 4.000 L.

Un substitut, 1.000 L.

Un Greffier civil.

Un Greffier criminel.

Vingt-quatre Procureurs.

Douze Huissiers.

On sait comment furent mal accueillis ces Conseils ; autant le Parlement était resté populaire, autant la nouvelle institution était discréditée dans l'opinion. A Bayeux comme partout, l'impopularité du Conseil supérieur était notoire. Dans une des complaintes satiriques qu'on fit à son occasion, le couplet qui concernait le président Pierre Jacques le Sens était ainsi conçu :

> « Le Sens, essuyant ses souliers
> Dit : que ne restais-je à Périers !
> Sans aller dans ce sabot-là !
> *Alleluia !..... »*

Les jours de ce conseil étaient comptés. Il tomba sous l'arme du ridicule, et le Parlement fut rétabli. Mais Monsieur Le Sens ne devait plus remplir d'office au siège de Périers. Il avait un successeur dans la personne de Louis Charles Lescaudey de Manneval, conseiller du Roi, Bailli de longue-robe, lieutenant général civil et criminel et de police, et commissaire enquêteur, examinateur. Il fut le dernier bailli de Périers ; et le premier dont le nom soit parvenu à notre connaissance date de 1367. Il s'appelait noble homme Richard de Condren.

En 1789, l'existence des Parlements du Royaume touchait à son terme. L'Assemblée nationale s'inquiétait de l'opposition que pouvaient encore lui faire les Parlements. On faisait circuler en France des écrits dans lesquels on reprochait aux divers Parlements leur trop longue apathie ; on leur rappelait l'arrêt rendu contre la la Ligue deux cents ans auparavant (1594) ; on les adjurait de saisir le glaive de la loi, de foudroyer l'Assemblée nationale, de frapper ce fantôme colossal et d'en délivrer la France opprimée (1). Dans une lettre à l'Assemblée nationale, Louis XVI avait exprimé la persuasion que l'on maintiendrait jusqu'à nouvel ordre les anciennes formes judiciaires. Mais telle n'était pas la pensée des adversaires de l'ancien régime. Les vacances de la magistrature, ouvertes à la fin d'août 1789, avaient rendu les magistrats plus redoutables, car elles leur avaient procuré les moyens de se concerter et s'enhardir d'un bout à l'autre du royaume. La St-Martin approchait, et avec elle la rentrée des Cours. Mirabeau se fit l'écho de la pensée et des craintes de ses collègues. Tout-à-coup il s'écrie :

(1) Mémoire du marquis de Ferrières, Adresse à tous les parlements, 1790, in-8°.

« Ils sont en vacances! Eh bien, qu'ils y restent pour n'en plus jamais sortir! » Le coup mortel était porté aux Parlements et aux autres juridictions du Royaume. Aussi Alexandre de La Meth pouvait-il dire en sortant de l'assemblée : « Nous les avons enterrés tout vivants. » Le décret du 3 novembre 1789 ordonnait aux chambres des vacations de tous les Parlements d'enregistrer de suite cette décision et de continuer à rendre la justice. Ce décret fut soumis à la sanction du Roi, qui ne put la refuser. L'Assemblée décida aussi qu'à l'avenir ses décrets seraient adressés aux municipalités et aux tribunaux inférieurs directement et sans l'intermédiaire des Parlements. Ainsi prit fin le parlement de Normandie. Le bailliage de Périers fut supprimé par les décrets des 23 décembre 1789 et 26 février 1790. La nouvelle organisation judiciaire fut établie par les décrets du 16 et du 24 août de la même année.

Après avoir retracé l'histoire du bailliage de Périers, il convient de faire connaître la série de ses baillis et des autres officiers principaux avec les faits plus considérables qui se rattachent à la vie de chacun d'eux. Ainsi nous aurons exhumé de l'oubli et sauvé de la poussière des bibliothèques des noms qui auraient fini par se perdre, et des détails inédits pour la plupart, qu'on sera heureux de voir entrer dans le cadre de cette histoire.

On trouve comme baillis de St-Sauveur-Lendelin et comme lieutenants généraux, dans le cours des XIV°, XV°, XVI° XVII° et XVIII° siècles les personnages suivants :

En 1376, noble homme Richard de Condren, chevalier, seigneur du Bois, fut établi par Madame Blanche, fille du roi de France et de Navarre, duchesse d'Orléans, comtesse de Valois et de Beaumont, son bailly en toutes ses terres de Normandie. Il eut spécialement le titre de bailly de Pontorson et de St-Sauveur-Lendelin. Le bailly de St-Sauveur-Lendelin devait toucher 80 livres tournois de gages par an. Madame Blanche de France, dans son ordonnance datée de Villers-Coterets, 24 juillet 1379, donne ordre à son trésorier de payer les gages du bailly de Périers depuis le 1ᵉʳ mai 1376 (1).

(1) Cherin, vol. 58. Cabinet des titres.

En 1446, noble homme Robert Biot, écuyer, est bailli de St-Sauveur-Lendelin.

En 1482, Jean Davy, est conseiller du roi, seigneur de St-Hilaire du Bois, etc., bailly de Périers. Il fit une fondation en faveur de l'Eglise de Périers les 20 et 27 octobre 1482.

Nicolas Davy tint dans le mois de juillet 1495 les assises syndicales, comme lieutenant général de Monseigneur le bailli de St-Sauveur-Lendelin.

En 1513, noble homme, Jehan de St-Germain, seigneur Châtelain et vicomte hérédital de St-Jores en Bauptois, était bailli de St-Sauveur-Lendelin. Il fut député par la noblesse du bailliage et de la vicomté de Périers, afin d'assister aux séances qui se tinrent à Rouen, pour la réformation de la coutume de Normandie.

Guillaume Michel, seigneur de Belouze, avait le titre de lieutenant général au bailliage. C'était Guillaume II Michel, l'aîné des enfants de Pierre II Michel, seigneur de Belouze, et de Marie de la Narre, laquelle mourut en 1505. Le lieutenant général de Périers se maria en 1521 à Marguerite Hervieu, fille du seigneur de Sénoville et de Languetot. Il mourut en 1544. Une enquête avait été faite en 1496 sur la noblesse de son aïeul Guillaume Ier Michel, écuyer, seigneur de Vesly et de la Michelière, petit fils de Jean, l'aîné des enfants de Thomas, que représente aujourd'hui la famille Michel de Monthuchon.

Les témoins nobles avaient déposé que Guillaume Michel était écuyer, seigneur de Vesly et de la Michelière et qu'il avait épousé noble demoiselle Alliette Adam, fille de Thomas Adam, écuyer, seigneur de Moutseboscq, et qu'il vivait noblement ainsi que son fils, enfin qu'il était issu de noble lignage, ainsi que ses prédécesseurs. Guillaume Michel était décédé en 1502. Le trisaïeul de Guillaume II, lieutenant général de Périers, s'était vaillamment comporté à la journée d'Azincourt, et son bisaïeul, Pierre Ier Michel, demeuré fidèle à la cause du roi de France, s'était retiré au Mont St-Michel, où il était mort en combattant contre les Anglais.

Martin Michel, sieur du Port et de la Donsière, appartient comme le précédent à la famille des Michel de Vesly et de Monthuchon.

Il devint également lieutenant général du bailliage de S-Sauveur-Lendelin à Périers.

On trouve, dans les archives du domaine de St-Sauveur-Lendelin, une reconnaissance faite par Louis David, écuyer, sieur de Guéhébert, tant pour lui que pour demoiselle Jehanne Lepetiot sa femme, le 1er juillet 1560, de 10 L. de rentes dues en deux termes au domaine de St-Sauveur-Lendelin à cause des héritages, domaines, manoir, colombier et moulin, le tout situé à Muneville-Le-Bingard appartenant audit sieur Davy sous la mouvance des Religieux de St-Denis en France, à cause de la seigneurie de Muneville, laquelle ledit sieur Davy a dit avoir été vendue et engagée à Me Philippe l'écrivain par les commissaires du Roy. Cet acte est de la gestion de Martin Michel, mort cette année même 1560. Il avait épousé Jacqueline Le Forestier. Il est le quatrième des fils de Pierre II Michel, seigneur de Belouze. Il succéda à son frère Guillaume II dans la charge de lieutenant général, et fut la souche des Michel, aujourd'hui Michel de Vieilles qui habitent le département de l'Eure. On trouve que les services des trois frères Guillaume, Pierre et Martin Michel sont justifiés par des quittances de ban et arrière-ban délivrées en 1542. C'est le frère de Martin Michel, Jean troisième fils de Pierre II, qui devenu docteur en théologie, chanoine de Coutances et curé de Muneville-Le-Bingard donna une croulte de quatre vergés à la ville de Coutances. Il eut du zèle pour les bonnes études et fonda trois bourses au collège d'Harcourt à Paris, il contribua aux frais de reconstruction du collège de Coutances. Il mourut dans la cathédrale, en siégant dans sa stalle, et fut inhumé dans le chœur de cette Église.

En 1561, nous trouvons mentionnés les *États* de St-Sauveur-Lendelin. On sait que les élus formaient dans des circonscriptions déterminées un tribunal chargé de répartir certains impôts et de juger les procès afférents à cette répartition. Dans ces matières les *Élus* jugeaient en première instance, et les généraux des aides en dernier ressort. Par ces *États* de St-Sauveur-Lendelin dont parle G. de Gouberville dans son *Journal manuscrit d'un sire de Gouberville* (p. 711), il faut entendre la réunion des élus chargés d'établir la répartition des impôts pour le bailliage de St-Sauveur-

Lendelin à Périers. Voici le texte de G. de Gouberville à propos du 3 juin 1561. Se trouvant à St-Lô, il dit : « A la levée des présidiaulx, nous conférasmes ensemble les esleus pour les Estats de St-Sauveur-Lendelin, puis vers les quatre heures de l'après midi nous déclarasmes notre résolution selon qu'il est porté par les actes donnés devant lesdits sieurs Présidiaulx. »

Pierre Michel, écuyer, sieur du Mesnil, est lieutenant général au bailliage en 1583. Aux états généraux de Normandie qui se tinrent dans le courant de cette année, l'appel se fit par les vicomtés de chaque bailliage et il est à remarquer que le bailliage de St-Sauveur-Lendelin vint après le bailliage de Cotentin et la vicomté de Carentan, et avant les bailliages de St-Sauveur-le-Vicomte, de Mortain, d'Evreux et de Gisors (1). Le premier rang appartenait à l'état ecclésiastique, le second à la noblesse, le troisième à la justice, le quatrième au Tiers-Etat. Dans la salle des séances chacune de ces catégories comptait une place distincte.

En 1588, le 24 mai, Jean Davy, écuyer, sieur du Bois et de St-Hilaire est pourvu du titre de bailli de St-Sauveur-Lendelin. La sagesse du bailli de Périers fut chantée alors par un poète qui fut deux fois recteur de l'université de Paris, et qui était lui-même né à Périers. Voici plusieurs de ses pièces à la louange de Jean Davy et de ses enfants :

A Jean David, très sage et très juste bailli de Périers.

« Jadis, l'illustre rejeton de Jessé, David, promenait ses doigts habiles sur les cordes de sa lyre ; il savait si bien toucher le cœur de Saül, qu'il en bannissait le mortel poison de l'envie. Depuis, voilà deux mille cinq cents ans et plus que Phébus continue sa course au milieu du monde planétaire : un nouveau David s'est levé, un David, ami du bien et défenseur de la justice. Le héros, fils de Jessé, triompha du géant Goliath ; notre David est la terreur du crime ; l'ancien David fit préparer les matériaux du Temple, le nôtre embellit chaque jour l'édifice sacré de la prière ; l'ancien David haïssait la fraude, la duplicité et les propos injurieux, le nôtre rend à tous prompte et bonne justice ; l'ancien David mettait sa gloire à

---

(1) Annuaire des cinq départements de la Normandie, année 1837, p. 183.

assujettir des peuples rebelles, le nôtre met son bonheur à passer pour le père plutôt que pour le roi de ses peuples ; l'ancien David fut le prophète du Très-Haut, le nôtre a été établi le juge de ses frères pour punir leurs crimes. Rivaux en vertu et en mérites, n'est-il pas juste qu'un même chant célèbre ces deux astres ? »

Le lecteur nous saura gré de ne pas le priver de la saveur de la pièce originale. Nous lui en mettons à la suite le texte sous les yeux :

> Pulsabat quondam proles Jesseia David,
> Argutis manibus fila canora lyræ,
> Cordaque mulcebat tanta dulcedine Saulis,
> Regis ut exiret pectora dira lues.
> Mille bis ex illo, quingentosque amplius annos
> Phœbus oberranda sidera fixa dedit :
> Alter cum tamdem superas exurgit in auras
> David amans recti, justitiæque tenax.
> Sustulit immanem Goliath Jesseius heros :
> Et novus hic David concutit omne scelus
> Ædis materiam magnæ jubet ille parari :
> Hic ædi magnæ comparat omne decus
> Oderat ille dolos, fraudes et jurgia linguæ :
> Hic quoque dat populis debita jura suis.
> Ille truces populos magna ditione premebat :
> Hic non rex dici, sed pater esse cupit.
> Ille fuit quondam divino munere vates :
> Hic judex damnat noxia facta virum,
> Moribus æquales, similes virtutibus ambo :
> Nonne et erunt pariter lumina clara Poli ?

On allait poursuivre le poète devant la juridiction du bailliage de Périers. Il ne s'en émeut pas, il sait qu'il a pour soutenir et protéger ses droits Jean David, ou comme il le dit poétiquement ; la *lyre de David* « *lyra Davidis.* »

Le poète continue de célébrer dans ses vers la famille David du Perron. Il intitule ainsi son poème XXVIIe : « A Jacques David, jeune homme doué des plus belles qualités de l'esprit, du corps et de la fortune.

Je le prie de présenter lui-même cet opuscule à l'illustre cardinal du Perron. »

Les vers suivants sont la traduction à peu près littérale de cette dernière pièce :

Le frêle rejeton né du palmier sauvage,
Transplanté, tout petit, sur un fécond rivage,
Contre l'effort des vents sollicite un tuteur,
Et l'habile colon, de son bras protecteur
Le munit d'un rempart, l'étaie au bois robuste.
Ainsi mis à l'abri, le délicat arbuste
Lève sa tête altière et rit de l'aquilon.
Puissant quoique petit, Enfant, sois le colon
Qui protège mes vers contre l'oubli du monde.
Ce vœu part d'un bon cœur, qu'un bon cœur y réponde !
Mais puisque je n'avais, pour louer ta vertu
Que cet humble présent.... Que ne me suis-je tu ?
Dans tout cet Univers on connaît ton mérite
Et la louange, Enfant, veut n'être pas écrite (1).

AU MÊME :

Quod terræ, quod opum, magni quod nominis hæres,
Ambiguæ sortis non leve numen habes
At quod sit probitas, vivaxque in pectore virtus
Ingenio debes ista referre tuo.
Si l'éclat d'un grand nom, les palais, la richesse
Ne sont, ô noble enfant, qu'un don du sort trompeur ;
Tu ne dois qu'à toi seul la vertu, la sagesse
Ces fleurs au doux parfum qui croissent dans ton cœur.

---

(1) Hirsutis veluti palmis defossa colonis,
  Cum fuit in pingui parvula planta solo,
  Infirmæ auxilio contra Boreamque, hiememque
  Robustus adhibet callidus ille sudes,
  Ut nixa æthereas arbor se tollat in auras,
  Frigera contemnens, cumque Aquilone notos :
  Sic tua, Magne Puer, nostrum munimine certo
  Exoriens carmen firmet amica manus,
  Quando bonus bona posco, bonis bonus annue votis.
  Annue, et optatam cede benignus opem.
  Haud etenim mihi frons horrens tam vilia ferre
  Dona verecundos sustinet antepedes,
  Cujus ad Occiduos ab Eois cognita virtus
  Aonio vatum non eget ore cani.

AU MÊME :

Poëme XXIX.

Tout l'Olympe, dit-on, dans un combat récent,
Fit pleuvoir ses bienfaits sur un adolescent :
Mars l'arma d'un courage indomptable à la guerre
La Mère de l'Amour, Vénus ne laisse guère
Qu'aucun dieu la surpasse en générosité :
Elle en fit de son fils un rival en beauté ;
Il reçut de Mercure un esprit pacifique
Pour lui Junon ouvrit son trésor magnifique
« Je le veux, dit Pallas, sois un homme de cœur ! »
Par le présent qu'il fit chacun se crut vainqueur !
On consulte Apollon, ses filles et Diane :
Nouveau sujet de lutte et nouvelle chicane !
Apollon, pris d'amour, l'initie aux beaux-arts ;
Le génie à l'instant brille dans ses regards ;
Les Muses, en riant, vont accorder sa lyre,
Enfin, sur sa vertu Diane prend empire,
Qu'il est beau, se dit-on ! quel digne objet d'amour !
Jupiter, roi puissant sur son auguste cour,
Apaise la querelle. (On dit, que malgré l'âge,
Il s'émut aux attraits de ce jeune visage)
« Il est à tous, dit-il » et pour qu'il soit parfait
Je veux à tous vos dons joindre un nouveau bienfait,
Votre amour le fit Dieu ! Par ma divine flamme
Je le rendrai pieux au plus profond de l'âme (1).

(1) Ob juvenem quemdam nuper certasse feruntur
Mars *** tides, Juno, Minerva, Cypris
Mavor. .t juveni pulcherrima pectora bello
Mercu. ; donat pacifer ingenium
Magnificas largitur opes feronia Juno,
Cor Pallas Cypris dat juvenile decus.
Inde petunt Phæbi, Aonidum, Castæque Dianæ
Judicium ; at major mota querela fuit :
Phæbus amat juvenem, pulchras largitur et artes
Dant quoque Mæonides plectra movere lyræ.
Dat Phæbi comors animos dictinna pudicos ;
Tantus amor juvenis ! tantus in ore decor !
Jupiter his aderat longo venerabilis ævo,
Qui tollit cauto jurgia judicio.
* *Mavors* pour *Mars* per epenthesim, sicut *navita* pro *nauta*.

Le bailli de Périers avait deux fils, étudiants chez les Jésuites. Le poète latin de Périers, Jean Ruault, leur adresse la pièce suivante qui est la XXIII° de son recueil : « A Joachim et François David, nobles enfants du bailli de Périers, étudiants chez les Jésuites :

« Tous les deux vous êtes grands par les dons de l'esprit et par la vertu. En tout vous rivalisez tous les deux. François et Joachim aiment la poésie : en tout vous rivalisez tous les deux : François est aimable, Joachim ne l'est pas moins : en tout vous rivalisez tous les deux. François est savant, Joachim l'est aussi : en tout vous rivalisez tous les deux. François et Joachim sont habiles en l'art de bien dire : en tout vous rivalisez tous les deux. Croissez, illustres enfants, la verdoyante Normandie vous prépare des couronnes de fleurs. » (1).

En 1597, noble homme Jehan du Butout est bailli de St-Sauveur-Lendelin et capitaine du Pont d'Ouve (2).

Noble homme Aymon Passemèr, sieur de la Feuillye et Boisroger, était lieutenant civil et criminel au bailliage de Périers. Le 30 juin 1603 il maria sa fille Marguerite Passemer à Jacques Ferrand, écuyer (3), sieur des Marres, Rouxeville et Raneurville. On voit qu'entre autres choses, la fille du lieutenant civil, reçoit pour dot une robe de velours noir et une cotte de satin. On n'en

---

   Quippe bonum juvenem communem censet habendum.
   Sic ope cunctorum flet et ipse Deus
   Ne qua tamen juveni divo pars deesset honesti,
   Cœlicolum Rector jus dedit esse pium.
(1) Ingenio magni, magni virtutibus ambo ;
   Ambo, ni fallor, vivitis ergo pares.
   Franciscum et Joachim juvat indulgere camœnis,
   Ambo, ni fallor vivitis ergo pares.
   Franciscus bellus, Joachim non bellior alter ;
   Ambo, ni fallor, vivitis ergo pares.
   Franciscus doctus, Joachim quoque doctus habetur,
   Ambo, ni fallor, vivitis ergo pares.
   Francisco et Joachim facunda est gratia linguæ,
   Ambo, ni fallor, vivitis ergo pares.
   O magni juvenes, nunc nunc adolescite, vobis
   Neustria florescens, florida serta parat.
(2) Archives de la Manche, v. au mot *Butout*.
(3) Jacques Ferrand était fils de Nicolas Ferrand et de Marie Rosey.

est pas encore au temps où Madame de Sévigné écrivait : « Madame de Langlée a donné à Madame de Montespan, une robe d'or sur or, rebrodé d'or, rebrodé d'or, et par dessus un or frisé, rebroché d'un or mêlé avec un certain or, qui fait la plus divine étoffe qui ait été imaginée : ce sont les fées qui ont fait cet ouvrage en secret. Ah ! la belle chose ! Ah ! Quelle étoffe ! vient-elle du ciel ? Il n'y en a point de pareille sur la terre ? »

François David, seigneur et patron de Montcuit, épousa demoiselle Marie Castel en 1619.

En 1667, François Davy, écuyer, seigneur et patron de St-Hilaire, conseiller du roi et bailli de St-Sauveur-Lendelin, fut député pour le recouvrement des domaines du roi. Il était décédé en 1708 ; car il est porté dans le registre des membres défunts de la confrérie du Saint-Sacrement, érigée à Périers. Et le registre s'arrête à la date 1708.

En 1671, Henri Le Coq est lieutenant général au bailliage de Périers.

Arthur de Clamorgan, écuyer, sieur de Carmesnil et de Vauloue, conseiller du roi, est lieutenant général civil et criminel au bailliage de Périers.

Charles Payen, écuyer, sieur de St-Sauveur-la-Pommeraye, est lieutenant général au même siège avant 1711. On voit sa fille Marie Payen, donner quittance des épices qui restaient dues à son père au moment de son décès. Les quittances sont de 1711.

Pierre Alexandre Hellouin, écuyer, sieur d'Ancteville et du Mesnilbus est porté comme bailli de Périers, sur le registre de la confrérie du très saint Sacrement dont il est membre.

Sa famille avait été anoblie en 1574 dans la personne de Jean Hellouin nommé secrétaire du roi. Elle portait : *d'azur au chevron d'or accompagné de deux étoiles de même et d'un fer de lance d'argent en pointe.*

Jean Hellouin acheta de Pierre d'Harcourt, marquis de Beuvron, baron de Creuilly et du Mesnilbus, la terre seigneuriale et la baronnie du Mesnilbus. Jean Hellouin était alors secrétaire du roi et trésorier des finances en la généralité de Caen. Il prit dès lors les titres de seigneur, patron et baron du Mesnilbus qu'il garda sans conteste depuis 1606. Il eut trois fils :

1° Jean Hellouin, sieur de St-Michel, secrétaire du roi et président à la cour des aides de Normandie. Il épousa Madeleine de la Marre.

2° Charles Hellouin, écuyer, sieur de Reuilly, conseiller du roi, et trésorier de France en la généralité de Caen.

3° Nicolas Hellouin, écuyer, sieur du Bocage.

Jean Hellouin eut pour fils Pierre Alexandre, bailli de Périers (1). Il avait épousé, en 1678, Françoise Levilly, fille de Jacques Levilly, Receveur des tailles à Coutances. Il avait la réputation d'un des baillis les plus éclairés de la province, au dire de l'Intendant Foucault, dans un rapport qu'il fit en 1697. Il avait, d'après le même témoignage, ses lieutenants et un vicomte, assesseurs et gens du roi.

Si l'on veut se faire une idée des causes qui ressortissaient au tribunal du bailli de Périers, voici une sentence rendue par ce magistrat contre le vicaire de Lithaire Pierre Aujouer. Jean Fontaine étant intervenu comme partie soutenante au nom de la communauté de Lithaire, le bailli de Périers avait destitué des fonctions de maître d'école de cette paroisse M. Pierre Aujouer, parce qu'il ne pouvait cumuler les deux fonctions de vicaire et d'instituteur. Le curé de Lithaire avait été débouté dans cette affaire de ses prétentions, la fondation portant en termes exprès que le maître d'école ne pourrait être vicaire. Cet acte n'est antérieur à 1712 que de fort peu de temps (2).

Au commencement du XVIII° siècle, le bailli de Périers prenait la qualité de bailli lieutenant général civil et criminel. Les sentences s'intitulaient en son nom, et l'appel était porté au Parlement de Rouen, lorsque les causes n'étaient pas dans les cas présidiaux, et lorsqu'elles étaient présidiales, elles étaient déférées au Présidial de Coutances.

Le bailli de Périers, Pierre Alexandre Hellouin fut tué dans un

---

(1) Revue de l'Amateur Manchois (1° année, p. 51)
(2) Ann. de la Manche, 1856, p. 20.

accès de jalousie conjugale par le seigneur de Vauville, César Costentin, comte de Tourville, neveu du fameux maréchal de ce nom. Ce seigneur avait épousé Charlotte Renée de Camprond, de St-Germain-le-Vicomte.

A la date de 1713, on trouve l'acte mortuaire de l'infortuné bailli qui avait péri sous la main du comte de Tourville. « Le 10 septembre 1713, à Périers, a été inhumé par moi, curé de St-Sauveur-Lendelin et doyen du doyenné de Périers, soussigné, Pierre Alexandre Hellouin ex-seigneur et patron de Barneville, conseiller du roi, bailli de longue-robe au bailliage de St-Sauveur-Lendelin, dans le chœur de cette Église en présence de M⸱ Deboudé, curé dudit lieu, et de M⸱ Jacques Martin, vicaire dudit Périers. » (1).

Son meurtrier se cacha d'abord dans son château de St-Germain puis il alla se réfugier dans celui de Vauville qui lui appartenait. Il y resta longtemps caché et il finit par obtenir sa grâce en levant, dit-on, la fierte de St-Romain.

Voici en quoi consistait le privilège attaché à la fierte, comme l'on disait, ou châsse de St-Romain.

La légende rapporte que, sous le règne de Clotaire II, un dragon appelé depuis Gargouille, désolait les environs de Rouen. Ce redoutable animal dévorait hommes, femmes et enfants, et inquiétait même dans leur navigations les navires qui couvraient la Seine. St-Romain évêque de Rouen eut pitié de son troupeau. Le jour de la fête de l'Ascension, il se fit délivrer un criminel, condamné au gibet, lui mit un surplis et une étole et s'achemina avec lui vers la caverne qui servait de retraite au hideux reptile. Le monstre, à leur aspect, devint doux comme un agneau. Mené à Rouen, il fut tué et brûlé sur la place publique, en présence du peuple qui criait *Hosanna*.

Pour conserver le souvenir de cette heureuse délivrance, le roi Dagobert concéda à l'Archevêque de Rouen et à son chapitre le droit de choisir chaque année le jour de l'Ascension un criminel qui porterait à la procession la fierte de St-Romain et obtiendrait

---

(1) Registre des baptêmes etc. de Périers, M⸱ de Pontaumont, Histoire de l'ancienne élection de Carentan. p. 52.

sa grâce à ce prix. Ce privilège qui subsista jusqu'à la révolution, s'appliquait aussi bien aux femmes qu'aux hommes ; et tous les ans cette cérémonie, dans laquelle la religion jouait le principal rôle, attirait à Rouen un nombre considérable d'étrangers.

Voici en résumé les cérémonies qui s'observaient dans cette circonstance.

Quelques jours avant les Rogations, quatre chanoines de Rouen, en habit d'Eglise, se rendaient au Parlement, à la cour des Aides, au bailliage et au siège présidial, afin d'y notifier le privilège du chapitre et la défense, jusqu'à ce qu'il eût été exercé, d'exécuter aucun criminel.

Le jour de l'Ascension, le Chapitre solennellement assemblé, procédait à l'élection du prisonnier à délivrer. Un des chapelains portait son nom dans un cartel, au parlement assemblé en corps au palais et siégeant en robes rouges. Après l'approbation donnée par le Parlement à l'élection et à la grâce du condamné, le clergé de l'Eglise métropolitaine se rendait processionnellement, et au son de toutes les cloches, avec la châsse de St-Romain à la *Vieille Tour*. Le chapelain lui amenait le prisonnier que le Parlement venait de délivrer. On le déchargeait de ses fers et on lui faisait porter le devant de la châsse jusqu'à la cathédrale où la messe était célébrée. Après l'office on conduisait le prisonnier à la vicomté. Là un religieux de Bonne-Nouvelle lui faisait une exhortation en présence du peuple, et le lendemain après une messe dite dans la chapelle de St-Romain, on le renvoyait muni d'un arrêt du Parlement qui le rendait inviolable à raison du crime qu'il avait commis. Ainsi fut délivré et mis à l'abri des recherches de la famille Hellouin, le meurtrier du sieur d'Ancteville, bailli de longue robe et lieutenant général civil et criminel au siège de Périers. Le comte Costentin de Tourville portait : *de gueules au dextrochère tenant une épée d'argent surmontée d'un heaume de même.*

Quelques années après, le Parlement de Rouen prenait hautement les intérêts du Bailli de St-Sauveur-Lendelin. Par un arrêt du 25 juin 1748, il défendait à tous les officiers du bailliage de faire aucune fonction en l'absence du bailli, dans les affaires ordinaires, qu'après trois jours d'absence, et dans les affaires provisoires, qu'après vingt quatre heures.

En 1746, Pancrace Hellouin, écuyer, sieur d'Ancteville, seigneur et patron de Barneville, Portbail et St-Martin-du-Mesnil, conseiller du roi, est bailli de longue robe et lieutenant général civil et criminel au bailliage de St-Sauveur Lendelin et Cérences.

Charles Philippe Hellouin, sieur de Boisharel est lieutenant général d'épée au même siège, vers la même époque.

On trouve aussi François Bonaventure Macé, écuyer, sieur de la Besnardière, conseiller du roi, et lieutenant général d'épée au même bailliage.

Jacques Robert le Sens, écuyer seigneur et patron de Neufmesnil et autres lieux, conseiller du roi, est reçu à la charge de bailli de Périers le 20 juillet 1747. Il avait le titre de bailli de longue robe et de lieutenant général civil et criminel. Il mourut en 1760. Sa veuve madame de Neufmesnil occupait un banc dans l'Eglise de Périers, le 12 décembre 1779, comme il ressort d'une délibération consignée dans les registres paroissiaux et signée: Du Longpray et du Siquet.

Pierre Jacques Le Sens, écuyer, fut aussi bailli de longue robe, et lieutenant général civil et criminel au même siège. Il devint, nous l'avons déjà dit, l'un des présidents du conseil supérieur créé à Bayeux lors de la suppression du Parlement de Normandie. Il fit partie de la grande assemblée des trois ordres du bailliage du Cotentin en 1789, puis il émigra en 1791, mais en se rendant de Jersey à Sunderland, il tomba à la mer et se noya (1).

Louis Charles Guillaume Lescaudey de Maneval, conseiller du roi, bailli de longue robe, lieutenant général civil et criminel et de police, avait succédé à Vauxclère le 1ᵉʳ janvier 1772. Il tint en l'année 1780, les assises mercuriales. Il joignait aux titres précédents celui de commissaire enquêteur examinateur audit siège du bailliage de St-Sauveur-Lendelin séant à Périers et à Cérences. Il fit partie de l'assemblée générale des trois ordres du bailliage du Cotentin, qui se réunit en 1789, dans la nef de l'Eglise cathé-

---

(1) Annuaire de la Manche, 1859, p. 42.

drale de Coutances. Il s'y trouva en compagnie de trois autres députés de Périers, savoir : le curé Julien J. B. Duchemin, Félix le Canu de Basmaresq et Pouret-Roquerie.

Vicomtes du baillage de St-Sauveur-Lendelin.

La liste des vicomtes de St-Sauveur-Lendelin remonte plus haut, dans les archives qui nous ont été conservées, que celle des baillis du même siège.

Simon Le Petiot est vicomte de St-Sauveur Lendelin en 1359. Grâce est accordée à Simonnet Le Petiot, le 2 mars 1359 par le sire de Thieuville pour chevauchée en compagnie des ennemis qui demeurent en la ville de Périers, terre du duc d'Orléans, où sont les biens dudit Simonnet.

En 1394 nous trouvons Guillaume Jouan, vicomte de St-Sauveur Lendelin. Les Archives de la Manche conservent une charte sans date, mais qui remonte évidemment au temps de Richard Cœur-de-Lion, dans laquelle figure le nom de la commune de St-Christophe d'Aubigny. Le *vidimus* de cette charte est certifié par Guillaume Jouan en 1394.

En 1427, Guillaume Adigard était garde des sceaux des obligations de la vicomté de St-Sauveur-Lendelin.

En 1435, Guillaume Poisson est vicomte de St-Sauveur-Lendelin.

En 1441, le même titre est porté par Jean Lafosse, écuyer.

C'est Jehan de la Hézardière qui en est revêtu, en 1456. Il portait comme ceux de sa maison : *d'hermine au chef de gueules, chargé d'un léopard d'or* (1).

En 1568, Guillaume Le Roux est vicomte de St-Sauveur-Lendelin. C'est vers cette époque que le tribunal de la vicomté de Lithaire fut réuni au bailliage de Périers (2).

Les Etats généraux de Normandie se tinrent à Rouen le 17 juillet 1577. Les assignés du bailliage de St-Sauveur-Lendelin s'y

---

(1) Le domaine de la Hézardière fut réuni à celui du Perron, au mois de juin 1676, par les soins de Charles Le Ménissier, écuyer, seigneur du Perron, de Martigny et autres lieux, conseiller du roi, lieutenant général civil et criminel au bailliage de St-Lô.

(2) De Pontaumont, Election de Carentan, p. 42.

présentèrent. Comparut à l'appel, noble homme Jehan de St-Germain, seigneur châtelain, vicomte hérédital de St-Germain, qui était député par la noblesse du bailliage et vicomté de St-Sauveur-Lendelin.

On cite comme vicomte de Périers, en 1601, Guillaume Leroi, écuyer.

Bonaventure Le Roux, écuyer, sieur du Buisson et de Langerie, conseiller du roi et vicomte de St-Sauveur-Lendelin, est cité en 1615, comme seigneur et patron de la paroisse du Buisson. Les seigneurs du Buisson devaient habiter le petit manoir que l'on rencontre à droite en allant de Périers à St-Germain-sur-Sèvres et dont les tourelles à toit conique produisent un assez gracieux effet (1). Dans ce siècle le vicomte de Périers était le sénéchal né du fief du roi, à la Feuillie et à Geffosses. La première de ces paroisses avait trois fiefs nobles, dont l'un, le fief du roi, relevait du domaine de St-Sauveur-Lendelin, et avait pour Sénéchal le vicomte de Périers. Il en était de même du fief du roi, l'un des fiefs portés sur la table de Geffosses.

Jacques Ferrand, écuyer, sieur des Marres, était aussi vicomte de Périers en 1636. C'est lui ou son fils, qui avait épousé en 1603, Marguerite Passemer, fille de noble homme Aymon Passemer, dont nous avons parlé.

A dater de cette époque jusqu'à la Révolution, nous aurons à citer souvent les noms des Mauconvenant.

De 1668 à 1692, est vicomte de Périers Bonaventure de Mauconvenant, écuyer, seigneur et patron de Ste-Suzanne, conseiller du roi. Il épousa une demoiselle du Mesnildot. Les armes de Mauconvenant, sont : *de gueules à 9 quinte-feuilles d'argent, 3, 3 et 3* (2).

---

(1) En 1666, François Le Roux, de la paroisse du Buisson, sergenterie de Lessay, élection de Carentan, prouva que la noblesse de sa famille remontait à l'année 1353. Dans le cours du XVIIe siècle, François Robert de Campromd, châtelain de St-Germain-le-Vicomte, épousa noble dame Françoise Le Roux, patronne de Gonfreville.

(2) La famille de Mauconvenant est ancienne. Le rôle des chevaliers du comté de Salop, sous Henri II, mentionne Nicolas de Mauconvenant, seigneur de Ste Suzanne. Plus tard, entre les années 1125 et 1197, on trouve Manger de Mauconvenant qui donne l'Eglise de St-Louet au prieuré de St-Fromond. Sous Louis XI, un état de la noblesse mentionne Guillaume de Mauconvenant de Ste Suzanne. (Monfault 1463).

Jacques de Mauconvenant, écuyer, seigneur et patron de Ste Suzanne et autres lieux, est vicomte de Périers et de Lithaire en 1699. Il épousa noble demoiselle Marie Bonaventure Basan. Un de leurs fils, René Jacques François Bonaventure de Mauconvenant de Besneville, prenait les titres d'écuyer, seigneur et patron de Ste-Suzanne. Il avait épousé Marthe Hellouin. A sa mort, sa veuve devint dame et patronne de Ste-Suzanne, Besneville, St-Martin du Mesnil et autres lieux. Son fils, le chevalier François Bonaventure Corentin de Mauconvenant, épousa en premières noces Marie Anne Madeleine Le Breton de Cambes, et en secondes noces haute et puissante dame Marie Louise Catherine Le Filliastre de Marcanville. Le chevalier de Mauconvenant fit partie de l'assemblée des trois ordres du bailliage de Cotentin en 1789. De son premier mariage il avait eu Bonaventure Corentin de Mauconvenant, chevalier, sieur de Ste-Suzanne, officier au régiment du roi infanterie, qui épousa noble dame Catherine de Massac. De ce mariage vint Amélie-Cécile Charlotte de Mauconvenant, mère de M. de Choiseul-Praslin, propriétaire du château de Ste-Suzanne.

Choiseul porte : *D'azur à la croix d'or, cantonnée de dix-huit billettes de même, cinq à chaque canton d'en haut, mises en sautoir, et quatre à chaque canton d'en-bas, 2 et 2.*

Jacques de Mauconvenant avait un successeur comme vicomte de Périers en 1734, en la personne de Genest, conseiller du roi.

Michel Le Menuet, sieur de Champeaux, conseiller du roi, était vicomte de St-Sauveur-Lendelin en même temps que lieutenant général civil et criminel à St-Lô. Il avait fixé sa résidence à Périers. Son père qui était Jean Le Menuet, maître Fauconnier de la Fauconnerie du roi, conseiller du roi et maire de la ville de St-Lô, mourut en 1740 au manoir de Sienne et fut inhumé dans l'église de Percy, en présence de Michel Le Menuet, son fils.

Parmi les procureurs du roi, aux XVIIe et XVIIIe siècles, nous trouvons pour le bailliage de Périers en 1601, maître Guillaume Langlois, écuyer ; avant 1696, François Le Picard ; en 1699, Jacques Pezeril, sieur de la Chilardière ; en 1708 Jean-Baptiste Paing ; en 1769 de La Cotte ; en 1772 Pierre Regnault ; en 1776 M. Paing ; en 1785 Maître Robin ; en 1789 Louis Pouret-Roquerie.

Succession des Avocats auprès du bailliage de St-Sauveur-Lendelin.

En 1583 la France était en feu, Calvin y avait allumé la guerre civile. Alors nombre de seigneurs se crurent obligés de défendre les armes à la main la religion de leurs pères, les lois fondamentales de la France et l'honneur de leur maison. Parmi ces seigneurs nous voyons Pierre Vaultier, avocat du roi à Périers (1).

Robert Le Noël était avocat à Périers, en 1609, quand Jean Ruault, recteur de l'Université de Paris, publia son livre de poésies latines.

Plusieurs de ces pièces sont adressées à Robert Le Noël, et à Jacques, son fils. Voici le texte latin de ces éloges :

ROBERTO LE NOEL

XXXIII

Romulidos quondam facundo Tullius ore
 Ad pacem, ad bellum compulit eloquio.
Sic, Roberte, tuo quemvis accendis amore
 Credam ut apes labris mellificasse tuis.
In te elucescit facundi lingua parentis
 Qua prior haud nostro cernitur ulla foro.
Sobria tu nosti veterum documenta
 Mœoniis pariter suppeditata vadis.
Seria si tractas, Phœbus tractare videtur ;
 Si joca, dat nudos gratia pura sales.
Sive viam carpas pedibus, seu puppe per undas,
 Est comes urbanus cum gravitate lepos.
Te gravitas, te Sancta Fides, te candida juris
 Dirigit ars, ornat lingua, camœna beat.
Quidne perpetuos igitur florebis in annos,
 Cum currant animi flumina tanta tui ?

IIDEM
XXXIV

Nestoreos, Roberte, tibi det Jupiter annos
 Nestoreum quoniam flumen et ora dedit.

---

(1) Abbé Desroches, Histoire du Mont St-Michel, IIᵉ vol. p. 230.

Ad Musas pra Jacobo Le Noel.
ejusdem filio, adolescentulo.

XXXV

Si tibi sum cordi Musarum maxime doctor.
　Et vestros, colui, candida turba, choros;
Pandite nunc gremium, calathis date lilia plenis,
　Efficite ut vestro crescat amore puer.
Cernite jam quantos referat virtutis honores,
　Purpureus surgat quantus ab ore lepos.
Ætas nec matura tamen lucescit in ore :
　An nobis alius clarior esse potest ?
Quod si almus juvenis vestro sit munere Doctor.
　Et vestra, et juvenis gloria major erit.

Nous sommes heureux d'offrir au lecteur la traduction de cette dernière composition. Elle est à l'adresse de Jacques Le Noël, qui, plus tard sous le nom de Jacques Le Noël-du-Perron, deviendra aumônier de France et évêque d'Angoulême et d'Evreux. Il était par sa mère, Marie du Perron, le neveu du cardinal du Perron.

Apollon, protecteur des Muses que j'honore
Inspire les accents de ma lyre sonore !
Muses.... des fleurs ? jetez les lis à pleines mains !
Apportez une lyre au plus beau des humains.
Son sourire est divin, royal est son langage
Et la sagesse éclate en sa bouche avant l'âge !
Qu'il surpasse en vos Chœurs, vos plus chers nourrissons
Et s'il advient qu'un jour, beau jeune homme, il obtienne
Le bonnet de Docteur pour prix de vos leçons
J'exalterai sans fin votre gloire et la sienne.

Gilles du Couesel était un avocat de mérite, plaidant au barreau de Périers, si nous en croyons les éloges que fait de son éloquence, le poète latin Jean Ruault. La réputation de Gilles du Couesel le faisait appeler à d'autres juridictions que celle de Périers. C'est ce que nous apprend notre poète dans les deux pièces suivantes :

A Gilles du Couesel, avocat très habile.

XXXVI

Fulminea quondam dicebat voce Pericles,
　Graii oraleris copia magna fuit.
Syncero est usus verborum Cotta rotatu
　Æschines multis proestitit eloquio.
Crassi mira fuit gravitas admixta lepore,
　Nestor adhuc mellis flumina multa dedit.
Æschines, Crassus, Nestor Cotta atque Pericles.
　Ingenio cedunt, docte Patrone, tuo.

AD EUMDEM.

XXXVII

Si Piriis agitas caussam, Patrone celebris.
　Quœvis eloquio fit borea caussa tuo.
Si Piriense forum et viridentia rura relinquas.
　Et Piriensi forum et tristia rura gemunt.
Oppida si lœto felix conamine poscas,
　Applaudunt cives tempus in omne tibi.
O qua te memoren, dilecte Patrone, camœna !
　Quæ tibi pro meritis carmina musa dabit ?
Rura tuo siquidem discessu mœsta gemiscunt,
　Adventu gaudent oppida lœta tuo.

Tous les avocats du bailliage n'ont pas eu l'avantage de rencontrer leur poète pour perpétuer leur nom. Nous n'en rencontrons pas dans les souvenirs de l'histoire locale avant l'année 1685. A cette date, nous voyons figurer Guillaume Blondel, sieur de Beaumont, avocat au Parlement et particulièrement au siège de St-Sauveur-Lendelin. En 1685, il marie sa fille, Anne Blondel, veuve de feu Jean Touzuré, sieur de la Gridellerie avec M⁺ François Le Tellier.

En 1698 Jacques Blondel et Guillaume Blondel sont avocats à Périers ainsi que François Cariot. Quelques années auparavant, en 1693, 25 novembre, nous trouvons M⁺ Gabriel Crespin, conseiller et avocat du roi au même siège, qui avait épousé Suzanne Dusaussay (1). Il était mort avant le 4 mai 1698, époque à laquelle

---

(1) Archives de Lastelle.

sa fille, demoiselle Bonne Marie Crespin avait épousé, en l'Eglise de Carentan, François Langevin, seigneur de Faulx, conseiller du roi et avocat au bailliage de St-Sauveur-Lendelin. Sa fille Claire Gillonne Langevin naquit le 4 mai 1698; en 1699 il eut un fils Jacques Gabriel; en 1702 le 6 juillet il lui naissait une seconde fille Marie Suzanne Langevin. François Langevin était veuf en 1720, lorsque le 9 novembre de cette année il fut témoin à Lastelle de l'inhumation de François Langevin, sieur de la Planquerie. En 1722, il mariait sa fille Claire Gillonne après dispense, avec M. François Crespin, sieur du Neufbourg, qui était avocat à Périers En 1724, François Langevin témoigna sa religion envers l'Eglise de Lastelle. Sa famille avait droit de banc et de sépulture dans la chapelle du Rosaire, en cette Eglise. Dans le chœur, sur un panneau placé entre le Maître-Autel et la porte de la sacristie à droite on lit une inscription qui déclare que la contre-table de cet autel a été donnée en 1722 par François Langevin, avocat du roi à Périers (1). Un an auparavant, François Langevin avait donné aux curé et prêtres de l'Eglise de Gerville pour entrer dans la pieuse intention de son frère, Michel Langevin, curé de cette paroisse, 100 sols de rente foncière (2).

Avant 1708, Bonaventure Le Parmentier était avocat à Périers.

En 1722 nous trouvons M. Pierre Bottin, premier échevin de Périers et M. David Bottin, avocats en ce lieu.

Jacques Blondel, sieur de Renneville, avocat dès 1698, vivait encore en 1727.

En 1743, Deslonchamps passait pour un des bons avocats du bailliage de Périers, il était un des plus anciens du ressort.

En 1746 nous trouvons Charles Varin, conseiller du roi et avocat au même siège.

Avant 1747, Louis Lescaudey de Maneval, sieur de Maison-Neuve, était conseiller du roi et avocat à Périers. Son fils Louis Charles Guillaume Lescaudey de Maneval naquit après sa mort le 24 juin 1747, de Anne Françoise Le Maître. M. Louis Le Maître,

---

(1) La famille Langevin fit restaurer la chapelle du Rosaire dans l'Eglise de Lastelle en 1752.

(2) Archives de l'Église de Gerville.

procureur du roi au présidial de Coutances, fut parrain et la marraine était demoiselle Jeanne Menant, femme de M° Pierre Lebreton, conseiller du roi à Carentan.

En 1769, le sieur Le Picard, Euvremer et la Besnardière de Gouey sont avocats à Périers. En 1772, nous trouvons les noms de deux autres avocats du même siège : Messieurs Lecanu et J.-B. Vaultier. En 1774 ce sont le sieur Pézeril, conseiller du roi au bailliage et Le Menuet de la Jugaunière qui attirent notre attention. Le sieur Le Menuet, avocat dès l'âge de 22 ans, est le personnage le plus marquant du personnel judiciaire, inscrit au barreau de Périers dans le XVIII° siècle.

En 1777 Le Moucheux est avocat au même barreau. Disons en général que le bailliage de Périers comptait à cette époque une compagnie d'avocats distingués. Ce n'était pas seulement un siège orné de quelques avocats de village avec leurs accessoires ; c'étaient des hommes fort capables, dont plusieurs allaient paraître avec distinction dans des juridictions supérieures. Il suffit de citer Le Menuet, mort premier président de la Cour de Caen, et Pouret-Roquerie, membre de l'Asemblée constituante et du Conseil des Cinq-Cents.

Parmi les avocats de Périers en 1789 nous pouvons citer : Gilles Marc Antoine Leclere sieur de Mau.... conseiller du roi, lieutenant particulier et assesseur criminel ; Jean Bonaventure Guillaume Barnabé Lelièvre, conseiller assesseur ; François Manvieu, Alphonse Fauvel de la Raisignère, conseiller du roi et avocat ; Pierre Paul Alexandre Agapit Ygouf, conseiller du roi, commissaire aux saisies réelles du bailliage de Périers.

Nous n'avons relevé que trois noms des greffiers du bailliage : ceux de Noël Durand pour le XVII° siècle, et pour le XVIII° siècle, de 1750 à 1766, Feuillye, et enfin Paul Hyacinthe Thomas Ferrand en 1789.

Tabellions royaux et notaires à Périers :

JEHAN LE RUSTY, 10 novembre 1515.
NICOLAS LE PICARD, 10 novembre 1515.

De Gaslon, 15 juillet 1584.

Le Maistre, 17 novembre 1585.

Agasse et Lhotellier, 15 août 1594 et 23 novembre 1602.

Lair et Agasse, 23 mars 1622.

Rivière et Ferrand, 3 juillet 1633.

Le Couturier, 2 décembre 1626.

Lair, 1637.

Pierre Lair, 1 décembre 1652.

Rabasse, 8 janvier 1651.

Baillehache, 1ᵉʳ avril 1659, 1662 et 1ᵉʳ mars 1667.

Thomas Guéroult et Pierre Desplanques, tabellions royaux et jurés pour le siège d'Aubigny, 1662.

Agasse, 1662 et 1683.

Jacques Langlois et Martin, 3 mars 1677, 10 novembre 1679.

Barbey, 26 novembre 1679.

Le Picard, 1683.

Louis Pouret, 2 avril 1689.

Jean Pouret, notaire royal, Garde notte au bailliage et vicomté de St-Sauveur-Lendelin, demeurant à Périers, 1696 et 1699.

Le Menuet, notaire à Périers, 27 février 1689 et 30 mars 1693.

Michel Hellouin, 1693 et 1702.

Genest, 27 juin 1700, 10 septembre 1712, 3 avril 1719.

Jean de Lavarde, 8 avril 1720, 3 avril 1733 et 10 février 1743.

Jean Alexandre de Lavarde, 1760, 1769.

Le Follet, 1772.

Michel Hellouin, 1792 et an IV de la Liberté (1795).

Huissiers au siège de Périers.

François de la Lavarde, 1708.

Jean François de la Lavarde, 1743.

Jean Baptiste de la Lavarde, 1769 et 1775, 13 août.

Banse, 1771.

Jean Baptiste Rihouet, 1774.

Jean Louis Lecrossnier, 1777, 1784 et 24 juin 1787.

Pierre Louis Rabasse, 1797.

CHAPITRE IV

PAROISSE DE PÉRIERS. — SON ORIGINE, SON ÉGLISE, SON HISTOIRE

Pour connaître l'origine d'une paroisse, il faut avoir un témoignage historique qui l'atteste ou une tradition constante qui y supplée, ou bien il faut avoir sous les yeux son Église primitive, parce qu'alors le style et l'architecture font deviner l'époque de sa construction ; enfin il faut examiner à quelle époque le Saint auquel elle est dédiée a été honoré dans l'Église (1). Presque tous ces éléments de solution nous manquent à la fois dans l'étude de cette question : quelle fut l'origine de l'Eglise de Périers? A défaut de monument historique et de tradition orale, disons seulement que la paroisse existait déjà sous Richard Ier, puisqu'il en gratifia l'Eglise de St-Taurin d'Evreux, pour l'aider à réparer ses ruines. Mais avait-elle alors plusieurs siècles d'existence ? Est-elle contemporaine des Gallo-Romains, ou fut-elle fondée seulement sous la monarchie franque ? Date-t-elle de la première race de nos rois ou de la seconde ? des Mérovingiens ou des Carlovingiens ? Le patronage des Saints Apôtres Pierre et Paul, auxquels l'Église est dédiée, et le culte particulier dont St Ortaire est l'objet à Périers, nous permettent de faire une conjecture qui peut jeter quelque jour sur toutes ces questions.

Si nous en croyons la légende de St Ortaire, abbé de Landelle, il se livrait avec zèle à la prédication et aux missions pour la

---

(1) De La Rue, Essai sur la ville de Caen, T. I, p. 83.

conversion des infidèles. N'est-il pas permis de penser qu'il évangélisa la population de Périers, soit qu'elle fût encore païenne, soit que déjà imbue des principes du Christianisme, elle eût été visitée par l'homme de Dieu qui l'aurait affermie dans la foi. Ce qui est frappant, c'est que le monastère de Landelle avait deux Eglises, l'une en l'honneur de St Pierre et l'autre de la Sainte Vierge. Il semble que ce fussent là ses deux titulaires de choix. De là peut-être le vocable des Apôtres Pierre et Paul donné à la chrétienté de Périers. De là aussi ce culte des habitants pour la mémoire du saint Apôtre de la contrée, dont on fait remonter la mort au XVI des calendes de mai 580, ou au cours du VII° siècle. Dans cette hypothèse, la paroisse de Périers, ne remonterait pas au delà du VI° siècle.

Quoiqu'il en soit de son origine, la paroisse de Périers dépendait de l'archidiaconé de la Chrétienté (1). Cet archidiaconé comptait les cinq doyennés de la Chrétienté, de Cérences, de St-Pair, de Cenilly et de Périers. Périers avait vingt-et-une paroisses dans son doyenné, savoir : Créances, Périers, St-Aubin-du-Perron, Aubigny, Mesnilbus, Camprond, Raids, St-Sébastien-de-Raids, Vaudrimesnil, St-Sauveur-Lendelin, St-Michel de la Pierre, Le Lorey, St-Christophe d'Aubigny, Marchesieux, Hauteville-la-Guichard, Feugères, Millières, La Feuillie, Pirou et Geffosses.

L'Église est sous le vocable de St Pierre et de St Paul. Elle payait une décime de 50 L. L'abbaye de St-Taurin d'Evreux en avait le patronage, que lui donna sans doute Richard I", duc de Normandie, lorsqu'elle se releva de ses ruines. Cette abbaye doit avoir été fondée dans le VII° siècle, mais détruite par les hommes du Nord, elle fut une des premières que releva la piété de nos ducs Normands. C'est sous Richard I" qu'eut lieu son rétablissement. Nous apprenons en effet, d'une charte du 11 janvier 1195 par laquelle Richard Cœur-de-Lion, confirme les donations faites à cette abbaye par ses prédécesseurs, qu'elle tenait des libéralités de Richard I, entre autres biens, le domaine de Périers, « *in pago quoque Cons-*

---

(1) Il y avait quatre archidiaconés dans l'ancien diocèse de Coutances : ceux de la Chrétienté, du Beauptois, du Val-de-Vire et du Cotentin.

tantiensi Périers Millières et Vaudrimesnillam, et quæ ad illa pertinent, sicut in dominio habebat, liberè dedit. » (1).

Pendant l'administration de l'évêque de Coutances, Hugues de Morville, le Chapitre de l'Église cathédrale s'accrut d'un nouveau titre canonial, celui de Périers. En 1208, Jean de Martigny, dix-neuvième abbé de St-Taurin d'Evreux, fit remise des Églises de Périers et de Vaudrimesnil « de Pirescis et Vaudrimesnil » dîmes et revenus de ces Eglises à l'évêque de Coutances et à ses successeurs. En échange de cette cession, l'abbé de St-Taurin se réservait seulement une prébende, dite de Périers, pour lui et ses successeurs, à condition de jouir du titre de Chanoine de Coutances, des honneurs et du droit du Canonicat, moins le droit de vote à l'élection de l'Evêque, sauf le consentement du Chapitre. Les abbés de St-Taurin d'Evreux devaient conserver leurs droits jusqu'en 1520. (2). Jusque là ils avaient leur stalle au chœur de l'Église cathédrale et au Chapitre avec plein droit de prendre part aux délibérations de cette Église, sauf la restriction que nous avons signalée.

Dans le même siècle on vit l'évêque Jehan d'Essey favoriser également les moines de St-Taurin et de Périers. A la demande de l'abbé et de ses religieux, il accorda une vicairie à l'Église de Périers. L'acte est du jour St-Clair 1274. A partir de cette concession, le prieuré de Périers fut chargé de desservir l'Église paroissiale par un de ses religieux, qui prenait le titre de prieur-curé. Celui qui faisait la desserte de l'Église, au nom du prieuré, était nommé vicaire perpétuel. On appelait ainsi les curés qui desservaient les cures dépendantes d'un Chapitre, d'une abbaye, d'un prieuré, au lieu et place des curés primitifs. Ceux-ci étaient les gros décimateurs, et ne laissaient aux vicaires qu'un gros ou une portion congrue, c'est-à-dire une partie des dîmes avec le casuel de l'Eglise. C'étaient les curés primitifs qui faisaient la présentation des vicaires perpétuels à l'Evêque.

(1) Gallia Christiana. t. XI. Instrum. Eccles. col. 138-139.
(2) Le Canu, Hist. du diocèse de Coutances. t. I. p. 289. et Gall. Christ. t. XI, col. 628.

Prieuré.

L'Abbaye de St-Taurin d'Evreux avait à Périers un prieuré, dont les bâtiments étaient près de l'Eglise, et l'emplacement qu'ils occupaient s'appelle encore aujourd'hui la Moinerie ou Monerie.

Lorsque l'archevêque de Rouen, Odon Rigault, visita les maisons religieuses établies dans les évêchés suffragants de sa métropole, il vint à Périers le 18 du mois d'août 1250, chez Siméon Grosparmi, le père de Raoul de Grosparmi. Il avait visité la veille St-Pair, où il ne trouva que deux religieux du Mont St-Michel, qui lui payèrent pour sa visite 117 sous 8 deniers. A Périers l'archevêque visiteur ne trouva au prieuré qu'un religieux de St-Taurin d'Evreux, il lui prit 6 L. 11 sous, 8 deniers, pour droit de visite.

Au mois de novembre 1266, le même prélat vint visiter de nouveau le Prieuré de Périers, il officia pontificalement, et prêcha dans l'Eglise du prieuré qui est devenue l'Eglise paroissiale, et il reçut l'hospitalité chez Colin de Grosparmi, frère du Cardinal Raoul de Grosparmi, ancien évêque d'Evreux, alors évêque d'Albano et Légat du Pape en Sicile.

Ce n'est pas le seul souvenir historique qui se rattache à Périers.

Le grand bailli du Cotentin, en l'année 1315, annonça à l'évêque de Coutances que le roi reconnaissait n'avoir aucun droit de présenter à l'Eglise de Périers (1).

Lorsque le livre noir fut rédigé, l'abbaye de St-Taurin avait toutes les dîmes de la paroisse, et le curé n'avait que l'autelage ou le casuel, ce qui lui valait 60 L. : « Rector altalagium totum et valet. LX. L. »

D'après le livre blanc, le curé avait toutes les petites dîmes : « Rector habet parvas decimas. » Il payait 2 sous pour la chape de l'évêque et 3 sous pour le droit de visite, il n'avait ni manoir presbytéral, ni revenus. L'abbaye de St-Taurin percevait toutes les grosses dîmes de la paroisse. Il n'existait alors à Périers au-

---

(1) Mémoire de la société des Antiquaires de Normandie, t. XIX, p. 89.

cune chapelle, mais depuis le XIV° siècle, il y en eut plusieurs.

Cette abbaye exerçait des droits à Périers et y prélevait des redevances, ainsi que nous l'apprend un acte tiré du grand cartulaire de cette abbaye (1). « Les coustumes que doivent les gens de Périers en Costentin as religieux de St-Taurin de Eureus (2) bailliés par lesdites gens lan de grâce mil trois cens et trente et sept. Ce est la sedule que baillent les bonnes gens de Périers en Costentin tant pour eus que pour le commun des gens de la dicte ville de Périers à religieus hommes, l'abbé et le couvent de St-Taurin de Evreus, et la manière comme eus et lour prédecessours ont estey quites pour l'espace de quarante ans, et de plus de lour coustoumes, et la manière du seer, et du poier, en la cohue desdits religieus ; et fu présentée par Etienne de Sève (3) (peut-être de Sene) Raol Broquet, Guillaume Blanche dit Matinel et Guillaume Mathie. Premièrement marcheans de draps ont estey quites eus et lour prédecessours pour poïer chascun an 4 deniers de estalage, et a estey accoustumey de poïer le diemence après la St-Martin, de yver asdis religieus ou à lour gens, et est tant soulement pour lour mestier et partant ont estey quittes, et deivent les dix marcheans lours rapports de toutes autres derrées que eus vendent en la dicte ville de Périers et dehors, et si deivent ce qui ensuit coustume de l'acheteir ; c'est assaver se eus achetent un cheval en la dicte ville, 2 deniers de coustume, de une conte, de ou oreiller, ou denier, d'une huche sanz serreure, 2 deniers, et o serreure 4 deniers ; et se les dis marcheans portent lour draps en ladicte cohue au jour du marché, eus deivent un denier pour coustume et pour estal et partant ont esté quites.

Marcheans de ougrain ont estey quites eus et lour prédecessours pour poier chascun an chinq deniers pour estallage, et ont accous-

---

(1) La communication de cet acte est due à l'obligeance de Monsieur Léopold Delisle.
(2) Dans cet acte le r. est souvent remplacé par l'u et l'u par le r.
(3) Cette mention d'Etienne de Sève, en 1337, dix-sept ans après le testament de Raoul Grosparmi, évêque d'Orléans, qui le désigne comme bourgeois de Périers, est une nouvelle preuve sans réplique de l'identité de notre Périers avec celui qui a vu naître Grosparmi. St-Germain-le-Vicomte doit aux travestissements officiels de se nommer St-Germain-sur-Sève. On écrivait autrefois la Seive, et comme dans un temps on se servait de la lettre u au lieu de la lettre v, quelques copistes, on fait de l'u une n : c'est ainsi que dans certains actes Sève se trouva transformé en Seine.

tumé de poier au terme dessus dit lesdiz chinq deniers asdiz religieus ou à lour gens, et en tant seulement pour lour mestier, et deivent lesdis marcheans lour rappors et coustumes semblablement comme les marcheans de drap.

Marcheans de lange ont estey quites pour quatre deniers poier chascun an semblablement comme les drappiers et donnent lour rapors et coutumes comme lezdis drappiers.

Marcheans de mercherie ont estey quites pour poier quatre deniers chascun an semblablement comme les drapiers, et deivent leur rappors et coustumes comme lesdis drapiers.

Marcheans de fer et de achier ont estey quites pour poier quatre deniers chascun an semblablement comme les drapiers, et deivent lour rappors et coustumes comme lesdis drapiers.

Marcheans de baterie ont estey quites pour quatre deniers chascun an semblablement comme les drapiers, et deivent lour rappors comme lezdis drapiers.

Marcheans de gresse ont estey quites pour quatre deniers pour chascun an semblablement comme les drapiers, et deivent lour rappors comme lezdis drapiers.

Marcheans de tauerne ont estey quites pour quatre deniers poier chascun an semblablement comme les drapiers et deivent lour rappors et coustumes comme lesdis drapiers.

Marcheans de euvre de pois ont estey quites pour douze deniers poier chascun an semblablement comme les drapiers et deivent lour rappors et coustumes comme lesdis drapiers.

Marcheans fenestriers ont estey quites pour douze deniers poier chascun an semblablement comme les drapiers et deivent lour rappors et coustumes comme lesdis drapiers.

Marcheans de boucherie ont estey quites pour deux deniers poier chascune semaine, se eus portent leur derrées en ladicte cohue, et leur deivent trouver lesdis religieus estans et couvert, et deivent lour rappors et coustumes semblablement comme lesdis drapiers, et se eus sient hors de ladicte cohue, eus deivent poier un denier tant seulement.

Marcheans de boulangerie ont estey quites pour deus deniers poier chascune semaine, se eus portent lour derrée en ladicte cohue et lour deivent trouver lesdis religieus estans et couvers, et deivent lour rappors et coustumes semblablement comme lesdis drapiers. Et se eus sient, hors de ladicte cohue, eus deivent poier un denier tant seulement.

La franchise de plain estal est que l'on peut vendre et acheter toutes manières de derrées en ladicte ville de Périers et dehors pour douze deniers pour chascun an audit terme, excepté beste vive, coute de plume, oreiller et huche. »

Après la guerre de Cent-Ans et les luttes des Anglo-Navarrains avec le parti fidèle à la cause du roi de France, l'Eglise de Périers avait souffert de grandes avaries. Elle menaçait de tomber en ruines. Elle obtint alors un bref apostolique du Pape Eugène IV, daté de 1466, qui ouvrait le trésor de l'Eglise et accordait des indulgences à tous ceux qui contribueraient par leurs aumônes à la restauration du monument menacé. Vingt ans plus tard, l'Eglise était sans doute relevée de ses ruines ; car une ordination se fit sous ses voûtes.

En 1464, sous Richard Olivier de Longueil, cardinal de Coutances, son coadjuteur, Jean, évêque *in partibus* de Janopolis ou Justinopolis, conféra les ordres le 9 octobre à Périers et à Saintemy. Il était d'usage alors que l'évêque de Coutances ou son suffragant se transportassent dans tous les lieux, où il y avait des ordinations à faire. Les ordinands faisaient une offrande au prélat, et c'était le meilleur revenu du suffragant. Cette ordination s'appelait de *tournée (per turnum)* et n'avait lieu que pour la tonsure et les ordres mineurs. L'ordination générale ne se faisait qu'à Coutances à St-Lô ou à Bon-Fossé. (1).

Pour compléter l'histoire de la paroisse avant la révolution, il nous reste à indiquer les chapelles érigées sur le territoire de Périers, dans les siècles précédents. Une chapelle sous le vocable de St Jacques était située au Nord-Ouest de Périers, Cassini l'a indiquée sur sa carte : le patronage en était laïque et appartenait à la famille Avril, qui y présentait. Le Chapelain avait douze bois-

---

(1) Le Cann. Histoire des évêques de Coutances, p. 253.

seaux de froment, des rentes et six vergées de terre. Le dernier chapelain fut l'abbé Lecanu, mort curé de Gorges.

Le 25 juillet 1711, a été faite la bénédiction de cette chapelle, érigée par Jean-Baptiste André, curé de Vaudrimesnil, en présence et du consentement de messire Deboudé, curé de Périers. Cette chapelle, qui avait été construite dans le lieu où est aujourd'hui le cimetière de la ville, lui a laissé son nom. On dit vulgairement : « *s'en aller à St-Jacques* » pour « *pencher vers la tombe.* » Elle fut détruite à la fin du XVIII° siècle. La statue de St Jacques qui se voit encore aujourd'hui dans la chapelle de l'hospice provient de cet ancien oratoire (1).

Une autre chapelle, aujourd'hui détruite, existait sur le domaine de la Huchonnière (la Huche sur le bord du chemin Perré), ce domaine appartient à Monsieur Dufresne.

Autrefois, avant la construction du nouvel Hôtel-de-ville, la mairie et la justice de Paix siégeaient dans les bâtiments de l'ancien bailliage. Ces bâtiments ont été détruits par l'établissement de la rue Neuve. Dans la cour de l'ancien auditoire du bailliage, il y avait une chapelle sous le vocable de St-Joseph. Cette chapelle avait sans doute été élevée pour le service de la prison. On remarquait encore dans Périers la chapelle du château de Basmaresq. Enfin l'hospice avait son oratoire, ainsi que la Communauté des Sœurs de l'Institution chrétienne, qui obtint cette faveur en 1738. Mais fermée en 1742, sur les réclamations de quelques bourgeois de Périers, la chapelle des Sœurs fut ouverte de nouveau en 1760, par ordre de Mgr Lefèvre du Quesnoy. Cet oratoire devait servir au culte jusqu'à la Révolution.

---

(1) De Pontaumont, Élection de Carentan, p. 52.

CHAPITRE V

CURÉS DE PÉRIERS JUSQU'EN 1791.

Les Bénédictins ont été les premiers pasteurs de Périers depuis le XIe siècle, et ils ont continué à desservir la paroisse assez longtemps. On ne voit pas clairement dans l'histoire à quelle époque ils cessèrent d'exercer leur droit de vicaire perpétuel, au nom du prieuré du lieu. Les religieux bénédictins étaient donc tout à la fois prieurs et curés de Périers. Comme prieurs ils étaient soumis à l'élection triennale et pouvaient n'être pas réélus. De là l'impossibilité pour l'historien de dresser une liste de tant de noms pendant quatre ou cinq siècles. Aucun nom de religieux ayant exercé les fonctions de prieur ou de vicaire perpétuel du prieuré n'est parvenu jusqu'à nous.

Michel Bazire.

Le premier nom de curé que nous rencontrons remonte au commencement du XVIe siècle. C'est celui de Michel Bazire.

D'après les statuts de 1487, le doyen de Périers avait sa place dans l'ordre des dignitaires appelés au synode diocésain. Après les abbés, l'archidiacre appelait les prieurs de St-Fromond, de la Bloutière; puis les doyens de la Chrétienté, de Cérences, de St-Pair, de Gavray, de Cenilly, de Périers, de Carentan, du Beauptois, etc. Le Doyen de Périers venait donc avant celui de Carentan.

Michel Bazire, curé de Périers et chanoine de Coutances, augmenta les revenus d'une fondation singulière faite par ses oncles en l'Eglise de Notre-Dame de St-Lô. L'acte original est conservé aux Archives de cette Eglise, en voici un extrait :

Richard Bazire en son vivant escuier, maistre des monnaies de sainct-Lô, avait « fondé au trésor de l'Eglise paroissial de Notre-Dame de Sainct-Lô ung certain obit d'une messe à note a estre dite,... par chacun lundi à l'austel de Notre-Dame du Pillier,... et esleu son inhumation devant led aoustel » et il avait été inhumé en ce lieu « Maistre Jehan Bazire, son frère, en son vivant chanoyne de Coutances. » avait « pour augmentacion de lad. fondation... donné et délessé audit trésor.... la somme de 90 livres tournois.... au moyen que les trésoriers s'estaient submis à faire faire et célébrer devant l'ymage Notre-Dame du Pillier une fois en l'an, la veigle de l'annonciacion Notre-Dame en mars, ung certain service et mistère de l'annunciacion de la benoiste Vierge Marie...... C'est assauoir vespres de Notre-Dame marcesque au soir devant led. ymage.... et faire représentacion par personnage de lad. annunciacion par deux des enffans de cueur de lad. Eglise acoustrés, c'est assauoir : l'un a représenter lad. Vierge et l'autre a représenter l'ange, et faire descendre la représentacion du Saint-Esprit dessus ledit représentant la Vierge..... jouxte qu'il est plus a plain déclaré par les lettres d'icelle fondacion passées devant tabellion aud. lieu de St-Lô le XXIII° jour de mars mil cinq cents vingt et ung...

Venerable et circonspecte personne maistre Michel Bazire, chanoyne de Coutances et curé de Périers, nepveu et héritier desd. deffuncts, Richard et maitre Jehan dits Bazire,...... meu de dévotion, voyant qu'il était requis pour l'augmentation de lad. fondation, qu'il y eust deux cierges de cire ardans..... durant que l'en feroit led. services, avecques ce qu'il estait requis parer et acoustrer honorablement, l'autel est place dud. pillier pour faire led. mistère et qu'il y eust homme pour faire devaller lad représentacion du St-Esprit..... quelles choses ne sont déclarez en lad fondacion ou tout le moins qu'il n'y a aucune distribution « oultre et d'abondant un *libera* à note avecques *de profundis* et oraisons a ce accoustumées. » A cette fin, par acte devant Nicolas Leroux et Jehan Lamydieu, tabellions à St-Lô, le 14 novembre 1533, il donna et aumôna au trésor de l'Eglise N.-D. une pièce de terre et 15 sols tournois de rente. On s'explique difficilement la fondation d'un mystère à personnage, à une époque si voisine de celle où l'Eglise devait défendre d'une manière expresse ces sortes de représentations, qui avaient fini par être plus scandaleuses qu'édifiantes.

Denis Lecarpentier, 1585, 17 novembre.
Jean Le Noël.

Il était de la famille de Jacques Le Noël, qui ajouta à son nom celui de son oncle maternel le cardinal du Perron, et qui devint évêque d'Evreux. Jean Le Noël était curé de Périers avant 1610, car Jean Ruault, qui publia cette année même, un recueil de poésies latines en deux livres, y inséra plusieurs pièces à l'adresse du curé de Périers, Jean Le Noël. La première a pour titre: *Joanni Le Noël prudentissimo Ecclesiæ Piriensis parocho*. Nous en donnons la traduction en vers français :

> Donne-moi, prêtre saint, une place en ton cœur,
> Et qu'en moi ton amour soit un attrait vainqueur.
> Ni ta douce éloquence au charme que j'admire,
> Ni les chants gracieux de ton aimable lyre,
> Ni l'orgueil de ton nom, ni l'éclat de ton rang,
> Ni ta houlette enfin, ni l'honneur qu'on te rend.
> Ne m'inspirent ces vers et ne font que je t'aime.
> Pour rester froid témoin de l'exquise bonté
> Qui passe en ton sourire, il faudrait être né
> Moins sensible qu'un tigre ou plus ours qu'un ours même.

Le poète n'oublie pas le curé de Périers. Il s'intitule son humble ouaille, dans un petit poëme qu'il lui adresse à l'occasion des étrennes, et dont nous sommes heureux encore d'offrir au lecteur une traduction poétique, plus en harmonie que la prose avec le texte original,

> Vois ! Un nouveau soleil brille avec l'an nouveau ; (1)
> Et la terre et la mer ont un aspect plus beau.
> Et tandis qu'aux enfers naît une horreur nouvelle

---

(1) Le nouvel an commençait alors au printemps.

> Le bonheur des élus en Dieu se renouvelle.
> L'enfant court à son père offrir ses jeunes ans,
> Et le frère à la sœur fait de nouveaux présents.
> Aux étrennes se joint la nouveauté joyeuse :
> Des fleurs naissent, partout la vie est plus heureuse ;
> Et tout se renouvelle, et les monts et les mers
> Et la terre et les cieux, nos champs et les déserts.
> La chèvre capricieuse a de nouveaux caprices.
> Tes brebis ont leur part des nouvelles délices,
> Toi, que d'un cœur nouveau, bon Pasteur, je chéris
> Quel nouveau don veux-tu de la chère brebis ?
> Le ciel, dit-on, sourit aux doux sons de la lyre
> Et nuit et jour on voit les astres en délire
> Par de nouveaux concerts charmer leur Dieu puissant.
> Or, je t'offre cet hymne, accueille mon présent.

C'est sous son administration pastorale que se fit la seconde mission du P. Eudes, en 1632. Une troupe de missionnaires, appelée par Monsieur de Matignon, évêque de Coutances, venait d'évangéliser Lessay. Elle était composée de Pères de l'Oratoire et de quelques prêtres séculiers, associés aux premiers en qualité d'auxiliaires. Le P. Eudes était du nombre des Pères de l'Oratoire qui prêchaient cette mission, et ce fut le début de ses travaux apostoliques. Le succès étonnant de la mission de Lessay avait mis le Père Eudes en si grande réputation que les peuples accouraient de tous côtés pour l'entendre ; et l'Eglise de Périers, quoique très vaste, se trouvait souvent trop petite pour contenir une si prodigieuse affluence. Il soutint dans la mission de Périers la grande réputation qu'il s'était acquise à Lessay et l'augmenta même considérablement. Le succès de ces missions fit grand bruit, et la vue des bénédictions que Dieu y donnait fit naître à plusieurs paroisses le désir d'attirer les missionnaires chez elles. Ils travaillaient encore à Périers lorsque les habitants de la Haye-du-Puits, de St-Sauveur-le-Vicomte et de Montebourg envoyèrent demander avec instance au chef de la mission, qu'il voulût bien venir travailler chez eux avec ses ouvriers. La proposition fut mise en délibération par les missionnaires, ils voyaient bien des difficultés à l'entreprise, néanmoins ils se décidèrent, d'un avis presque unanime, à profiter de ces heureuses dispositions, et à travailler successivement dans ces différents centres de population. Ainsi, après la mission de Périers ils allèrent à St-Sauveur-le-Vicomte, d'où revenant sur leurs pas ils donnèrent des missions tour-à-tour à la Haye-du-Puits, à Cherbourg et enfin à Montebourg.

Voilà les six missions qui furent faites dans le diocèse de Coutances en 1632, tel est l'ordre même que leur donne le P. Eudes dans son Journal (1). Après ces travaux, le P. Eudes vint se reposer à Caen, dans la Maison de l'Oratoire. Ce n'est que plus tard qu'il quitta cette Congrégation, sur le refus formel des Supérieurs d'établir des Séminaires (2).

JEAN LE NOEL vivait encore le 3 juillet 1633.

Joubert, docteur en théologie, conseiller et aumônier ordinaire du roi.

A la date de 1653, nous trouvons le nom de Monsieur Joubert curé de Périers. Il avait pour vicaire, le 3 avril 1668, Monsieur Longuet. Périers, qui avait eu le P. Eudes en 1632, le revit 21 ans plus tard, en 1653. — Après une mission faite à Pontoise pendant le carême de cette année, il fit durant l'été, dans le diocèse de Coutances, celles de Périers et de Quibou.

La mission de Périers avait été demandée par le curé du lieu, sous les ordres de Mgr Claude Auvry, évêque de Coutances (3). Dès 1652, il avait vu naître dans sa paroisse une œuvre bien petite et obscure à l'origine, qui devait prendre une organisation définitive sous son successeur et devait donner naissance à la Congrégation des Sœurs du Sacré-Cœur. Nous dirons ailleurs les commencements et le développement de cet institut dont la maison-mère fut à Périers jusqu'à la Révolution.

Toussaint Le Carpentier.

Il était curé de Périers dès le 24 avril 1672. Deux ans après, il prend part à la fondation de l'école des filles de sa paroisse.

---

(1) *Memoria beneficiorum Dei*.
(2) Abbé Le Cointe, Vie du R. P. Jean Eudes, etc. T. I. p. 64 in-8°, Caen, 1880.
(3) V. Annales de la Congrég. de Jésus, Marie, I Vol. p. 27

Le contrat de fondation est du 8 juillet 1674. Il avait pour vicaire Jean Le Picard, le 27 octobre 1676, et en 1682, celui-ci avait le titre de procureur Syndic du trésor de l'Eglise. Nous voyons en 1690 un des archidiacres du diocèse faire la visite canonique à Périers. Le visiteur déclare qu'il prie Monsieur le Curé d'interdire de nouveau ceux qui n'ont pas fait leurs Pâques depuis plusieurs années et de leur signifier de sa part que, faute d'y satisfaire, il sera procédé contre eux par excommunication et qu'ils seront dénoncés publiquement au prône et privés de l'entrée de l'Eglise.

Monsieur le Carpentier était un homme d'ordre. C'est ce que l'on peut conclure d'un travail rédigé par ses soins en 1693, à l'effet d'indiquer à son clergé la manière dont il devrait se comporter dans les services de fondation et les offices de confrérie. « Statuts et règlements à observer par les sieurs prêtres et clercs ayant part aux fondations faites en l'Eglise de Périers tant aux offices des confréries érigées ou à ériger, qu'aux services fondés par les particuliers, et autres services et offices casuels qui se feront à ladite Eglise à commencer des jours St-Michel mil six cent quatre vingt treize. »

Il eut pour successeur Jean Le Picart en 1698.

Jean Le Picart.

Il existe aux archives de l'Eglise de Périers un extrait du journal ou sommier des rentes de toute nature dues au clergé ou à la fabrique de la paroisse. Ce journal fut rédigé en 1693 avec les formalités requises et les folios paraphés (1).

Jean Le Picart, ancien vicaire de Périers, avait été élevé à la dignité pastorale, dont le rendaient digne son caractère et ses vertus. Nous le trouvons déjà curé de Périers dès l'année 1698. Deux ans plus tard il recevait un des archidiacres de Coutances, à l'occasion de la visite canonique de la paroisse, le 9 septembre 1700. Nous donnons la plume au visiteur lui-même. Son compte-rendu

---

(1) D'après le document, la fabrique de Périers perçoit des rentes en nature, ou du froment à évaluer d'après la mesure d'Aubigny.

sommaire nous édifiera sur la bonne tenue de la paroisse à cette époque.

« Avons trouvé toutes choses en bon ordre. Plusieurs jeunes gens qui prétendent aux ordres dont Monsieur le curé est parfaitement content, qui font le catéchisme. A leur tour plusieurs maîtresses d'école qui enseignent les filles, dont tous les paroissiens sont contents. Aucunes plaintes de la part des paroissiens contre Monsieur le Curé ni autres prêtres.

Nous a été dit qu'il y avait bien 17 ou 19 habitants qui n'ont pas satisfait à leur devoir pascal. Pourquoi avons ordonné que Monsieur le Curé les avertisse charitablement entre eux et lui une fois, et s'ils ne répondaient pas à ses charitables advis, les advertira une seconde fois au prône et s'ils demeurent rebelles il nous les dénommera pour faire droit. »

Avons remarqué ensuite que le cimetière n'est point assez bien fermé. Pourquoi avons ordonné qu'il soit fermé dorénavant à la diligence de Monsieur le Curé, qui en priera Monsieur le Syndic.

Nous avons trouvé toutes choses en bon état pour l'administration du Saint-Sacrement. Les instructions, et le catéchisme se font régulièrement, une école de filles distinguée dont on est content l'Eglise en bonne réparation, le cimetière non assez bien fermé, pourquoi avons ordonné que le syndic y fasse travailler afin que les bestiaux n'y puissent entrer ; plusieurs ecclésiastiques prêtres, sous-diacres et acolytes, dont M. le Curé est content, faisant tous bien leur devoir. Les compte-rendu dont nous avons approuvé les deux derniers. »

Jean le Picard était décédé en 1708, puisque son nom se lit dans la liste nécrologique des Confrères du très-saint Sacrement; cette liste des confrères défunts avait été arrêtée en 1708. —

Léon Deboudé.

Monsieur le Picard avait un successeur dans le gouvernement de la Paroisse en 1705. C'était M. Léon Deboudé, dont le pastorat devait durer de longues années. Il avait pour vicaires: en 1708 M. Fossay; en 1709 et 1715 M. Martin; en 1713, M. Vimon. C'est lui qui donna la sépulture dans son Eglise à l'infortuné bailli de Périers, tué par Costentin de Tourville en 1713.

Environ deux ans plus tard, dans une de ses visites canoniques, le P. Horambourg, archidiacre du Bauptois, vicaire général de Coutances et supérieur du grand Séminaire de cette ville, rétablit la conférence de Périers. On eut beau murmurer; les plaintes des ecclésiastiques qui devaient assister à la conférence furent inutiles, rien n'aurait pu triompher de la fermeté du saint prêtre, quand il s'agissait du bon ordre et que les choses dépendaient de son ministère (1).

Monsieur Deboudé était encore curé de Périers en 1735. En 1735, le clergé de Périers se composait de M. Deboudé curé, Pierre Delarose, vicaire, Guisle, prêtre, Alexandre Laffeteur acolyte, Leloutre, Grenier, Meslin, Le Monnier.

François Laurent Lelièvre.

Monsieur Lelièvre était originaire de Millières. Il avait un frère curé du Plessis, qui mourut le 17 juillet 1743 et fut inhumé dans l'Eglise de sa paroisse, le lendemain dix-huit.

Sous son administration l'on rencontre les vicaires dont les noms suivent:

En 1769 et 1775 le sieur Thomas Ozouf, prêtre; en 1769 Raoul Jourdan, prêtre. Les autres prêtres ayant travaillé dans la paroisse sont en 1769 Messieurs Louis Desrez, Pierre Lemonnier, Nicolas Regnault; — en 1772 M' LaBonde.

Dans les derniers temps de son administration M' Lelièvre eut à choisir un organiste. Le 23 juillet 1769, Alexandre Le Brun, clerc tonsuré d'Avranches qui appartenait à la paroisse de Notre-Dame des Champs, fut élu organiste de l'Eglise de Périers, par suite d'une délibération prise en présence du curé, de ses vicaires, et des autres prêtres de la paroisse. Sont aussi portés dans les Actes comme ayant pris part à la délibération:

JACQUES LAURENT, LE FORESTIER, écuyer, seigneur de St-Mâlo.

---

(1) Fleurs de la Congrégation de Jésus, Marie, PIERRE HÉRAMBOURG, § IX.

Messire CHARLES LE CANU, écuyer, seigneur de Basmaresq.
Le sieur LE PICARD, avocat du Roy.
Le sieur DE LESCAUDEY DE MANEVAL.
Le sieur EUVREMER, avocat.
NICOLAS REGNAULT.
LOUIS FEUILLIE, Greffier.
JEAN BAPTISTE DE LAVARDE, huissier.
DELACOTTE, procureur.
JACQUES CAPPEY.
ALEXANDRE ROBIN.
JACQUES REGNAULT.
JACQUES LE MONNIER.
JULIEN LAISNEY.
JACQUES BÉZARD.
FRANÇOIS LELIÈVRE.
JACQUES MESLIN.
FRANÇOIS RENOUARD.
JACQUES VALLÉE.

L'administration pastorale de Monsieur Lelièvre fut signalée par un autre incident, qui marque toujours dans la vie des paroisses : nous voulons parler de la refonte de la troisième cloche. Le 25 mars 1770, il fut délibéré sur cet objet. Jacob et Pierre Dubosq, fondeurs de Quibou sont chargés du travail. Ils s'engagent à fondre cette cloche, à l'harmoniser avec la deuxième et la quatrième. — Une autre délibération nous apprend que le travail se fit dans les conditions consenties et décharge est accordée aux fondeurs.

Monsieur Lelièvre fit don à l'hospice de Périers de 50 L. de rente, qui furent amorties après la Révolution par la famille du donateur.

Regnault.

Un acte de 1775 mentionne Monsieur Regnault comme prêtre desservant. Dès 1776 il prend purement et simplement le titre de Curé.

A l'administration pastorale de Monsieur Regnault se rapporte un acte qui nous montre le clergé, la noblesse et les habitants de Périers délibérant entre eux pour conférer l'habitude de chapier à un ecclésiastique du lieu. Il s'agit de Monsieur Le Monnier l'ancien. A raison de ses longs services, on donne cette fonction à l'ancien obitier.

La délibération est de 1776 et signée :

>Le Forestier de St-Malo.
>Le Forestier de Méternik,
>   du Siquet,
>Le Moyne des Maresq (ou des Marais).
>   de la Varde,
>Vieillard,
>Rivière.

Un autre abbé Le Monnier se trouve à Périers à la même date. Il est vicaire et succède en 1776 à Monsieur Le Rosey comme receveur et pointeur. Le clergé de la ville compte aussi le sieur Lalonde prêtre.

De La Fosse.

Monsieur Regnault n'a pas gardé longtemps le gouvernement de la paroisse. En 1777, c'est Monsieur De la Fosse qui lui succède. Le dimanche 1ᵉʳ juin il intervient dans un acte qui a pour objet de remplacer les anciens administrateurs de l'hôpital de Périers. Ces administrateurs étaient Messieurs Ollivier, David de Chantepie et maître Jean-Baptiste Vaultier, avocat du bailliage de St-Sauveur-Lendelin. Le Moucheux, avocat au même bailliage et Monsieur Regnault, sieur de Prémaresq, sont nommés administrateurs en remplacement des deux premiers. La délibération est signée Louis Renouard, Pierre Corbet et De La Fosse, Curé.

La même année voit signer un acte relatif à la réparation de l'horloge de l'Eglise de Périers. Ont signé ce dernier acte : De La Fosse curé de Périers, Le Monnier, Hervieu, Regnault, Lesage, Robin, Renouard, de la Varde, Gardie, Rivière, Campion Vaulthier. Les vicaires de Périers sont le 21 septembre 1677 Pierre Jacques du Siquet receveur et pointeur, Lerosey.

Julien Jean-Baptiste Duchemin.

Julien Jean-Baptiste Duchemin était né à Tinchebray, au diocèse de Bayeux, le 30 août 1742. L'abbé Duchemin, homme fort distingué par ses talents oratoires, avait su plaire à l'évêque de Coutances, Ange de Talaru, qui goûtait fort sa prédication. Le prélat l'avait appelé dans son diocèse. D'abord promu à la Cure de St-Michel de Graignes en vertu de ses grades, il fut ensuite pourvu de la belle et importante cure de Périers, vers 1783.

Monsieur Duchemin fit bien augurer de son administration par son zèle et son application à régulariser toutes choses dans sa paroisse. — Il obtint de Mgr de Talaru une réduction des fondations dans son Eglise.

Avant cette date, il y avait deux obits pour les ancêtres de Monsieur de Ste Suzanne, qui n'avaient pas été acquittés depuis quinze ans environ. Il était intervenu un procès relatif à cette fondation. Le clergé avait obtenu un arrêt favorable à ses prétentions. Monsieur de Ste-Suzanne s'en rapporta à l'arbitrage de l'évêque, qui adopta la réduction proposée par le Curé du lieu. Cette demande de réduction était signée par Monsieur Duchemin, curé de Périers, Lerosey prêtre, vicaire, Regnault prêtre, Hervieu, Meslin, Dujardin prêtre. C'est encore à son zèle que l'on doit le renouvellement des reliques de la Vraie Croix, objet d'un culte séculaire à Périers. En parlant du trésor de l'Eglise paroissiale, nous ferons connaître la part que prit Monsieur Duchemin à cette bonne œuvre dont la paroisse profite encore de nos jours. De si beaux commencements ne pouvaient faire prévoir la fin malheureuse du dernier curé doyen de Périers avant la Révolution. Il fallait cette tempête pour renverser le prêtre qui aurait pu être une des colonnes du diocèse dans des temps plus heureux et plus calmes. Nous dirons la destinée de Monsieur Duchemin, quand il fut une fois engagé dans la voie du schisme constitutionnel.

CHAPITRE VI

CONFRÉRIES ET DÉVOTIONS EN HONNEUR A PÉRIERS.
CONFRÉRIE DU TRÈS-SAINT SACREMENT

« Ordre ou supplément donné par augmentation aux statuts et règlements contenus dans le livre de la Confrérie du très-saint Sacrement de l'Autel et de l'Adoration perpétuelle que tous les confrères et sœurs devraient avoir pour s'instruire et s'acquitter de leurs devoirs tant spirituels que temporels et essentiels.

1° De l'ordre que tous les confrères doivent garder lorsqu'on porte le Saint-Sacrement aux malades. En outre les règles marquées dans ledit livre qui doivent être observées exactement.

Il sera nommé tous les mois douze confrères pour assister à la suite de très-Saint-Sacrement quand on le porte aux malades, dont deux porteront le dais, quatre porteront chacun un cierge au défaut de quatre lanternes et marcheront rangés avec ordre aux quatre coins du dais. Les six autres marcheront rangés deux à deux, immédiatement après le prêtre qui portera le très-Saint-Sacrement.

Lesdits douze confrères, ou du moins les six premiers seront ornés de chacun un chaperon où la figure du soleil sera imprimée. Le fond de chaque chaperon sera rouge et la figure du soleil sera de couleur blanche. Les cierges seront allumés devant l'Autel, lorsqu'on tirera le très-Saint-Sacrement du Tabernacle et seront éteints en sortant de l'Eglise pour être rallumés dans la chambre ou la salle où résidera le malade, et en sortant de la maison et ne seront rallumés qu'étant arrivés au pied de l'Autel pendant que le prêtre dira l'Oraison et qu'il donnera la bénédiction et jusqu'à ce que le très Saint-Sacrement soit reposé dans le tabernacle et le tabernacle refermé.

Tous les confrères qui seront obligés de porter des cierges à la suite du très-saint Sacrement seront tenus et obligés de payer tous les ans le dimanche précédant l'octave du très-saint Sacrement et aux mains du trésorier en charge de la dite Confrérie dix sols pour l'entretien desdits cierges, et à faute d'avoir payé la dite somme de 10 sols chaque année comme dit est, seront déchus de porter aucuns cierges ; et en cas que quelque confrère voulut s'opiniâtrer de porter un cierge sans avoir payé la dite somme sera condamné à 5 sols d'amende au bénéfice de la confrérie ; pourrait néanmoins chacun des dits confrères se fournir et entretenir de cierges et les emporter chez eux et en ce cas seront dispensés de payer la somme de 10 sols marqués cy-dessus pour l'entretien desdits cierges, sans cependant qu'ils soient dispensés de les faire refondre au moins une fois par an pour l'octave du très-saint Sacrement Et seront aussi obligés de les rendre uniformes à ceux de la dite Confrérie qui ne pourront excéder ni être moindre du poids d'une demi livre, à peine de 10 sols d'amende au bénéfice de la Confrérie. S'il se trouvait quelques gentils hommes ou officiers qui ne fussent pas de la Confrérie et qu'ils voulussent prendre le pas et le rang qui leur appartient dans les processions, ils seront priés de vouloir bien prendre un cierge pour observer et maintenir l'ordre en l'honneur du très-saint Sacrement.

Ne seront reçus à l'avenir aucuns associés dans la dite confrérie qu'ils ne versent chacun 30 sols lors de leur réception aux mains du receveur et trésorier chargé de la dite confrérie tant pour la Messe que pour fournir à l'entretien de la confrérie. Les pauvres néanmoins ne payeront que chacun 24 sols, parce qu'ils ne porteront aucuns cierges. Les messes que l'on célébrera après leur décès seront payées par le trésorier et sur les revenus de la Confrérie.

Ne seront reçus à ladite confrérie aucunes personnes scandaleuses, ou qu'ils soyent dans quelque péché d'habitude et public comme ivrognes, blasphémateurs, etc. et qui n'ayent au moins fait leurs Pâques, et s'il s'en trouvait malheureusement quelqu'un de cette nature, il sera chassé et rayé des livres de la Confrérie après avoir été adverti charitablement par les sieurs directeurs ou marguilliers de la dite confrérie, sans que lesdits sieurs directeurs ou marguilliers soyent obligés de prendre témoins.

Les pricipaux confrères se fourniront de chaperons qui demeureront à la confrérie après leur décès, s'ils n'ont enfant en état, ou qu'ils ne voulussent s'enroler dans la dite confrérie.

Ordre à observer pour les enterrements. Aussitôt que les parents amis ou voisins d'un confrère ou sœur s'apercevra que le confrère ou sœur entrera en agonie, auront la charité d'avertir le bedeau de la confrérie qui sera obligé de tinter la grosse cloche 34 coups observant de mettre une petite pose entre chaque coup. Depuis 5 heures du matin jusqu'à 8 heures du soir, de Pâques à la St-Michel, et de la St-Michel à Pâques depuis 6 heures du matin jusqu'à sept heures du soir, parce que en cas où le dit confrère ou sœur décédât la nuit le dit bedeau étant adverty sera tenu de tinter l'agonie le plus matin qu'il lui sera possible observant l'ordre cydessus. Le dit confrère ou sœur décédé, les dits parents amis ou voisins advertiront le bedeau de l'heure de l'inhumation, lequel advertira le public du temps de l'enterrement dans les 4 principales rues du bourt, au son de la clochette et à haute et intelligible voix, et ce 3 ou 4 heures au moins avant celle de l'inhumation, afin que les confrères et sœurs puissent se trouver au lieu où sera décédé le confrère ou sœur, et assister au convoy, auquel lieu le dit bedeau est obligé de tenir les cierges dans le panier pour en présenter un à chaque confrère dont 4 des dits confrères auront la charité de porter le corps du défunt, 4 autres porteront les quatre coins du drap mortuaire chacun un cierge à la main, tous les autres confrères porteront chacun un cierge qui ne seront allumés qu'au Saint-Sacrement de la Messe et seront éteints aussitôt qu'on lèvera le corps pour le transporter en terre ou au sortir du chœur; et sy l'inhumation se fait après midy, lesdits cierges ne seront allumés qu'au *Subvenite*, et éteints au sortir du chœur comme dessus.

Sy c'est un confrère de considération ou officier de judicature où le convoy soit rempli de personnes de distinction qui suivent le deuil et parents du défunt, les dits confrères formeront deux hayes et marcheront des deux costés, tant de Messieurs les ecclésiastiques que du deuil parce que néanmoins 4 ou 6 des principaux bourgeois confrères porteront le corps du décédé leur confrère ou sœur.

Sy c'est un confrère du commun les dits confrères porteront le corps et tiendront le drap mortuaire et s'il y a quelques parents à conduire, les principaux bourgeois confrères, chacun un cierge à la main, en seront les conducteurs, exortant et priant les autres bourgeois non confrères de ne point troubler les dits confrères dans leur marche.

Sy c'est un pauvre confrère et dont les parents n'ayent pas le moyen de faire chanter une messe, Messieurs le curé et ecclésiastiques qui ont coutume de chanter une messe pour chaque confrère décédé, seront priés et exortés de vouloir bien chanter la messe de la confrérie pour le pauvre confrère, pourvoir à son inhumation dont sera payé au célébrant 10 sols comme à l'ordinaire par le trésorier de ladite confrérie.

Les confrères qui auront porté le corps auront aussy la charité de le mettre en la fosse et de couvrir le cercueil de terre seulement. Les parents ou héritiers des confrères qui auront laissé un certain bien donneront et fourniront un cierge du poids d'une demi-livre qui servira tant à l'inhumation qu'au service du défunt. Le cierge sera posé au bout du cercueil et allumé pendant la messe ou vêpres et éteint quand les autres, et le restant vertira au bénéfice de la confrérie.

Ledit bedeau aura soin de faire écarter et ranger les enfants et autres personnes qui pourrayent troubler la marche et ordre desdits confrères pourquoi luy sera payé 5 sols au moins en outre les gages. Laquelle somme de 5 sols sera employée dans le mémoire ou taxe de Monsieur le Receveur de Messieurs les ecclésiastiques. Les officiers seront élus ou continués tous les ans le dimanche de la Ste-Trinité dont sera fait un advertissement au prône de la messe et au son de la grosse cloche après les vêpres. L'état desdits sieurs officiers sera composé en outre M' le curé directeur-né de la confrérie de deux majors ou marguilliers, d'un chapelain, d'un sacristain, d'un trésorier ou receveur et d'un clerc ou bedeau, lequel trésorier sera obligé de rendre ses comptes tous les ans et de vider ses mains tout au plus tard six mois après sa gestion, à peine de 100 sols d'amende au bénéfice de la confrérie.

Le tronc de la confrérie ne sera ouvert que tous les six mois, en présence de Messieurs les officiers et de six des principaux confrères et les deniers mis aux mains du thrésorier pour en compter, ainsy que des autres deniers qu'il aura perçus soit de la réception des confrères et sœurs ou autrement; il y aura deux clefs au tronc dont une sera pour le premier major et l'autre pour le thrésorier en charge. Il est nécessaire qu'il y ait une inscription sur le haut dudit tronc conçue en ces termes :

« Tronc pour l'augmentation et entretien de la Confrérie de l'Adoration perpétuelle du très-Saint-Sacrement de l'Autel. »

Il est nécessaire aussi qu'il y ait pareille inscription ou épitaphe dans un cadre doré au pied du grand Crucifix.

Le thrésorier payera les charges nécessaires et utiles de la confrérie dont luy sera tenu compte sur les quittances des particuliers pourvu que la somme excède 20 sols parce que au dessous le sieur thrésorier sera creu sur son mémoire de dépenses qui luy sera alloué dans son compte.

Tous les principaux confrères sont exhortés de s'assembler tous les premiers dimanches de mois après les Vêpres et la bénédiction du très-Saint-Sacrement, soit dans la sacristie soit dans le chœur de l'Eglise pour délibérer avec Messieurs les officiers des affaires concernant ladite confrérie.

Ledit sieur thrésorier et receveur en charge ne pourra néanmoins payer à aucune personne les sommes qui surpasseront 20 sols. (à moins que ladite somme ne soit réglée, signée et arrêtée par les sieurs officiers et six des confrères).

L'ordre que les confrères portant cierge tiendront dans les

deux processions générales du très-Saint-Sacrement sera observé comme il est marqué dans les enterrements de distinction.

Il sera fait tous les ans le vendredy lendemain de l'Octave du très-Saint-Sacrement un service solennel pour le repos des âmes des confrères et sœurs trépassés de trois messes hauttes *(sic)* de matines des défunts et du *Libera* avec la grande et hautte sonnerie. Et, après l'Evangile de la messe des défunts seront nommés par le diacre à hautte et intelligible voix tous les confrères et sœurs décédés pendant l'année, et après chaque nom de chaque défunt sera répondu par tous les confrères « *Requiescat in pace* » et sera payé par le thrésorier à Messieurs le Curé et ecclésiastiques et aux sonneurs la somme qui conviendra pour le complément de la fondation cy devant faite.

Il sera fait tous les mois un roolle ou mémoire des noms des confrères qui doivent assister à la suitte du très-Saint-Sacrement et attaché à la porte du chœur par les soins du premier major ou chapelain de laditte confrérie. Il serait aussi très nécessaire pour bon exemple qu'un ou deux ecclésiastiques accompagnassent le très-Saint-Sacrement qu'on porte aux malades comme il se pratiquait anciennement et qui étayent pareillement nommés chaque mois et compris à la teste du tableau ou roolle des confrères et à chacun desquels on avait de coutume de payer 10 sols payés par le thrésorier. »

Fait et arresté le 5 juin 1735.

HELLOUIN D'ANCTEVILLE   DEBOUDÉ

LANGEVIN   LE LOUTRE

LAROSE, LAFFETTEUR   LEMONNIER

GRENIER, MESLIN, GUISLE.

LEPARMENTIER.

REGNAULT.

LEMONNIER,

et autres noms illisibles.

L'année qui suivit ce règlement nous voyons les charges de la confrérie remplies par le sieur Deboudé, qui en est, à titre de curé du lieu, le directeur né ; par son vicaire Pierre de la Roze, prêtre, qui est le premier marguillier et chapelain, le second marguillier est Alexandre Laffeteur, Acolyte. Robert Delorme, marchand est Thrésorier et le bedeau de la Confrérie est Pierre Desrez. —

Voici la Liste des principaux confrères du très-saint Sacrement morts avant 1708.

Guillaume Matinel, escuyer, prêtre fondateur de la confrérie du très-saint Sacrement.

Charles Ruault, bienfaiteur.

Jean Longuet, prêtre vicaire de Périers.

Pierre le Cauchonnier, prêtre.

François le Cauchonnier, prêtre.

Pierre Laffaiteur, fondateur de la Confrérie du très-saint Sacrement.

Jean-Baptiste Corbet, chanoine et principal du Collège de Coutances.

Simon François Agasse, sous-diacre.

Michel Gisles, prêtre.

Jacques Bertault, prêtre.

Nicolas Fontaine, sous-diacre.

Jean Fossey, prêtre vicaire.

Le Tellier, diacre.

Pierre Cousin, prêtre.

Gilles Regnault, acolyte.

Pierre Josset, tonsuré clerc.

Julien Drouet, diacre.

Jacques Regnault, prêtre et vicaire.

Pierre Jacques Moulin, clerc.

François Davy, escuyer, bailly de Périers.

Louis Pézeril, fondateur.

Jean Taurin, escuyer.

François Ferrand, escuyer.

Monsieur Lot de la Fosse.

Noël Lair.

Guillaume Ruault, sieur Jardin.
Bonaventure de Mauconvenant, vicomte de Périers.
Jean-Baptiste Pézeril, vicomte du Bois.
Nicolas Fontaine, docteur en médecine.
Pierre Lebreton, sieur de la Chesnée.
Bonaventure Le Parmentier, avocat.
Adrien de Montecot.
Charles Taurin.
Robert Le Gallois, chirurgien.
Gille Le Campion.
Jean Le Riche, escuyer, sieur du Teurtre.
Jean Matinet, écuyer, sieur de St-Martin; bienfaiteur.
Fossay, prêtre vicaire.
Louis Regnault, sieur de Boislandes.

La confrérie comptait 164 membres décédés, en 1708. Nous n'avons relevé dans le nécrologe que les noms principaux.

La liste des confrères vivants en 1708 portait 151 noms. Nous avons relevé les suivants, qui nous ont paru offrir un intérêt particulier :

Guillaume Le Loutre, prêtre curé.
Jacques Martin, prêtre curé de St-Germain.
Thomas Lasne, prêtre curé de St-Germain.
Jacques Alexandre Laffeteur, acolyte.
Louis Desrez, prêtre sacristain.
Robert Taurin, escuyer, clerc tonsuré.
Pierre Grenier, acolyte.
Thomas Guil, sous-diacre.
Léon Le Caplein, prêtre vicaire.
de Vilprey, lieutenant de gendarmerie.
Pierre Genest, sieur de Précourt.
Gille Ferrand, escuyer.
Pierre de la Varde.
Martin Gardie.
Pierre Le Breton, conseiller clerc à Carentan.
Joseph Le Rosey.
Robert de Lorme, fils Robert.

Pierre Le Noel, sieur de Gruchy.
Charles François Le Noel.
Jean Le Gros, sieur de la Vigne.
Philippe Hellouin, sieur de Boisharel.
Langevin escuyer, sieur de Faulx.
J. François Le Picard, sieur de Longchamps.
Langevin, escuyer, avocat du Roy.
Pierre de la Feuillie, greffier.
M' de Basmaresq, escuyer.
Louis Le Campion.
M' Danviville, bailly de Périers.
J. B. Paing, procureur du roy.
Jacques de la Feullye.
Nicolas Le Rosey.
François de la Varde, huissier.

Total des confrères actuellement vivants : 151.

Outre le culte de la Vraie Croix, celui du très-Saint-Sacrement et des Apôtres St Pierre et St Paul, titulaires de l'Eglise, a toujours eu une grande place dans la dévotion des habitants de Périers. Mais il est trois Saints dont nous voyons les statues dans l'Eglise et dont le culte est aussi traditionnel dans cette paroisse. Nous voulons parler de St Ortaire, de St Gilles et de St Sulpice. St Ortaire a-t-il évangélisé le pays de Périers ? est-il intervenu dans le pieux mouvement qui porta le peuple de la contrée à choisir les saints apôtres pour patrons ? Nous ne savons ; mais il est certain que le saint abbé a toujours été à Périers l'objet d'une vénération spéciale. Chaque année on accourt en foule auprès de sa statue. On l'invoque spécialement pour les douleurs articulaires, la contraction des membres et la paralysie. Mais ce pèlerinage en l'honneur de St Ortaire est de beaucoup plus ancien à la chapelle de l'hospice que dans l'Eglise paroissiale. L'on ne peut assigner l'origine du culte de St Ortaire dans la chapelle de l'hospice, tandis que son existence dans l'Eglise paroissiale est de date récente. C'est Monsieur Flambard qui, vers 1842, fit placer dans la chapelle nord du transept la statue colossale du saint qu'on y voit encore. Il voulait faire affluer vers l'Eglise de la paroisse les pèlerins habitués depuis longtemps à prendre le chemin de la chapelle de l'hospice, le jour de la fête St Ortaire. Mais il manqua son but. Le pèlerinage de l'hospice garda toute sa popularité. Et les pèlerins disaient malignement à propos de l'image de forte corpulence qui se voyait dans l'Eglise, qu'il n'y avait pas lieu d'aller implorer un saint qui paraissait si bien portant, tandis que le saint boiteux, bancal et paralysé de l'hospice aurait pitié d'eux et les guérirait. Le pèlerinage de l'hospice a toujours été très suivi surtout en faveur des enfants.

St Gilles a aussi sa statue vénérée dans notre Eglise. Chaque année le jour de sa fête voit les mères, portant leurs enfants sur leurs bras, se grouper auprès de cette image. On sait que l'Ouest de la France s'est, de tout temps, montré très dévoué à St Gilles. La confiance des peuples lui a donné place parmi les quatorze Saints, nommés *auxiliateurs*, à cause des miracles de puissance opérés par leur intercession sur les maladies et les fléaux. On a toujours invoqué St Gilles contre ce mal qui se nomme la peur. La mère plaçait son enfant sous la protection du saint abbé, à la pensée des dangers qui menacent sa faiblesse et pour le préserver des terreurs habituelles à cet âge.

A défaut de document précis établissant l'origine du culte de Saint Gilles à Périers, nous supposerions volontiers qu'il dut s'y implanter après 1164, c'est à dire après cet événement fameux qui dut faire beaucoup de bruit dans le Cotentin et dont parle Robert de Torigny, dans sa chronique.

En l'année 1164, dit l'illustre abbé du Mont St-Michel, dans le diocèse de Beauvais, St Gilles apparut en vision nocturne « *in visu noctis* » à un homme du peuple, et lui annonça que le lendemain dans le premier sillon que ferait sa charrue, il trouverait une petite croix de fer qu'il ne devait pas manquer de porter de suite dans l'Eglise consacrée à St-Gilles. Le paysan sachant ou soupçonnant qu'il y avait plusieurs Eglises consacrées à ce saint, demanda à laquelle il fallait porter la croix. Le bienheureux lui répondit que c'était à St Gilles de Cotentin « *ad Sanctum Ægidium de Constantino,* » où était son corps. Le paysan trouva la croix et la porta au lieu de sa destination, qui fut depuis signalé par beaucoup de miracles. (1).

Il est à croire que ces miracles parvinrent à la connaissance des habitants de Périers qui voulurent dès lors s'assurer la protection du saint Abbé.

Comment expliquer le culte de St-Sulpice dans l'Eglise de Périers? Il existe à St-Sulpice de Favières, au diocèse de Versailles, une Eglise magnifique sous le vocable du saint Archevêque de Bourges. Une portion de ses reliques y est conservée; on remarque dans cette Eglise la chapelle, dite des Miracles, à cause des guérisons miraculeuses obtenues par St-Sulpice. Autrefois la même paroisse St-Sulpice de Favières avait un autre lieu de pèlerinage, savoir une chapelle dédiée à St Gilles, abbé. Peut-être un pèlerin de Périers, venu à St-Sulpice de Favières, eut-il la pensée d'associer dans Périers le culte de St-Sulpice à celui de St-Gilles, à l'imitation de ce qui l'avait frappé dans son pèlerinage. (2).

(1) L. Delisle, Chronique de Robert de Torigny t. 1 p. 351, Rouen. in-8°.
(2) Abbé Amaury, Notice sur l'Eglise St Sulpice de Favières, Paris 1867.

CHAPITRE VII

PÉRIERS PENDANT LA RÉVOLUTION

Périers prit part, par ses représentants des trois ordres, à l'assemblée générale du Grand Bailliage de Cotentin, qui se réunit dans la Cathédrale de Coutances le 16 mars 1789. Cette assemblée avait été convoquée par lettres du Roi données à Versailles le 24 janvier 1789, et adressées au Grand Bailli du Cotentin, Monsieur le Marquis de Blangy. Les séances furent nombreuses et l'assemblée de clôture n'eut lieu que le 11 avril 1789. Nous avons à noter sommairement dans les opérations de cette assemblée ce qui regarde l'histoire de notre bourgade et de son Bailliage.

L'assemblée se composait de huit cent soixante dix-huit prêtres, curés, bénéficiers, procureurs et autres ecclésiastiques. Le bailliage de Cérences en avait député 11, celui de St-Sauveur-Lendelin séant à Périers 68. Mgr Pierre Augustin Godard de Belbeuf, évêque d'Avranches, était présent. Elle était présidée par Ange François de Talaru de Chalmazel, évêque de Coutances, abbé commendataire des Abbayes royales de N.-D. de Montebourg, et de St-Nicolas de Blanchelande. L'appel des différents ordres se fit successivement par bailliages depuis le lundi 16 mars jusqu'au jeudi 19 à midi. Après l'assemblée du clergé, Messieurs de la Noblesse furent appelés. Le bailliage de Coutances fournissait 121 députés de la noblesse, Cérences 8, St Sauveur-Lendelin, séant à Périers, 31, tandis que Valognes en donnait 100 et St-Sauveur-le-Vicomte 45. La députation du Tiers-Etat se décomposait de la manière suivante : 80 députés pour le bailliage de Coutances, 20 pour St-Lô, 28 pour Carentan, et 7 pour Cérences, 35 pour St Sauveur-le-Vicomte etc. ce qui formait un total de 411 députés des gens du Tiers.

La rédaction des cahiers fut laborieuse.

Le clergé arrêta de nommer d'abord un Commissaire par chaque doyenné, un par chaque Chapitre, un des abbés, un des prieurs et chapelains, un pour les séculiers et réguliers, un pour les différents ecclésiastiques non bénéficiers, en tout trente-six Commissaires, dont voici les principaux :

Pour les abbés, Monsieur Bernardin Gautier de l'Espagnerie, abbé de la Luzerne ; pour le Chapitre de Coutances, Marie Louis Léonard de Cussy ; pour le Chapitre d'Avranches, Jean-Baptiste Henri Dubois, chanoine ; pour le doyenné de Périers, Julien Jean Baptiste Duchemin, curé de Périers ; pour le doyenné du Bauptois, Etienne François Millavaux, curé de Vindefontaine ; pour le doyenné du Hommet, Louis Bisson, curé de St-Louet-sur-Lozon ; pour les ecclésiastiques non bénéficiers, Jacques Louis d'Auchemail.

Le 20 mars, ces Commissaires choisirent parmi eux douze rédacteurs des cahiers du clergé, entre lesquels nous remarquons les abbés d'Auchemail et de Cussy.

Pour la Noblesse, Périers avait envoyé à l'Assemblée des trois ordres, Pierre Jacques Le Sens, chevalier, seigneur et Patron de Neufmesnil ;

FRANÇOIS BONAVENTURE CORENTIN DE MAUCONVENANT, Chevalier, seigneur de Ste-Suzanne, représentant Marie François Henri de Franquetot, duc de Coigny, Pair de France, seigneur de Catteville. Le Chevalier de Mauconvenant représentait en outre Pierre Jacques Gabriel, marquis de Pierrepont, seigneur de Ste-Honorine et autres lieux à St-Pèlerin.

LOUIS CHARLES GUILLAUME LESCAUDEY DE MANEVAL, Conseiller du Roi, bailli de longue robe, lieutenant général civil et criminel et de police au siège de Périers.

FELIX LE CANU DE BAMARESQ.

Le 20 mars dans l'Assemblée de la Noblesse on arrêta, à la pluralité des voix, que la noblesse de chaque bailliage secondaire nommerait pour la rédaction de ses cahiers un Commissaire qu'elle pourrait choisir parmi tous les membres de l'Assemblée. Monsieur Achard de Bonvouloir fut élu par le bailliage de St-Sauveur-Lendelin.

Les séances du Tiers-Etat furent plus agitées que celles des autres ordres. L'Assemblée du Tiers délibéra dans la grande salle de l'Auditoire. Le 20 mars eut lieu la première séance, dans laquelle il fut résolu qu'il était à propos et même avantageux de se réunir aux autres ordres pour ne former qu'un seul et même cahier de plaintes et de doléances ; mais comme cette réunion ne pouvait se faire que du consentement du clergé et de la noblesse, le Tiers-Etat attendrait la communication de leurs arrêtés respectifs sur cet objet important.

A tout événement cependant, il était nécessaire de s'occuper de la rédaction en un seul de tous les cahiers des différents bailliages Le nombre des Commissaires choisis pour ce travail de rédaction fut fixé à dix-neuf, savoir : deux dans chaque bailliage, excepté dans celui de Cérences démembré de St-Sauveur-Lendelin séant à Périers, qui à raison de sa très petite étendue n'en devait fournir qu'un seul. Le bailliage de St-Lô choisit pour Commissaires rédacteurs Messieurs Pierre Le Menuet de la Juganière et Pierre Jacques Vieillard, fils, avocats audit siège ; Cérences Monsieur François Brohon, lieutenant général dudit siège; Périers Messieurs Louis Pouret-Roquerie, procureur du Roi audit siége et Jacques Euvremer, avocat. Du lundi 23 mars au samedi 31 du même mois, on procéda péniblement à la nomination des députés aux Etats-Généraux.

L'ordre du clergé tint ses séances dans l'Eglise du Séminaire ; il y en eut dix, qui occupèrent cinq journées. Les six premières furent consacrées à arrêter le cahier des doléances. Long et sans ordre, ce cahier embrasse toutes sortes de matières. Il fut clos le 24 mars. Le 26, Le Lubois, curé de Fontenay, fut élu le matin et Bécherel, curé de St-Loup, le soir. Le lendemain on élut au scrutin du matin Le Rouvillois, curé de Carantilly, et à celui du soir Ange François de Talaru, évêque de Coutances. L'évêque d'Avranches, présent aux délibérations et aux scrutins, n'eut pas l'honneur que son collègue de Coutances partageait si tardivement avec ses curés.

Le premier avril, la noblesse déclara qu'elle donnait ses pouvoirs à Messieurs Louis René Charles de Pertuis de Bonvouloir, chevalier ;

Pierre François de Beaudrap de Sotteville ;

Jacques René Jean-Baptiste Artus, chevalier ;

Léon Marguerite Leclerc, Baron de Juigné, Comte de Courtomer, seigneur de Ste-Mère Eglise.

Les séances de cet ordre ne présentèrent d'ailleurs aucun incident digne de remarque.

Les députés du Tiers-Etat furent :

Louis Hector Amédée Angot ; Denis Gabriel Le Sachet la Pallière ; Louis Burdelot ; Pierre Jacques Vieillard fils, Guillaume Bernard ; Duchesne ; Jean Perrée Duhamel ; Jean Thomas Desplanques-Dumesnil ; Louis Pouret-Roquerie.

La prestation du Serment des députés choisis pour Versailles et chargés d'une responsabilité si périlleuse eut lieu le 1ᵉʳ avril en la nef de la cathédrale de Coutances.

« Se sont assemblés en ce lieu lesdits ordres, rapporte le sieur Desmaretz, et après avoir pris séance le secrétaire de chaque ordre nous a remis savoir : le sieur abbé Quenault, secrétaire de M. l'Evêque de Coutances, pour l'absence de celui du clergé deux cahiers ;.... le secrétaire de la noblesse deux cahiers.... et notre greffier, secrétaire du Tiers-Etat le cahier du Tiers. Ce fait, nous avons procédé à la prestation du serment des députés et après le serment prêté, nous avons remis aux Députés de chaque Ordre leurs cahiers.... »

Ainsi se terminèrent, après 25 jours de séance consécutives (16 mars 11 avril), ces solennelles et dernières assises du grand Bailliage du Cotentin. On pourrait les appeler *l'âge d'or* du suffrage universel si déshonoré depuis, dit justement l'abbé Le

Cacheux, dans l'intéressant ouvrage auquel nous empruntons tous ces renseignements (1).

Périers, après avoir eu ses représentants du Clergé, de la Noblesse, et du Tiers-Etat à l'assemblée des Trois-Ordres, eut aussi un représentant du Tiers aux Etats Généraux de 1789. L'élu s'appelait Louis Pouret-Roquerie, originaire de Geffosses, procureur du Roi au bailliage de St-Sauveur-Lendelin séant à Périers, et y demeurant. Périers avait failli compter un de ses enfants aux Etats Généraux : c'était Pierre Le Menuet de la Juganière, Avocat à St-Lô et ancien avocat au bailliage de sa ville natale.

Mais Le Menuet, devenu père de famille, avait jugé sa position de fortune inférieure aux charges qu'il aurait à supporter. Il refusa la marque de confiance que voulaient lui donner ses compatriotes. Alors on ne spéculait pas sur le mandat que l'on recevait pour défendre les intérêts de son pays.

Comité national de Périers.

Périers s'associa, dès le début des Etats Généraux de 1789, aux aspirations généreuses qui se faisaient jour de toutes parts, dans toute l'étendue du royaume. On en peut juger par les travaux du Conseil municipal de la ville. Le registre de ce conseil, commencé le 7 août 1789, relate plusieurs particularités dignes d'intérêt qui doivent trouver place dans notre aperçu historique sur la révolution à Périers. Hélas ! 1789 cachait 1793, et les âmes les plus droites, qui avaient pu se laisser éblouir un instant, durent apprendre bientôt qu'on ne touche pas aux institutions séculaires d'un grand peuple sans ressentir le contre-coup de tels bouleversements.

Monsieur de Maneval, s'inspirant des sentiments de générosité héréditaires dans sa famille, se démit publiquement en faveur du Comité municipal, des attributions attachées à sa charge de lieutenant général de police. Sa déclaration est du 7 août 1789, elle fut faite à l'Auditoire du bailliage de Périers.

(1) Abbé Le Cacheux : Documents pour servir à l'histoire de Montebourg et de ses environs de 1789 à 1807, Valognes 1874, in-8°, p. 375.

En même temps, l'on forma un comité provisoire, composé de sept bureaux correspondant aux sept jours de la semaine, et comptant chacun quatre membres, non compris le président et le vice-président. Le président devait être alternativement choisi dans les trois ordres. Le comité, qui devait avoir en tout trente membres, s'était donné la mission de veiller au maintien du bon ordre et de la tranquillité publique.

Le comité national civique reçut son établissement définitif le dimanche 23 août 1789. A l'issue des vêpres, après trois annonces faites au prône de la messe paroissiale, par trois dimanches consécutifs, eut lieu dans la grande nef de l'Eglise de Périers une Assemblée des habitants. Ils étaient convoqués à l'effet d'élire les membres du Comité national de la ville. On nomma président de l'Assemblée de ce jour Monsieur Paing, ancien procureur du roi, et pour secrétaire Monsieur Delacotte, qui prêtèrent serment l'un et l'autre entre les mains de l'Assemblée.

Furent élus membres du Comité :

MM. POURET-ROQUERIE, procureur du roi à ce siège et député à l'Assemblée Nationale de Versailles, président d'honneur.

LESCAUDEY DE MANEVAL, président en activité.

PAING, vice-président.

DUCHEMIN, curé de Périers.

DE BASMARESQ, écuyer.

DE CONDREN, écuyer.

LECLERC DE VAUXCLER, écuyer.

LECANU, ancien avocat.

PIEDOYE.

DELORME.

VAULTIER, avocat.

EUVREMER, avocat.

LEMOYNE, avocat.

SUROUVE, médecin.

RIHOUET, receveur des domaines.

DE PRÉMARAIS REGNAULT.

DE LA RAISINIÈRE.

JOUVET, huissier.

MM. Bonaventure Mauviot.
Leclerc des Longchamps.
Chabert.
Delatouche.
Alexandre Desrez.
Louis Lecampion, père.
Jacques Lecat.
Louis Jeanne.
Jean des Heules, fils.
Nicolas Vieillard.
Couepel.
Antoine Nicolle.
Duhamel Camelot.
François Eustache.
Des Longchamps Bézard.
Noël Delavarde.
Lenoël Marchand.

Le secrétaire perpétuel fut Monsieur Delacotte, avec Monsieur Lemelletier pour secrétaire adjoint. Monsieur Desrez, prêtre, fut nommé aumônier du Comité, sous l'autorité du curé de Périers.

En attendant les règlements de l'Assemblée nationale siègeant à Versailles, pour la formation de la garde ou milice nationale de Périers, on se contenta de la milice bourgeoise, composée de volontaires. Huit membres furent désignés pour arrêter les règlements de police, capables d'assurer la stabilité du Comité national et la paix dans la ville de Périers. Ces huit membres furent :

MM. Duchemin, curé de Périers.
De Basmaresq.
Des Longchamps.
Leclerc Vauxcler.
Vaultier.
Euvremer.
Regnault de Prémarais.
Rihouet.

Une milice nationale, formée de volontaires, fut créée par le Comité. Deux cents fusils avaient été fournis par la ville de St-Lô.

Mais il fallait des munitions. On décida de les demander au dépositaire et garde-magasins des poudres des villes voisines.

D'abord on voulait obtenir au moins douze cents cartouches.

Le corps de garde fut la chapelle de l'auditoire du bailliage. Une guérite fut placée à la porte extérieure ; un valet de ville, nommé Georges Hotot, fut chargé de veiller à la propreté du corps de garde. Les passe-ports délivrés à Périers devaient être imprimés et porter pour en tête la grande bannière de France avec cette inscription : « Comité National de la ville de Périers. » Les commissaires du Comité lui proposèrent un règlement de police intérieure et extérieure, divisé en deux parties. 1° Objet de police intérieure et particulière au Comité. II° Objet de police extérieure et générale pour le maintien de la paix, du bon ordre et de la sûreté publique.

Après avoir assuré l'ordre au dedans, un des premiers soins du Comité fut d'adresser à l'Assemblée nationale une lettre de remerciements.

Messieurs Vaultier, et Euvremer, chargés de rédiger cette adresse, en présentèrent le projet au Comité, il était conçu en ces termes :

Nos Seigneurs,

« Le comité national du bailliage de St-Sauveur-Lendelin à
« Périers s'unit à toute la France, pour offrir à votre auguste
« assemblée l'hommage de la vénération et de la reconnaissance
« dont il est pénétré. Vos vertus courageuses, vos lumières et
« votre infatigable zèle ont enfin rétably dans ses droits naturels
« et inaliénables une nation brave et généreuse dont l'amour de
« la liberté a fait autrefois le caractère distinctif. C'est à vous
« qu'elle devra la régénération, l'inappréciable avantage d'une
« institution libre aussi éloignée de la licence que fatale au despo-
« tisme sous quelque forme qu'il se cache ; c'est à vous qu'elle
« devra la destruction de ces abus consacrés par le temps et sous
« la tiranie desquels elle gémissait depuis des siècles. Le bonheur
« des générations futures sera votre ouvrage et la reconnaissance
« le premier de leurs devoirs. La nôtre ne se bornera point à un
« sentiment stérile ; les ennemis du bien public, vos ennemis,

« sont les nôtres. Nous avons juré d'opposer à leurs sinistres des-
« seins tous les moyens qu'inspire l'amour de la patrie, nous
« répétons entre vos mains, Nos Seigneurs, ce serment que nous
« scellerons au besoin de notre sang et que nous maintiendrons
« au péril de notre vie. »

Le Comité adopta cette adresse. Elle fut envoyée à Monsieur Pouret-Roquerie avec prière de la présenter à l'Assemblée nationale. Le député du bailliage de Périers fut invité à correspondre directement avec le Comité et de l'informer des délibérations et décrets de l'Assemblée. Messieurs Vaultier et Euvremer, avocats, avaient la confiance du Comité. Celui-ci les chargea de la rédaction d'un mémoire à l'adresse du ministre pour obtenir, à Périers, la présence d'une brigade de Maréchaussée (1). La nomination des officiers se fit ce jour-là, sous la présidence de Monsieur Le Canu de Basmaresq. On élut :...

Pour colonel commandant : Monsieur LECLERC DE BEAUVAIS, écuyer, chevalier de l'ordre Royal et militaire de St-Louis, et Brigadier des gardes du corps du roi.

Pour lieutenant-colonel : Monsieur LE CANU, écuyer, Seigneur de Basmaresq.

Pour major : Monsieur PAING, conseiller du roi honoraire du bailliage de cette ville.

Pour major en second : Monsieur REGNAULT DE PRÉMARAIS.

Pour trésorier quartier-maître : Monsieur DELACOTTE.

Pour porte-drapeau : Monsieur DUSIQUET l'aîné.

Pour adjudant : Monsieur LE PETIT.

Pour aumônier : Monsieur DESREZ, prêtre.

Pour chirurgien major : Monsieur LE BRUN.

Pour armurier : Le sieur LOUIS JEANNE.

Après qu'il fut statué que les compagnies se formeraient par le sort au nombre de quatre, chacune étant composée d'un capitaine commandant, d'un capitaine en second, d'un lieutenant en premier, d'un lieutenant en second ; d'un sous-lieutenant et de

(1) Le Comité national était constitué, mais la milice n'avait pas encore son organisation définitive. On y pourvut le 10 septembre 1789, en composant l'état major.

cinq sergents, chaque compagnie nomma ses officiers comme il suit :

1re Compagnie.

MM. Leclerc de Vauxcler, pour capitaine commandant.
Rihouet, régisseur des domaines de N. le Duc d'Orléans, pour capitaine en second.
le Chevalier Nassé, pour premier lieutenant.
Lavarde de la Chapelle, pour lieutenant en second.
Piedoye, pour sous-lieutenant.

2me Compagnie.

MM. Duprey la Nahairie, pour capitaine commandant.
Leclerc de la Harizière, pour capitaine en second.
Deslongchamps Bézard, pour premier lieutenant.
Duprey des Landes, avocat, pour lieutenant en second.
Rivière, pour sous-lieutenant.

3me Compagnie.

MM. Dacheux, écuyer, pour capitaine commandant,
de Condren, écuyer, pour capitaine en second.
Lemoyne, avocat, pour premier lieutenant.
Fauvel de la Raisionière, avocat du roi, pour lieutenant en second.
Regnault de la Contrie, pour sous-lieutenant.

4me Compagnie.

MM. Regnault le Jeune, pour capitaine commandant.
Ferrand, pour capitaine en second.
Euvremer Du manoir, pour premier lieutenant.
Robin, pour lieutenant en second.
Vaultier le Jeune, pour sous-lieutenant.

14 septembre 1789.

Sur la réponse de Monsieur le duc de Beuvron en date du 5 septembre déclarant qu'il ne peut délivrer les munitions de guerre qui lui ont été demandées par Monsieur Paing, le Comité décide d'adresser une plainte au ministre. C'est encore à la plume de Messieurs Vaultier et Euvremer qu'on a recours pour la rédaction de la lettre. Nous avons vu le Comité National composé de trente membres. On s'aperçut bientôt que l'entente serait difficile avec un si grand nombre de délibérants. On résolut de réduire ce nombre à 16. Le dimanche 8 novembre 1789, cette opération eut lieu dans l'église de Périers.

Les voix se répartirent sur les noms suivants :

MM. POURET DE ROQUERIE, président d'honneur.
    LESCAUDEY DE MANEVAL, président.
    LECLERC DE BEAUVAIS, colonel de la milice nationale, auquel la commune déféra, nonobstant cette qualité, voix délibérative audit Comité.
    LECLERC DESLONGCHAMPS.
    LE CANU, Père ; avocat.
    EUVREMER, avocat.
    CANDEL.
    LEVAL-PIQUECHEF.
    DELORME, chirurgien.
    LOUIS LECAMPION.
    AGASSE, avocat.
    LAVIESVILLE.
    MARTINVILLE LAVARDE.

Tableau de Messieurs de l'Assemblée municipale qui auront voix délibérative au Conseil :

MM. SUROUVE, médecin.
    DUCHEMIN, curé.
    VAULTIER, avocat.
    LENOËL ANTOINE DELAVARDE.
    JEAN LENOËL, du village.

Tableau de Messieurs de l'Assemblée municipale qui auront voix consultative seulement :

MM. LE CANU DE BASMARESQ.
FAUVEL DE LA RAISIGNIÈRE.
REGNAULT DE PRÉMARAIS.
DUPREY DE LA MAHAIRIE.
BÉZARD DESLONGCHAMPS.
RIVIÈRE, marchand.
DELACOTTE.

Secrétaires présentement élus et qui auront voix délibérative :

MM. DEPRÉFOUVAL, avocat.
LE NELLETIER.
MARGUERIE.

Quelques jours auparavant, le 4 novembre 1789, le Comité de Périers avait bien mérité de celui de Bayeux. Le Comité national de Bayeux avait envoyé ses députés à la ville de Périers pour obtenir des secours en grains, dans une disette dont la vieille capitale du Bessin se voyait menacée ; le Comité national de Périers prenant en considération la demande à lui adressée, arrêta à l'unanimité que toutes les villes voisines trouveraient dans le marché de ce lieu toutes les facultés qui découlent naturellement des décrets de l'Assemblée nationale, relativement à la libre circulation des grains ; que la ville de Bayeux en particulier pouvait extraire tout ceux dont elle avait besoin dans les circonstances malheureuses où elle se trouvait, autant cependant que les enlèvements qui en seraient faits en son nom ne porteront pas préjudice à la subsistance de ce lieu et seront dirigés de manière à rendre impraticables les accaparements dont les ennemis de l'État font usage pour subvertir l'ordre et la paix et anéantir l'abondance.

Le 15 novembre 1789, Monsieur de Basmaresq donne une corde de bois pour chauffer le corps de garde, ce dont le Comité lui adresse des remerciements et ordonne qu'il soit fait mention de ce trait de patriotisme et de générosité.

Le dimanche 22 novembre 1789, Monsieur Leclerc de Beauvais, colonel de la garde nationale a demandé que la milice et ses chefs prêtassent serment, il a invité les membres du Comité national à se transporter sur la place du marché pour recevoir les serments. Cédant à cette invitation, le Comité s'est transporté du lieu ordinaire de ses séances sur la place. Là le colonel et les officiers de la garde ont prêté le serment de fidélité à la nation, à la loi et au roi, conformément à l'arrêté de l'Assemblée nationale du 14 septembre 1789.

Les volontaires nationaux prêtèrent à leur tour le même serment entre les mains de leur colonel. Le Curé de Périers célébra la messe solennelle sur la même place, devant le Comité national, qui se retira ensuite au lieu ordinaire de ses séances. L'union fut conclue entre les Comités de Périers, de Bayeux, de Carentan et de St-Lô. Coutances refusa son adhésion.

Périers, siège du Tribunal du District de Carentan.

Une nouvelle organisation judiciaire allait être réalisée par l'Assemblée nationale. L'ancien bailliage avait pris fin. Périers tenait à conserver son tribunal. Le Comité national de la ville agit sagement en se hâtant d'envoyer une adresse aux députés des Etats-Généraux pour obtenir l'établissement d'un district à Périers dans la nouvelle division territoriale qui se préparait. Le 22 décembre 1789, on décida d'envoyer cette adresse à l'Assemblée. Le lendemain, Monsieur Euvremer présenta au Comité le projet d'adresse conçu en ces termes :

Nos Seigneurs,

« Le Comité municipal du bailliage de St-Sauveur-Lendelin
« offre de nouveau à l'Assemblée auguste des représentants de la
« nation le tribut de la vénération et de la reconnaissance de
« 50.000 citoyens dont ce bailliage est composé.

« Cet hommage libre et pur ne vous présentera, Nosseigneurs,

« que l'expression générale des sentiments que toutes les parties
« de la nation s'empressent de vouer à ses instituteurs ; mais si
« d'autres l'ont devancé dans la manifestation de la soumission la
« plus complète, de l'adhésion la plus formelle aux décrets émanés
« de l'Assemblée nationale, personne n'a conçu ces sentiments
« avec plus d'énergie et de patriotisme. Fixer les destinées du
« premier empire de l'univers sur l'immuable base de la nature
« et de la raison, changer en hommes libres les esclaves impatients
« du joug aristocratique et ministériel, renouveler la France, la
« rajeunir, la peupler de citoyens prêts à répandre tout leur sang
« pour une constitution qui dès son principe s'est enracinée dans
« tous les cœurs ; tel fut l'objet de la mission que vous avez remplie
« avec cette persévérance que les obstacles et les périls ne sauraient
« rebuter ; avec cette sagesse prévoyante, cette prudence éclairée,
« cette constance inébranlable dont tous vos pas sont marqués
« dans la carrière que vous avez ouverte à la félicité publique,
« sous la direction suprême de la volonté générale dont vous êtes
« les organes. Maintenir le calme et la sécurité par une vigilance
« active, par l'accord le plus intime de tous les citoyens, sans
« distinction d'ordres et de places, diriger constamment l'opi-
« nion publique vers le but que vous avez atteint aussitôt qu'in-
« diqué, prémunir le peuple contre les suggestions impies des
« ennemis de l'Etat ; préconiser vos vertus, votre courage, vos
« lumières ; substituer autant qu'il est en vous, la confiance, le
« dévouement de sa personne et de ses biens à la chose publique,
« l'amour de la patrie à l'égoïsme, à la défiance, à l'isolement
« qu'avait enfanté un régime décourageant et destructeur ; telle
« est la tâche que nous avons contractée envers nos concitoyens,
« et nous sommes assez heureux pour que nos efforts aient été
« couronnés et pour voir la tranquillité et l'union régner autour
« de nous, sans nuages.

« C'est au nom de 50.000 citoyens, animés du zèle le plus pur
« que le Comité, sans crainte d'être contredit, jure en vos mains,
« Nosseigneurs, de maintenir au péril de leur vie votre œuvre
« immortelle, d'adhérer à tous les décrets qui doivent encore

« émaner de votre profonde sagesse, et spécialement de répondre
« à la confiance que vous avez marquée dans une nation digne de
« ses représentants, par votre décret relatif à la contribution pa-
« triotique.

« C'est encore au même nom qu'ils réclament la conservation
« du bailliage dont l'établissement se perd dans la nuit des temps ;
« une population nombreuse et qui ne peut qu'augmenter, une
« position telle que sa distance moyenne des rives de la mer et
« des villes de Coutances, St-Lô, Carentan et Valognes qui l'entou-
« rent de tous côtés est au moins de six lieues ; un arrondissement
« déjà formé et très facile à perfectionner, un marché considéra-
« ble, qui servant d'entrepôt et de débouché aux productions du
« cultivateur, lui procurent des occasions fréquentes et faciles
« d'acquérir les éclaircissements dont il a besoin pour la conser-
« vation et la discussion de ses intérêts, des magistrats intègres
« des jurisconsultes éclairés et amis de la paix, honorés de la con-
« fiance publique, fixés avec leurs familles, dans le chef-lieu dont
« la population est au moins de 4 000 habitants, leur intérêt et
« celui des justiciables en général, voilà, Nosseigneurs, les titres
« de respectueuse réclamation du Comité, et les motifs qui lui
« font désirer la conservation d'un établissement dont la transla-
« tion deviendrait pour tous les citoyens du bailliage le coup le
« plus accablant. »

Cette adresse fut approuvée et dut être envoyée à l'Assemblée
nationale par l'intermédiaire de Monsieur Pouret-Roquerie. La
démarche ne demeura pas sans résultat. L'Assemblée ne crut pas
devoir accorder à Périers le siège d'un district administratif ; mais
pour dédommager la ville de la perte de son ancien tribunal, elle
lui accorda le siège du district judiciaire de Carentan.

Quand l'assemblée nationale eut, par les lois du 22 décembre
1789 et du 26 février 1790, divisé la France en 83 départements,
celui de la Manche eut un territoire, qui correspondait à peu près
à l'ancien grand bailliage du Cotentin, c'est-à-dire aux deux anciens diocèses de Coutances et d'Avranches. Le chef-lieu administratif de ce département fut d'abord fixé à Coutances. Plus tard,

en vendémiaire an IV, il devait être transféré à St-Lô avec le siège de son administration centrale.

Le département de la Manche fut comme tous les autres divisé en districts, qui furent comme les types de nos arrondissements actuels. Parmi les 7 districts que compta le département de la Manche figurait celui de Carentan. Il avait été créé probablement en souvenir de l'ancien bailliage de ce nom, dont il occupait le territoire, ce qui revient à dire : le travers moyen du département (1).

L'administration du district de Carentan, composée comme partout de douze membres, siégeait à Carentan sous le nom de Conseil Général du District. Le Directoire formé de quatres membres du conseil avait un Procureur Syndic. Plus tard, ce magistrat, en vertu de la loi du 14 frimaire, an II, fut remplacé par un agent national, directement choisi par le pouvoir éxécutif.

Au dessous du district et compris dans son ressort, se trouvaient les cantons de Carentan, de Périers, de St-Sauveur-Lendelin, de Lessay, de la Haye-du-Puits, de St-Sauveur-le-Vicomte, de Prétot, de Créances, de St-Denis-le-Gast, de Bréhal, de Montmartin-sur-Mer et de Cérences, en attendant que ces quatre derniers fussent fondus depuis l'an X, dans ceux qui leur étaient limitrophes.

Le District de Carentan eut comme les six autres Districts de la Manche son tribunal. Mais au lieu d'être installé au chef-lieu administratif de la ville qui lui donnait son nom, il fut établi à Périers. La loi qui fixait cet arrangement est du 23 août 1790. Ainsi, tandis que l'administration du District restait et siégeait à Carentan, déclaré son centre politique, on séparait l'administration judiciaire. Ce qui eut lieu sans doute en souvenir du siège de l'ancien bailliage de St-Sauveur-Lendelin fixé à Périers ; et pour consoler cette bourgade de la suppression de ce siège.

Le tribunal du District siégeant à Périers était composé de cinq juges, plus quatre suppléants. Il y avait en outre pour ministère public un commissaire du roi qui devint le commissaire du pou-

(1) Le district de Carentan fut supprimé en l'an VIII, lors de la constitution des Arrondissements, et ses morcellements vinrent accroître les arrondissements de Valognes, de St-Lô et surtout celui de Coutances.

voir exécutif, d'après une loi du 15 août 1792. Son rôle était de conclure et d'aider à assurer l'exécution des décisions intervenues. Il était nommé directement par le Gouvernement, dont il était le représentant personnel.

Les membres de l'administration du District de Carentan étaient le 7 septembre 1793 : Cautionnard président, Le Canu, de Néautis Caillemer, Marguerie, tous membres du Directoire de ce District. — Parmi les magistrats du Tribunal du district de Périers nous voyons figurer les sieurs Pouret-Roquerie et Paimparey. Mais Périers fut bientôt menacé de perdre son tribunal de district. Carentan et les communes voisines s'empressèrent de réclamer contre cette séparation du centre administratif et du centre judiciaire. En conséquence, le 3 septembre 1790, les délégués des communes de Montmartin, Ste-Marie-du-Mont, Ste-Mère-Eglise, Picauville, Prétot et Sainteny, formant le canton de Carentan, se réunirent en cette ville pour envoyer des députés à l'Assemblée nationale à Paris. Leur but est de réclamer contre le décret récent, qui transporte à Périers le tribunal du district de Carentan. Ces députés sont les sieurs Belin, propriétaire à St-Côme ; Salles, id. à Catz ; Brohier, id. à Brucheville ; Darot, id. à St-Germain de Varreville ; Le Comte, prêtre et maire de la Bonneville ; Milavaux, curé et maire de Vindefontaine et Gislot propriétaire à Néautis. (Reg. des délib. f. 39). Le 5 du même mois, Monsieur Yver de la Bruchollerie est nommé député de la ville pour aller à Paris devant l'assemblée nationale protester contre le décret qui a privé Carentan du tribunal de District. (Reg. des délib., f. 42).

Mais ces démarches furent sans résultat. Périers conserva son tribunal, où l'on vit se dérouler différentes affaires dont nous devons le détail à la curiosité du lecteur. — Les patriotes de Périers durent se féliciter du zèle des membres du tribunal, séant dans leurs murs. La colonne Mobile de Périers, dans une de ses tournées patriotiques à Feugères, avait requisitionné Jean François René Leroy du Campgrain. Il ne s'était pas prêté avec assez d'enthousiasme et d'empressement à fournir aux soldats de la république ce qu'ils exigeaient. Il fut condamné à cinq jours de prison pour les avoir « mal reçus et mal nourris. » Ce prisonnier donna moins d'inquiétude aux représentants de la justice que les deux suivants :

Le 22 février 1792, deux détenus s'évadaient de la prison de Périers, dont était alors concierge le sieur Fauvel. C'étaient deux malfaiteurs fameux, les frères Henry, dits Verdier, de Percy. Ils étaient parvenus à s'échapper, quoique ayant les fers aux pieds, en pratiquant un trou dans le mur de leur cellule. Mais ils furent repris peu après. Ils étaient accusés de vols de chevaux, et déjà condamnés de ce chef à vingt-quatre ans de fer par le tribunal du district de Coutances. Mais ils avaient interjeté appel de cette sentence devant le tribunal du district de Périers. Celui-ci confirma le premier jugement, le 16 mars 1792, et envoya ainsi définitivement aux galères les deux prisonniers (1).

Le même tribunal fut saisi de l'affaire dite de la *fournée de Gonfreville*.

Dans la nuit du 21 au 22 prairial, eut lieu à Gonfreville un rassemblement considérable de personnes de la contrée. La manifestation s'était terminée par une procession religieuse, solennelle et enthousiaste, sous la présidence du prêtre Sorin, ancien curé de Granville, qui après le refus de serment, s'était réfugié à Jersey, d'où il était revenu récemment. Le scandale était d'autant plus grand, aux yeux des patriotes de la contrée, que ces faits s'étaient passés sous les yeux et même avec la complicité probable du comité de surveillance de Gonfreville. Malgré la protestation des membres de ce Comité qui déclaraient n'avoir eu aucune connaissance de ces rassemblements, le tribunal du District de Carentan fit arrêter provisionnellement plusieurs membres de ce Comité.

Les personnes arrêtées étaient le secrétaire greffier de la municipalité de Gonfreville et un certain nombre d'habitants de la commune et des paroisses voisines. Ils étaient accusés d'avoir pris une part active à cette sorte d'émeute religieuse.

De Méautis, Duval, Le Canu, Cornavin étaient membres du Directoire. On voit aussi figurer Luce, Morel, Pigault, Lecaudey,

---

(1) Sarot, *Des Tribunaux répressifs ordinaires de la Manche*. t. IV, p. 333.

Narguerie, Le Maresquier, Violette avec Hellouin pour procureur syndic ou agent national.

Le 14 messidor, Le Carpentier traduisait devant le Tribunal révolutionnaire *la fournée de Gonfreville*, c'est-à-dire tous les individus arrêtés par le district de Carentan.

Les inculpés étaient :

FRANÇOIS D'AUTHELANDE ;

JEAN LEDASTARD, ex-membre du comité de surveillance de Gonfreville ;

PIERRE FINEL, Greffier de Gonfreville ;

FÉLIX THOMASSE ;

PIERRE LESAGE ;

FRANÇOIS LEGOUIX ;

SUZANNE LEVAVASSEUR ;

MARIE THOMASSE, Veuve LEMARINIER, tous cultivateurs à Gonfreville ;

JEAN ADAM ;

FRANÇOISE VIEL, Veuve THOMAS DUPREY, de Gorges ;

JACQUES LEROSIER, cultivateur à St-Germain-sur-Sèves ;

ANTONIN JEAUME, Conscrit d'Auvers ;

PIERRE LECLERC, Conscrit de Laulne ;

MARIE MADELEINE DELARUE, Marchande à Périers.

Tous ces individus furent dirigés sur Paris. Quant aux membres du comité de surveillance de Gonfreville, ils furent incarcérés au nombre de dix, et jetés dans la prison de Périers.

Ces dix anciens membres du Comité de surveillance de Gonfreville, c'est-à-dire, de pauvres journaliers ou domestiques, décorés de ce titre officiel, parce qu'ils étaient chargés de surveiller leurs maîtres, furent arrêtés le 14 Messidor an II par l'ordre de Lecarpentier. Il avait déjà envoyé deux de leurs collègues avec une dizaine d'habitants du pays au tribunal révolutionnaire de Paris. Les prévenus étaient : Laurent Tribehou, François Cardin, Louis Langlois, Pierre Journot, Jean Jean, Noël L'hôtellier, Gilles Laîné et Jean Lepoile. Le comité s'était rendu suspect aux yeux du farouche proconsul qui lui reprochait d'avoir autorisé ou du moins laissé faire un rassemblement religieux dans la commune de

Gonfreville, la nuit du 21 au 22 prairial, sous la direction du prêtre Sorin. S'être ainsi rendu les complices d'une « *exhibition fanatique* » était un crime qu'il voulut déférer au tribunal Criminel de la Manche. En attendant, les prévenus furent enfermés dans la prison de Périers. Ils y restèrent jusqu'au 28 thermidor an II. Ayant adressé requête au comité de surveillance de Périers pour obtenir enfin leur jugement et sortir d'une détention où on les oubliait, ils furent envoyés à l'accusateur public du Tribunal Criminel du Département. Les prisonniers ne se rendaient même pas compte du grief qu'on leur reprochait. Mais bientôt l'accusateur public fut informé de la cause de leur arrestation par le comité de surveillance de Périers. A ces renseignements s'ajoutèrent ceux que fournit le district de Carentan, qui avait eu à poursuivre le rassemblement arrivé dans son ressort. Après un examen sérieux de l'affaire, l'accusateur public, Le Menuet, n'eut pas de peine à constater l'innocence des accusés. Il les déchargeait de toute intention contre-révolutionnaire et de négligence réelle, à l'occasion d'une cérémonie qui s'était faite dans la nuit et à plus d'une lieue de leur domicile. Il crut, dès lors, pouvoir demander lui-même leur relaxation au Tribunal. L'acquittement fut en effet prononcé le 7 fructidor an II (24 août 1794) (1).

Le 14 novembre 1793 (24 brumaire an I), Périers était fermé par une barrière placée à l'extrémité de chacune des rues, et on montait la garde dans le promenoir de la tour et même aux claires voies de la flèche de l'Eglise. Les Vendéens, sous les ordres de La Rochejaquelin et de Stofflet étant venus faire le siège de Granville, la garde nationale de Périers se joignit à celle de Coutances. Les patriotes étaient armés de fusils, de faux et de fourches, etc. Ils allèrent jusqu'à la côte et lande d'Orval, et là ils apprirent que l'armée royaliste s'était retirée vers Avranches et Pontorson. Ce qui empêcha la garde nationale de Périers et des environs de pousser plus loin le cours de son expédition.

Le 16 thermidor an II (3 août 1794), parurent devant le *tribunal*

---

(1) Greffe du Tribunal, Dossier N° 1738 ; Sarot. Des Tribunaux répressifs de la Manche, t. II., p. 229, 230.

criminel de la Manche trois Religieuses du couvent de Carentan et trois autres personnes, dont le seul crime était d'avoir dissimulé des vases sacrés et des ornements ecclésiastiques pour les soustraire au fisc qui les avait confisqués et aux profanations de l'impiété. Les six personnes, entre autres Renée Louise Caillemer, âgée de 35 ans, née à Carentan et Sœur Sacristine du couvent de cette ville, avaient été dénoncées en pluviôse an II au comité de surveillance de la localité. Le Menuet remplit le rôle d'accusateur public dans cette affaire, et c'est sur ses diligences que les accusés comparurent devant la juridiction criminelle du département. Après un débat, où trois des accusés seulement eurent un défenseur, il y eut un verdict d'acquittement en faveur de la religieuse Norel-Defresne et des deux domestiques : la fille Belval et Jacques Leclerc. La sœur Caillemer et la femme Adam furent condamnées à 4 ans de réclusion et la sœur Legallais à un an de la même peine. La femme Adam et la sœur Caillemer furent en outre frappées d'une peine infamante qui entraînait leur exposition sur la place publique de Périers, siège du tribunal du district dans le ressort de leur domicile.

Le pourvoi en cassation était interdit formellement par la loi aux condamnés ; en pareil cas il ne put avoir lieu et l'accusateur public s'empressa de les expédier à Périers, pour qu'elles subissent ce complément de répression. C'est le 13 fructidor qu'elles y furent soumises par les mains du bourreau Lacaille. L'huissier Lecrosnier dressa le procès-verbal de l'exécution, il y donne courtoisement à Lacaille le titre d' « officier ministériel » (V. au greffe de Coutances sur cette affaire le dossier 1725). Après cet indigne traitement, la sœur Caillemer fut envoyée à la prison de Carentan, d'où elle écrivit de nombreuses lettres à l'accusateur public jusqu'en nivôse an III.

La sœur Béatrix du bienheureux Père Fourrier, dite dans le monde Marguerite Elizabeth Morel de Fresnes, était née à Montmartin. Elle avait été admise à la profession à l'âge de 23 ans moins 16 jours, le 8 septembre 1757. A son entrée en religion, elle avait déjà perdu son père, noble homme, Gabriel Morel, écuyer, sieur de Fresnes et sa mère Marguerite de Soulbieu.

Le 17 juin 1793, devant le tribunal criminel de la Manche venait une affaire qui aboutit à un jugement d'acquittement. Il s'agissait de l'accusation portée contre le sieur Leconte, cabaretier à St-Martin-d'Aubigny, pour avoir crié « haro » et ameuté la foule. Son but avait été d'empêcher une voiture de blé acheté au marché de Périers de sortir de cette bourgade.

L'inculpé avait, à cette occasion, insulté le maire de Périers, alors que celui-ci cherchait à calmer la sédition. Il y avait là un crime d'entraves à la circulation des grains, crime susceptible d'attirer à son auteur la peine de mort, dans certains cas prévus par la loi du 8 décembre 1792. Mais l'accusé avait à nourrir sept enfants et sa détresse avait pu justifier dans une certaine mesure son exaspération. Il fit appel à la pitié du jury et eut le bonheur de se voir acquitter (1).

Le 2 août suivant, on arrêtait à Coutances quatre chevaux chargés de pain et conduits par des habitants de la Haye-Pesnel. Les acheteurs en complète pénurie de vivres qu'ils ne pouvaient trouver dans leur pays s'étaient vus contraints d'aller jusqu'à Périers, c'est-à-dire à une distance de 20 lieues, pour en avoir.

Leur crime avait été d'acheter bon marché du grain en dehors du ressort de leur contrée, ce qui était contraire à la loi. Cependant le *tribunal* de *police* de Coutances se borna à confisquer une partie du chargement. Il le distribua aux habitants de la ville à raison de cinq sous la livre, prix qui fut d'ailleurs remis aux expropriés.

Périers fut le théâtre de petites émeutes populaires, dans ces temps troublés. Nous devons au lecteur de lui en signaler la cause. « Fastout, cultivateur dans cette commune avait refusé de recevoir le paiement en mandats d'une certaine quantité de blé qu'il venait de vendre à un agent de la commune de Granville. Fastout, à l'aide d'une émeute populaire, força cet acheteur à lui signer une obligation personnelle, payable soit en numéraire métallique, soit en mandats aux cours actuels. Une poursuite fut intentée contre l'auteur de ce mouvement populaire. Mais on ne fit qu'on

(1) Greffe, Dossier N° 1593.

semblant d'instruction à cet égard. Les mandats étaient trop discrédités par le gouvernement lui-même pour qu'on ne reconnût pas le bon droit de l'inculpé (1).

Le pauvre Jean Fauvel, dit Marais, concierge de la maison d'arrêt de Périers, eut de grandes tribulations dans l'exercice de son emploi. Deux femmes confiées à sa garde s'étaient évadées. Il était responsable de leur évasion. Son affaire parut le 15 germinal an VI devant le tribunal criminel de la Manche, et aboutit à un acquittement complet (2).

Le sieur Pierre Marie Antoine Vallée Hautmesnil, de St-Martin-d'Aubigny, était horloger à Périers, quand, en messidor an VII (1799) il se trouva impliqué dans une incrimination de chouannerie. De concert avec François Le Courtois, apprenti chapelier à Périers, Jean Le Sage, dit le Grêlé, cultivateur à St-Sébastien de Raids, Louis Benoît, journalier à Coutances et sergent de la colonne mobile locale, et François Diacre, compagnon chapelier, domicilié à Bayeux, il avait commis récemment diverses exactions prétendues royalistes dans sa commune natale. On l'accusait aussi de vols qualifiés chez plusieurs particuliers de cette localité. L'affaire fut commencée par le juge de paix de Périers. Mais celui-ci avait eu hâte de s'en débarasser, vu la difficulté de garder ses prisonniers en lieu sûr. L'information fut achevée par le directeur du jury de Coutances. Mais comme l'affaire appartenait à la juridiction du conseil de guerre, ce magistrat renvoya (2 juillet 1799, 9 thermidor an VII) les prévenus au conseil de guerre de Caen, dont nous n'avons pu connaître la décision (3).

Une autre affaire se présenta l'année suivante devant le juge de paix de Périers. C'était celle du sieur Jean de St-Germain, cultivateur à St-Martin-d'Aubigny. Il était fermier du Marquis de Guer, ex-seigneur de cette paroisse. St-Germain y avait acquis le château de Mary appartenant à ce gentilhomme, et après l'avoir acheté à la suite de l'émigration du Marquis de Guer, il en avait fait sa propre habitation. Le 14 brumaire an VIII, le lendemain

---

(1) Sarot, Des tribunaux répressifs de la Manche. t. 3. p. 333.
(2) Ibid, t. IV. p. 311.
(3) Sarot, des tribunaux répressifs de la Manche. t. 3. p. 113.

même de l'affaire de la Fosse, une bande de plus de cent chouans fugitifs avait fait irruption dans la demeure de St-Germain. Il avait été forcé de les y héberger pendant une journée et, en partant ils y avaient laissé à son insu deux de leurs blessés qui n'avaient pu les suivre. De St-Germain, que ses antécédents civiques et notamment l'achat du château de son ancien seigneur mettaient à l'abri du soupçon, s'empressa de faire connaître à la municipapalité l'occupation de son domicile. Il protestait en même temps de son regret d'avoir subi une pareille occupation militaire de la part des réfractaires. De St-Germain n'en fut pas moins arrêté sur l'ordre du général Gratien. On le supposait coupable d'avoir volontairement accueilli et recelé les rebelles. Une instruction s'ouvrit aussitôt devant le juge de paix de Périers. Heureusement elle n'amena aucunes charges sérieuses contre l'inculpé, qui dut être élargi bientôt après (1).

Il paraît que le zèle de l'administration civile à Périers ne répondait pas aux espérances des patriotes, qui exerçaient le pouvoir Central dans le Département de la Manche. La municipalité de Périers fut vertement réprimandée par les membres de l'administration Centrale à l'occasion de la translation de la foire de St-Christophe d'Aubigny à Périers. Le placard annonçant cette mesure portait un avis qui impliquait le respect pour la loi du repos dominical. Il n'en fallut pas davantage pour attirer aux représentants de l'autorité de Périers la mercuriale suivante :

Extrait du Registre des délibérations de l'Administration Centrale du Département de la Manche.

Séance du 3 prairial an IV de la République française une et indivisible.

Vu l'avis publié et fait afficher par l'administration Municipale de Périers sur la translation de la foire d'*Aubigny*, dite de St-Christophe, en la commune de Périers ; à la suite duquel on lit le *nota bene* suivant :

Le 24 juillet (V. S.) arrivant cette année un dimanche, la foire se tiendra le samedi 23.

---

(1) Greffe de Coutances. Dossier relatif à l'affaire de St-Germain.

L'administration Centrale considérant qu'un pareil avis n'est pas digne de magistrats républicains, auxquels la loi impose le devoir de prendre toutes les mesures que peut suggérer l'amour de l'ordre et du bien public pour accélérer les changements qu'exige la nouvelle division de l'année et de donner l'exemple dans leur correspondance publique et privée de l'usage du calendrier républicain, considérant que cet avis rappelle les époques affligeantes pour la philosophie où l'influence dangereuse d'un clergé fanatique prohibait à son profit les actions judiciaires et commerciales ; considérant que si aux termes de l'article 354 de l'acte constitutionnel nul ne peut être empêché d'exercer, en se conformant aux lois, le culte qu'il a choisi, dans aucun cas l'ordre public ne doit être troublé ni empêché par ce culte ; ouï le Commissaire du pouvoir exécutif, improuve la conduite de l'administration municipale de Périers dans la publication de l'avis qu'elle a fait imprimer et afficher relativement à la translation de la foire d'Aubigny ; lui enjoint d'en supprimer les exemplaires qui n'auraient pas été distribués et fait défense à toute administration de le faire afficher ou d'en publier de semblables.

Le présent sera imprimé, publié et affiché dans les communes du Département. Il tiendra lieu d'avis aux Citoyens que, par l'arrêté de l'administration Centrale, du 12 floréal, la foire d'Aubigny, dite de St-Christophe, est transférée à la commune de Périers, provisoirement, et en attendant que l'ordre des foires ait été réglé d'après le calendrier républicain, elle s'y tiendra chaque année le jour répondant au 24 juillet (V. S.) de cette présente année IVe de la République, le 6 thermidor prochain.

L'administration municipale de Périers, sous sa responsabilité, tiendra la main à l'exécution.

Signé : CAILLEMER, président.
LE HUREY, AUG. ASSELIN, CLEMENT.

LE BRUN, FRAIN, Commissaire du pouvoir exécutif.

Certifié conforme : CAILLEMER, président. JEAN COSTIN, Secrétaire (1).

---

(1) A St-Lô de l'imprimerie de D. Agnés, an IV.

Le patriotisme n'était pourtant pas toujours en défaut à Périers. Les troupes révolutionnaires de la localité surent bien mériter de la République.

Le 3 nivôse (23 décembre de cette année 1795) une colonne de l'armée catholique royale de Durosel s'était établie à Pont-l'Abbé ; elle était forte de cinq à six cents hommes. Les républicains alarmés réunissent des forces considérables et marchent contre elle ; les chouans les reçoivent avec sang-froid et défendent leur position avec intrépidité. Les troupes révolutionnaires de Périers avaient donné la main à celles de Valognes, de Coutances et de Carentan. Elles parvinrent à pousser les chouans dans des marais vastes et profonds, où une trentaine furent engloutis ; d'autres en pareil nombre furent tués ; et le reste se retira en déroute, laissant plusieurs blessés sur le champ de bataille. Les républicains y gagnèrent aussi des munitions et des effets d'habillement (1).

Cet échec n'avait cependant pas ruiné les espérances de l'armée catholique dans la contrée, car moins de deux mois après cette défaite, on écrivait du quartier général de l'armée Royaliste une lettre menaçante au curé jureur de St-Sauveur-le-Vicomte, le sieur Nigault. La suscription de l'autographe que nous possédons porte : *Nigeaux*.

Au quartier général de l'armée catholique et Royaliste le 15 février l'an de grâce et du reigne du Roi dix-huit 1796.

Monsieur,

« Je vous préviens comme vous êtes du parti des scélérats de nous tenir pour dans la huitaine vingt louis et douze couverts d'argent et aussitôt que vous nous entendrez de nous ouvrir votre porte à païnne de subir la mort : néanmoins si vous voulez revenir à nous retractez-vous et vous jouignez à un prêtre catholique qui certainement ne demandera pas mieux que de vous recevoir et vous serez en sûreté, ne contribuerez rien.

Je vous invite de me croire pour la vie et avec toute la sincérité possible. »

(1) Séguin, Histoire de la chouannerie, T. 2. p. 55.

La suscription porte : au citoyen Nigeaux, ci-devant curé de St-Sauveur-le-Vicomte.

Les dernières lignes et la signature de la lettre ont disparu. On voit encore les traces du paraphe et le sceau en cire rouge qui cachetait la lettre. On s'aperçoit, à l'orthographe vicieuse de la missive, qu'elle n'émane pas du général en chef ni d'une personne instruite.

Terminons cet aperçu sur l'histoire de la révolution à Périers par quelques lignes sur la justice de paix du canton. En 1797 Jacques Alexandre Capey est juge de paix du canton de Périers. Jean François Augustin Euvremer et Louis Pierre Desrez sont ses assesseurs, avec Louis Courtin pour greffier. Citons en outre les personnages originaires de Périers, qui eurent des emplois dans la judicature du pays pendant la période révolutionnaire.

Au premier rang se place Pierre Le Menuet, dont nous donnons la notice biographique à la fin de cette histoire.

A la date de l'an III, Vautier, né à Périers, était membre du jury du tribunal criminel de la Manche à Coutances et ex-juge de Périers.

Un autre avocat, enfant de Périers, exerçait sa profession auprès du Tribunal Révolutionnaire du département. Cet homme de loi s'appelait Gosselin. Il fit serment de fidélité au nouvel Empereur le 25 prairial an XII. Il faisait partie d'un Tribunal criminel *spécial* siégeant à Coutances et constitué en vertu de la loi du 18 pluviôse an IX. Ce tribunal fut installé le 20 floréal suivant. Le greffe de Coutances a conservé 2 registres des affaires jugées par ce tribunal. Le second de ces registres va jusqu'à la date de 1815, année qui est la limite extrême de son existence.

Le juge le plus distingué du tribunal du district de Carentan séant à Périers fut l'ancien procureur du roi au bailliage, Pouret Roquerie. Elu député du Tiers aux Etats Généraux, il devait justifier le choix de ses commettants par la haute compétence dont il fit preuve, plus tard, surtout au conseil des Cinq-Cents, dans les matières financières. Il suffit de jeter un coup d'œil sur la table du Moniteur de l'an VII (1798). On voit le député de la Manche se livrer à des travaux consciencieux, dont nous nous contentons de donner plus bas la nomenclature un peu sèche. (1).

Ses travaux à Paris ne l'empêchèrent pas d'exercer les charges de judicature dans son pays. Il fut nommé juge au tribunal du district de Carentan séant à Périers. Nous le voyons le 22 brumaire an VI (1797) succéder au sieur Denier dans le poste de commissaire du Directoire exécutif près le tribunal criminel de la Manche. Il conserva ce titre dans le tribunal criminel de la Manche installé à Coutances par la nouvelle organisation consulaire, le 8 prairial an VIII (1799). Ses travaux au conseil des Cinq-Cents et dans l'administration de la justice n'absorbèrent pas tellement son activité qu'il ne pût donner ses soins aux intérêts généraux du département. Nous avons retrouvé de Pouret-Roquerie une pétition adressée au ministre de la guerre. Elle est du 22 ventôse, an VII. Elle a pour objet de réclamer une nouvelle répartition de brigades de gendarmerie dans la Manche. Au ton et à l'allure dégagée de ce document, on sent que le Représentant du peuple de Périers n'avait pas une moins haute opinion de son mandat que du titre du citoyen ministre auquel il s'adressait.

Le Représentant du peuple Pouret au ministre de la guerre.

Paris, le 22 ventôse 7ᵉ année républicaine.

Citoyen Ministre,

Lors de la réorganisation de la gendarmerie, le nombre des brigades pour le département de la Manche fut fixé à quinze et celui des lieutenants à deux ; on a placé depuis dans ce département un 3ᵉ lieutenant et trois brigades d'augmentation. Votre prédécesseur avant son départ a donné des ordres pour leur suppression ; dès que l'administration centrale en a été informée, elle a réclamé

---

(1) An VII. Son rapport sur la conservation des hypothèques, Nᵒˢ 108, 121 et 125. Il fait prendre une résolution y relative, 110. Autre rapport sur la responsabilité des agents hypothécaires, Nᵒ 156. Son projet à ce sujet, 130. Il est élu secrétaire, 271 ; fait adopter les dispositions précédentes, Nᵒ 333.

auprès du gouvernement non seulement la conservation des trois brigades dont la suppression avait été ordonnée, mais encore l'établissement de trois nouvelles brigades. Cette pétition vient de vous être renvoyée pour un prompt rapport; vous avez reçu aussi une pétition du tribunal criminel sur le même objet.

Citoyen ministre, des considérations pressantes ont déterminé la réclamation de l'administration centrale et du tribunal criminel de la Manche.

1° La position de ce département, la longueur de ses côtes, la nature du terrain, une population de 550.000 habitants y rendent la surveillance pénible et la police difficile à maintenir; ajoutez que ce département est encore en proie à la chouannerie, qu'il ne peut s'en deffendre qu'avec peine à cause du voisinage de la ci-devant Bretagne et des îles anglaises et qu'il est sans troupes, au reste l'augmentation sollicitée ne doit être que temporaire, elle cessera d'avoir lieu avec les désordres qui la nécessitent aujourd'hui.

Citoyen ministre, la réorganisation de la gendarmerie a produit d'heureux effets; mais en fixant le nombre des individus de cette arme on n'a pas assez calculé quelle serait pendant longtemps sur la tranquillité publique et la sûreté individuelle l'influence de la révolution, des.... et de la guerre civile.

2° Le Tribunal Criminel de la Manche exige un service actif; deux brigades de gendarmerie ne sauraient suffire à ses séances fréquentes, à la conduite des condamnés, à l'exécution des jugements criminels, aux tournées dans les campagnes, à l'arrestation des déserteurs et aux relations journalières qu'il faut entretenir avec six tribunaux de police correctionnelle; l'existence et les crimes de plusieurs bandes factieuses augmentent encore les difficultés et multiplient les embarras.

3° Le placement, dans la commune où siège le tribunal criminel, d'un officier de gendarmerie appelé par son grade à remplir les fonctions d'officier de police judiciaire est indispensable, le maintien de l'ordre et l'exactitude du service tiennent à cette mesure; et peut-être le Département de la Manche est-il le seul de toute la République où elle ait été négligée.

Citoyen Ministre, les événements qui viennent de se passer dans ce Département sont de nature à fixer l'attention du Directoire exécutif. L'administration Centrale et le tribunal Criminel attachent à la réclamation qu'ils ont formée la plus haute importance pour le rétablissement de l'ordre et de la tranquillité dans leur arrondissement. Je ne doute pas du succès de la mesure, si elle est adoptée.

Salut et Considération. (1)

Signé : Pouret.

Pouret-Roquerie figurait encore dans le personnel judiciaire du Tribunal criminel de la Manche le 25 prairial an XII. Nous le voyons ce jour-là prêter serment de fidélité au nouvel Empereur. Et il gardera cette charge jusqu'à la suppression de cette juridiction, dont la dernière affaire est du 17 mai 1811.

En dernier lieu il était juge au tribunal civil du département.

Pouret-Roquerie est un des magistrats qui firent le plus d'honneur au siège du bailliage de Périers. Il est avec Messieurs Le Sens, Lescaudey de Maneval et Le Menuet de la Juganière, la gloire de ce siège.

(1) Extrait de la Biblioth. de Monsieur Mahaut, L. Impr. à Bricquebec.

CHAPITRE VIII

LE CLERGÉ DE PÉRIERS PENDANT LA RÉVOLUTION

L'histoire du clergé de Périers pendant la Révolution embrasse deux catégories d'ecclésiastiques ; il y a les ecclésiastiques formant le clergé paroissial et ceux qui, natifs de Périers, exerçaient ailleurs les fonctions de leur ministère. Les uns et les autres entrent dans le cadre de cette histoire. Nous leur devons un souvenir.

L'Église de Périers était, en 1789, pourvue d'un nombreux clergé. Outre le Curé-Doyen on n'y comptait pas moins de douze ecclésiastiques. C'étaient Messieurs Julien Jean-Baptiste Duchemin, Jacques Le Monnier vicaire, Jean Paul Michel Lerosey vicaire, Pierre Le Monnier prêtre, Dusiquet, André Meslin prêtre, Nicolas Regnault prêtre, Rihouet prêtre, Hervieu prêtre, Dujardin prêtre, Desrez acolyte, De Lavarde, acolyte et Rihouet sacristain.

Le 1ᵉʳ février 1791, le Département félicitait la commune de Périers dont le clergé venait de prêter *unanimement* le serment constitutionnel. Il adressait les mêmes félicitations aux communes de Torigny et de Montsurvent, qui avaient donné les mêmes preuves de civisme. (1)

C'était sur un faux informé que le département faisait honneur au clergé d'avoir unanimement prêté le serment constitutionnel.

(1) Sarot, Des tribunaux répressifs de la Manche, t. II. p. 33.

Il se trouva un prêtre assez fort pour résister à l'ascendant du mauvais exemple. Ce prêtre fidèle s'appelait Jacques Le Monnier. Il était fils de Pierre Le Monnier et enfant de Périers où il était né le 29 février 1748. Il était vicaire de Périers, lorsqu'il fut mis en demeure de prêter le serment à la constitution civile du clergé : on le voit porté sur la liste d'écrou de la prison du Mont-du-Vey, ou château de Ste-Marie-du-Mont, transformé en maison de détention. Entré le 13 ventôse 1793, il sortit de prison le 6 pluviôse an III. Il s'était rendu spontanément à la maison d'arrêt. Il prit à cette époque le chemin de l'exil et se réfugia en Angleterre, où il trouva asile successivement dans les comtés de Durham et de Northumberland. Après son retour en France, il conserva son titre de vicaire. Une note officielle de ses supérieurs rédigée en 1808 porte à son nom cette mention élogieuse « du zèle, des mœurs, bon prédicateur ». Il mourut en 1817.

Le registre d'écrou de la maison de détention du Mont-du-Vey présente le nom de Nicolas Regnault, vicaire de Périers, incarcéré le 24 septembre 1793, et sorti le 8 octobre an II. Nous le voyons encore à Périers en 1798. Peut-être avait-il prêté le serment et s'était-il rétracté presque aussitôt. Sa détention paraît avoir été la conséquence de sa rétractation.

Le directoire départemental s'était donc trompé, en félicitant tout le clergé de Périers de son adhésion unanime au schisme constitutionnel.

Les autres membres du clergé de la paroisse eurent la faiblesse d'imiter leur chef, l'abbé Julien Jean-Baptiste Duchemin, curé-doyen de Périers.

Nous l'avons vu animé d'un zèle vraiment sacerdotal pour le bien de sa paroisse. Député du clergé à l'assemblée des trois ordres du Grand Bailliage de Cotentin, il avait reçu de ses confrères l'honorable mission de commissaire de son doyenné pour choisir les 12 rédacteurs des cahiers du clergé. Malheureusement ses talents ne surent pas le mettre à l'abri d'un certain enthousiasme pour les idées nouvelles. Il eut le malheur de prêter le serment constitutionnel ; c'était un premier pas dans la voie du schisme, et il allait en parcourir à grands pas les étapes, et même parvenir par intrusion au sommet de la hiérarchie.

L'évêque intrus de Coutances, Bécherel, ancien Curé de St-Loup d'Avranches, était à peine installé qu'il se donna un supérieur du grand Séminaire. Il jeta les yeux pour ce poste sur le Doyen de Périers, qui accepta et fut nommé l'un des douze vicaires généraux. Et comme l'évêque n'avait qu'un petit nombre de prêtres assermentés, il y pourvut par des ordinations précipitées qu'on appela des *fournées*. Il y en eut onze depuis le 16 octobre 1791 jusqu'au 21 décembre 1793. Son titre de supérieur du Grand Séminaire imposa sans doute à l'ancien Curé de Périers la triste mission de préparer ces indignes recrues du sanctuaire. Leur nombre s'éleva jusqu'au chiffre de deux cent quinze prêtres pour le diocèse. Ils étaient de toute qualité et de tout âge. On ordonnait au sacerdoce des jeunes gens de vingt-deux ans et demi, des écoliers de quatrième, et même un charpentier de bonne vie et mœurs qui avait fait autrefois sa cinquième, mais qui ne sut jamais dire son bréviaire, parce qu'il ne pouvait pas même comprendre les rubriques.

Former les prêtres de la fournée fut la sacrilège occupation de Duchemin. De tels services rendus au schisme méritaient une récompense. Elle ne se fit pas attendre. Nous ne savons pour quelle cause et à quel titre le supérieur intrus du Grand Séminaire de Coutances fut envoyé par le diocèse du Puy (Haute-Loire) au Concile de l'Eglise Constitutionnelle de France, tenu à Paris, du 25 août au 12 novembre 1797. C'était déjà un honneur, mais le schisme allait élever Duchemin au comble des honneurs en le nommant au siège épiscopal du Calvados, en remplacement de Fauchet. Duchemin reçut l'institution soi-disant canonique des mains de l'évêque Bécherel, le 29 décembre 1798, pendant la vacance du siège métropolitain.

Il était sacré à Paris, dans l'Eglise Notre-Dame, le 10 février suivant par Jean-Baptiste Boyer, évêque de Paris. Ses assistants étaient Jean Pierre Saurin, évêque des Landes et Eléonore Marie Desbois-Rochefort, évêque de la Somme. Duchemin prit possession de son siège le 17 du même mois. Mais son administration allait être de courte durée. L'intrus se sentait atteint d'une maladie mortelle, à l'âge de 58 ans; il demanda instamment le ministère d'un prêtre catholique : ce secours lui fut refusé par son entourage et il mourut à Bayeux le 31 mars 1799 en protestant contre la violence qu'il subissait. Voici en quels termes l'évêque intrus de Coutances parlait en 1799 de son collègue aux évêques constitutionnels réunis à Paris: « Vous avez connu l'état de l'église de Bayeux, lorsque vous avez ordonné le Révérendissime Duchemin. A peine est-il entré en fonctions que Dieu l'a appelé à lui, sa mort a occasionné un deuil universel : ses vertus le faisaient respecter même de ceux qui paraissent nous être le plus opposés. »

« Le presbytère de Bayeux s'est empressé de donner un successeur à son digne évêque, et vous verrez par l'acte qui vous sera remis de quelle manière le vénérable Bisson a été élu (1). »

L'ancien curé de Périers fut un des quatre prêtres du diocèse de Coutances qui contribuèrent au recrutement de l'épiscopat schismatique (2). Nous aimons à penser que Dieu eut égard au désir de ses derniers moments. Mais son passé ne doit-il pas faire trembler pour son âme surtout quand on se rappelle cette parole de nos saints Livres. « Non enim invenit pœnitentiæ locum, quanquam cum lacrymis inquisisset eam. » (Hébr. XII. 17). « Il n'eut pas le temps de faire pénitence, quoi qu'il l'eût réclamé avec larmes. » (3)

L'ascendant du curé de Périers sur ses confrères fut la cause de leur perte. Son exemple dans l'adhésion au schisme ne trouva en eux que trop d'imitateurs. L'abbé André Meslin, que nous voyons dans le clergé de cette paroisse dès l'année 1783, prêta le serment demandé. Il devint à ce prix le successeur de Julien Jean-Baptiste Duchemin et curé intrus de Périers. Périers devint même archiprêtré, et le curé de Périers archiprêtre à la suite du fameux concile tenu à Paris en 1797. Il faut dire que l'évêque intrus avait cru devoir organiser son diocèse en 30 archiprêtrés. Meslin gouvernait encore la paroisse avec le titre de curé en 1802, an XI de

---

(1) Nouvelles ecclésiastiques; Année 1799. p. 91.
(2) Les trois autres furent : Bécherel, évêque de la Manche ; Bisson, évêque du Calvados ; Mauviel, évêque de St-Domingue.
(3) Fisquet, La France Pontificale, Diocèse de Bayeux.

la République. Il devait persévérer dans son attachement au schisme constitutionnel. Un autre membre du même clergé ne sut pas mieux se prémunir contre l'entraînement des idées du jour. D'abord jureur volontaire à Périers, il devient vicaire intrus de Carentan. Il était nommé le 23 mai à ce poste où il n'entrait que par un serment sacrilège. Il se présenta devant la municipalité de Carentan « pour prêter, disait-il, avec plaisir, le serment qu'il avait déjà prêté à Périers sans y être obligé. » C'était le cynisme ajouté au sacrilège. Le sieur Hervieu ne garda pas longtemps son vicariat ; il fut remplacé quelques mois plus tard par un abbé Lavoisy, prêtre de la fournée de Bécherel.

Jean Paul Michel Le Rosey, prêtre de Périers, imita la conduite de son curé. On parlait avec avantage de ses talents et de la modération de son caractère. Son serment schismatique lui valut sa nomination à la cure de Gorges. Jusque-là cette commune avait eu trois curés; ses derniers titulaires furent Messieurs Le Canu, Le Bourgeois et Rubé. Ils conservèrent leur poste jusqu'au mois de juin 1791, époque à laquelle ils prirent le chemin de l'exil, et se réfugièrent en Angleterre.

Peu de temps après leur départ, l'évêque constitutionnel de la Manche, Bécherel, réunit ces trois cures en une seule dont il pourvut Monsieur Le Rosey, prêtre habitué et ancien vicaire de Périers. Le nouveau curé eut successivement pour vicaires les abbés Quesnel et Osouf que nous croyons avoir participé aux ordinations, dites les fournées de Bécherel. Quelques fussent les qualités naturelles du curé intrus de Gorges, sa prudence et ses talents ne pouvaient suppléer à la qualité la plus essentielle du prêtre pour faire le bien, nous voulons dire la mission légitime. Un ministère, ainsi vicié dans son origine, ne pouvait produire aucun fruit au sein d'une population éminemment catholique. L'ancien vicaire de Périers ne tarda pas à l'apprendre à ses dépens, car pendant près de deux ans qu'il exerça dans la paroisse de Gorges son ministère schismatique, il vit échouer tous les moyens qu'il mit en œuvre pour réunir les paroissiens aux jours de Décade et autres solennités religieuses de l'année. Trois maisons seulement lui fournissaient des auditeurs, dont le nombre n'allait jamais au-delà de cinq à six personnes. Il n'y avait à vouloir entendre l'intrus qu'un ou deux membres de ces trois familles. Quand il lui arrivait de prêcher, il se trouvait toujours en présence d'une Eglise déserte.

On peut, du reste, juger des dispositions des habitants de Gorges à l'égard du schisme constitutionnel par le fait suivant, dont le souvenir s'est conservé et se transmet dans la paroisse.

L'évêque constitutionnel, Bécherel, avait annoncé son arrivée à Gorges, où il comptait administrer le Sacrement de Confirmation. Monsieur Le Rosey ne manqua pas de publier la circulaire épiscopale dans toute la paroisse et ne négligea aucun moyen pour réunir le plus grand nombre de personnes à la cérémonie. Les fidèles du curé intrus furent les seuls à répondre à son appel. Le prélat mécontent se retira sur le champ et prit le parti de s'acheminer vers le Plessis, accompagné du curé de Gorges et du sacristain laïque, qui portait la croix de procession enveloppée. On se promettait bien de la tirer de son enveloppe et de la porter solennellement, si, comme on l'espérait, on faisait sur la route des recrues suffisantes pour constituer une procession. Mais espérances illusoires! Le curé revint à Gorges seul avec son sacristain portant la croix dans son étui.

Il n'y avait pas deux ans que Monsieur Le Rosey était à Gorges, quand il eut avis qu'une compagnie de Chouans qui se réunissaient le plus souvent à Lastelle voulait se saisir de sa personne. Dès lors, il s'empressa de fuir un troupeau qui lui donnait si peu de satisfaction et il prit en toute hâte le chemin de Périers. Avec lui finit pour la paroisse de Gorges l'histoire de l'intrusion. Mais un fait, arrivé bientôt après, montra combien avait été sage la résolution du curé de Gorges. En demeurant plus longtemps, il aurait inévitablement trouvé la mort et une mort sans honneur et sans fruit pour son âme. Les Chouans, qui se réunissaient à Lastelle dans une maison appelée la Planquairie, firent une descente sur Gorges et se portèrent vers la demeure de quelques habitants réputés révolutionnaires. Cinq furent saisis, un seul trouva grâce aux yeux des agresseurs et fut relâché; les quatre autres furent fusillés au carrefour qui se trouve à égale distance de l'Eglise et du presbytère. Les victimes furent: Paul Laurent Jacques Lecoq de Lepesse, Nicolas Lecoq des Monts, Hilarion Lecoq des Mares et un maréchal nommé Charles Letay. Cette scène meurtrière eut lieu dans la nuit du 24 au 25 mars 1796.

Un autre prêtre de l'ancien clergé de Périers, Monsieur Desrez, avait été nommé curé de Ste-Suzanne à la place de Monsieur Bottin de Soubrefaux, curé de cette paroisse, depuis cinq ans. Pendant que le prêtre fidèle, enfant de St-Sauveur-le-Vicomte, prenait la route de l'exil plutôt que de souiller sa conscience par son adhésion au schisme, son successeur voyait son ministère frappé d'une absolue stérilité. Les paroissiens de Ste-Suzanne à peu près tous fidèles demandaient les secours de la religion à Monsieur Lorin, prêtre de Gorges, qui se cachait dans la contrée et particulièrement sous le toit de l'honorable famille Lebœuf; ils ne montraient que de l'indifférence et du mépris pour le curé jureur. On les voyait célébrer de leur mieux les fêtes et les jours consacrés au service de Dieu et ne tenir aucun compte des Décadi (1).

Plusieurs prêtres du diocèse, enfants de Périers, vengèrent cette Eglise de l'affront que lui avaient infligé la plupart de ses ministres.

Outre Monsieur Jacques Le Monnier dont nous avons signalé la généreuse conduite, nous avons à enregistrer deux noms que les annales de Périers doivent citer avec honneur. Il s'agit des frères Hervieu, prêtres.

Bonaventure François Hervieu était fils de Bonaventure Hervieu et de Angélique Gosset. Né à Périers le 3 janvier 1757, il était gradué en l'université de Caen. Nous le trouvons en mai 1786 vicaire de son oncle, Monsieur Gosset, curé du Mesnilbus et son compagnon d'exil en 1792. Ils purent rentrer l'un et l'autre en 1800 au milieu de leur troupeau. Leur paroisse avait été réunie à celle de Montreuil par l'administration de l'évêque constitutionnel. Mais à leur retour, ils conservèrent leur titre de curé et de vicaire de Mesnilbus, où ils continuèrent de faire les offices. En 1804, Bonaventure François Hervieu succéda à son oncle démissionnaire.

---

(1) Monsieur Bottin était de retour en 1801. Il reprit alors ses fonctions de curé de Ste-Suzanne, cure à laquelle fut jointe celle de St-Jores. Il gouverna seul ces deux paroisses jusqu'en 1820. Alors on lui donna pour vicaire Monsieur Duplenne, de la Rondehaye, qui lui succéda en qualité de desservant annexaire.

Il devait garder ce poste jusqu'en 1824. Il fut attaqué le 9 février de cette année d'une colique violente, et il succomba le soir du même jour, vers cinq heures, à l'âge de 67 ans.

Jean Hervieu, dit des Champs, frère du précédent, était né lui aussi à Périers le 6 avril 1766. Il était prêtre habitué dans sa ville natale au moment de la Révolution. Emigré d'abord, il était rentré en France en 1793. Ce saint prêtre rendit d'importants services à l'Eglise pendant les mauvais jours de la Terreur. Il se cachait au Mesnilbus et aux environs. On le vit exercer ses fonctions à Périers en 1795. Il devint vicaire de son frère le curé de Mesnilbus en 1804. L'abbé Jean Hervieu ne devait garder ce poste qu'une année. Il fut nommé curé de Hauteville-la-Guichard le 11 janvier 1805, et quatre ans plus tard on le transférait à la cure de St-Sébastien de Raids, le 30 mars 1809. Sa mort est du 13 avril 1818. (1).

M. Hervieu n'était pas le seul prêtre catholique qui s'exposa au danger pour remplir les fonctions ecclésiastiques dans la paroisse de Périers pendant la Révolution. Honneur au courage de ces prêtres, qui souvent, au prix de mille angoisses, purent exercer secrètement leur ministère à Périers et dans les environs. Conserver leurs noms dans cet ouvrage, c'est léguer à la postérité des mémoires bénies. Ces noms mériteraient d'être écrits en lettres d'or sur un monument plus durable que l'airain. La population de Périers les gravera pour toujours dans des cœurs reconnaissants. En l'an IV (1795), le 11 thermidor, M. Regnouf desservant catholique de la paroisse de Périers, dans la chapelle de l'hospice a baptisé François Delauney, fils de Jacques Delauney. Il n'était pas le seul. Le sieur Delisle, prêtre catholique, remplissait ses fonctions en secret dans la paroisse, pendant l'année 1795. Il devait devenir curé succursaire de Nacville.

L'année suivante voit un prêtre catholique de Pirou, M. Dubos, baptiser à Périers Victor Frédéric Lacotte, fils de M. Remi Gabriel Lacotte et de damoiselle Louise Marie Le Gruel. M. Hue prêtre catholique et curé de Millières remplit aussi les fonctions de son

---

(1) Manuscrits de l'Évêché de Coutances. Copie d'une liste de prêtres réfugiés, dressée par l'abbé Félix René d'Orléans, curé de Sotterast.

ministère à Périers en 1796 ; puis on voit figurer, en 1797, Pierre Le Monnier, prêtre catholique de Périers. M. Dusiquet était prêtre à Périers le 19 nivôse an III (1794). M. Hamelin, prêtre de Périers, baptise son neveu Alexis Barri en 1797. On le voit encore baptiser, le 13 ventôse, Pierre Laurent Le Draus. Comme on le constate par cette nomenclature, les prêtres n'étaient pas rares dans la paroisse, même pendant les mauvais jours.

CHAPITRE IX

LA COMMUNE DE PÉRIERS DEPUIS LA RÉVOLUTION

Canton de Périers.

Périers est devenu, depuis la Révolution, le chef-lieu d'un canton de l'arrondissement de Coutances.

Le canton de Périers est borné au nord et à l'ouest par les cantons de Lessay et de la Haye-du-Puits ; au sud par celui de St-Sauveur-Lendelin et à l'est par l'arrondissement de St-Lô.

Il repose sur plusieurs variétés de terrains; ainsi on y rencontre les roches syénitiques ; au Plessis le terrain houillier ; à Ste Suzanne et à St-Jores, vers Lastelle, le calcaire ou marbre intermédiaire, à Nay, Gorges, et St-Germain-le-Vicomte, le tuf ou travertin.

Les communes qui composent le canton formaient, avant 1789, dix-sept paroisses dont voici les noms :

Bauple.
Feugères.
Gonfreville.
Gorges.
Lastelle.
Le Buisson.
Le Plessis.

Marchesieux.
Nay.
Périers (Chef-lieu).
St-Christophe.
St-Germain-la-Campagne.

Saint-Germain-le-Vicomte, ou sur Sèves.
St-Jores.
St-Martin d'Aubigny.
St-Sébastien.
Ste-Suzanne.

Commune de Périers.

La commune de Périers date de 1790, comme la plupart des autres communes de France. Elle a été formée de la paroisse St-Pierre de Périers.

Le bailliage de St-Sauveur-Lendelin siégeant à Périers, ayant été supprimé, ainsi que toutes les juridictions analogues, par les décrets des 23 décembre 1789 et 26 février 1790, la Mairie de Périers fut établie, en même temps que la justice de Paix, dans les bâtiments de l'ancien bailliage.

La mairie et la justice de Paix occupèrent ces bâtiments jusqu'à la création de la rue neuve, construite vers 1856. L'ouverture de cette rue entraîna la démolition des anciens bâtiments du bailliage. Alors la mairie et la justice de Paix furent transférées au *Férage*, dans l'aile nord de l'école des Garçons. Cet état de choses s'est maintenu jusqu'à l'achèvement de l'hôtel de ville.

Cet hôtel de ville, qui contient la justice de Paix, et dont les sous-sols sont aménagés pour remiser les quatre pompes à incendie de Périers, a été bâti en 1875, sur l'emplacement de l'ancien couvent ou école des Filles. Il a été construit d'après les dessins de Monsieur Desheulles, enfant de Périers, et architecte à Coutances.

Rues.

Les morts vont vite, dit une vieille ballade allemande: les vieilles rues, les vieux édifices s'évanouissent aussi avec rapidité. Périers avec ses différents quartiers rajeunis s'est métamorphosé. Les enfants ne peuvent plus reconnaître aujourd'hui à Périers plusieurs des rues où naquirent leurs pères. Il y avait à Périers, au XIV° siècle, la grande rue, nous en avons la preuve dans une transaction passée, le 10 octobre 1381, entre Richard Condren, chevalier, et Raoul Le Petit Lesney, relativement à une maison située dans cette rue (1). Elle est distincte de ce que l'on appelle aujourd'hui la

---

(1) Cherin, vol. 58, v. mot *Condren*. Cabinet des Titres.

grande rue, qui se nommait rue du Neufbourg au XVII° siècle. A la fin du XVIII° siècle on comptait les rues du Clos-Torel, du Clos-Rouen, du Neuf-Bourg, du Vieux-Bourg, du Brument, de Carentan, de St-Lô, de Pont-l'abbé, de Basmaresq, des Forges. Plusieurs de ces noms ont disparu, et l'on ne connait plus maintenant à Périers que les rues de St-Lô, de Pont-l'abbé, de Carentan, la Grande Rue, la rue Neuve, la rue des Forges, la rue du Clos-Torel et la rue de la Halle. On connaissait à l'époque de la révolution les villages de la Berlanderie, de Carentan, de la Beauptoisserie, de Basmaresq, de Lande-Pourrie, des Cinq-Etrilles, des Grandes Mares, de la Bouvière, de la Huche, de Manne, du Pont-Joliment, des Duloques, de la Torque-Planque, de la Renauderie, de la Bailliacherie, des Milleries, de Gruchy, des Perruques, de la Perrelle.

Dans les beaux jours de l'été, il passe à Périers par la rue du Pont-l'abbé, qui est le prolongement de la route départementale de St-Lô à Lessay, jusqu'à 2.000 voitures en vingt-quatres heures. Ces voitures sont destinées uniquement à transporter les engrais de mer ou la tangue de Lessay. Du sommet de la tour de Périers on aperçoit au nord-ouest la mer ou plutôt le Hàvre de Lessay. Cette partie du littoral visitée journellement par les eaux de la mer forme des grèves que les habitants du voisinage et même ceux des cantons assez éloignés ont su mettre à profit de temps immémorial. Jadis on faisait du sel, maintenant on utilise ces sables ou *tangues* pour l'amélioration des terres labourables. Les quatre routes qui se croisent à l'abside de l'Eglise de Périers sont couvertes, nuit et jour en été, de voitures qui transportent ces sables parfois à des distances relativement considérables. L'agriculteur se sert avantageusement de ces sables dans tout le département de la Manche à l'effet de mettre les terres en plus grande valeur. On tire au moins 100.000 voitures de tangue des grèves dans ce seul département; et le cultivateur se trouve dédommagé de ses peines et de ses frais de transport en recueillant les fruits de ses travaux. Le hâvre de Lessay est le meilleur et le plus abondant de la Manche; il est aussi d'un facile accès surtout du côté de la Haye-du-Puits et de Périers; la rue de St-Lô dans cette dernière localité voit passer des voitures qui viennent à Lessay de 7 à

8 lieues de distance. Une voiture de la langue de Lessay en vaut quatre de celle des Veys.

Ce qui explique cette différence, c'est la faiblesse des rivières qui forment les hâvres de Lessay et de Portbail. Sous le premier empire une compagnie de Paris voulut entreprendre de fermer le hâvre de Lessay. Le bruit de ce projet jeta l'alarme dans tout le pays, tant sont grands les avantages que cet engrais procure au cultivateur. Aussi Monsieur Costaz, alors préfet de la Manche, s'empressa-t-il de calmer l'agitation des campagnes en leur donnant l'assurance que ces richesses, ressources de l'agriculture, leur seraient conservées.

Le village du Pont-Joliment est mentionné dès le XVI° siècle, car nous lisons que le sire Guillaume de Gouberville se rendit de Valognes à Coutances le 9 janvier 1562 pour la *monstre* des gentilshommes qui se tint à l'évesché. « Nous atteignismes Monsieur de Fermanville au Plessis. Nous fusmes ensemble jusques à Coutances. Pour notre reppeue et de nos chevauls au Pont-Joliman pour ma part, 8 solds. Nous arrivasmes à Coutances à soleil couché et logeasmes aux Troys Roys » (1).

La montre du ban à laquelle se rendait le sire de Gouberville en compagnie du Seigneur de Fermanville était la convocation que le roi faisait de la noblesse pour le servir à la guerre, ou dans l'intérieur du pays. Car il faut bien qu'on le sache, c'était alors un privilège de cette vieille noblesse d'être née et conservée au monde pour aller quand on l'appelait se faire casser bras et jambes pour défendre son roi, nos antiques institutions et le sol de la patrie.

Deux villages de Périers nommés, l'un la Baillehacherie et l'autre la Regnaulderie, indiquent aussi l'ancienneté de plusieurs familles. Un Regnault, un Baillehache auront eu l'un et l'autre une habitation; leurs enfants se seront groupés à l'entour et auront formé l'un la Regnaulderie, l'autre la Baillehacherie, qui seront devenus des hameaux. Quand on étudie l'histoire des paroisses, on voit souvent l'individu fonder la maison, la famille donner

---

(1) Abbé Tollemer. — Journal manuscrit d'un sire de Gouberville, 2 édit; 1880, p. 591.

naissance au hameau, au village, qui ensuite est devenu la paroisse.

En 1841, Monsieur Flambard évaluait à 2,851 le nombre de ses paroissiens. En 1866, la population de Périers était de 2.794 habitants et le principal de ses contributions s'élevait à 26.262 fr.

Établissements communaux.

Le bourg, parfaitement administré depuis longtemps, a reçu des embellissements tels qu'il mérite bien le nom de ville. Tous ses bâtiments publics sont terminés, ses places sont spacieuses, ses rues bien pavées. La ville possède trois belles halles, l'une destinée aux grains et les deux autres aux viandes et au poisson. Le territoire rural de la commune est d'une grande fertilité. Il est surtout composé d'herbages dont quelques-uns peuvent engraisser les bestiaux. Le bœuf gras le plus lourd qui ait jamais fait la promenade annuelle dans Paris était né et avait été en partie engraissé à Périers. Il pesait plus de 2.000 kilog. Il avait été nommé le Père Goriot.

Foires.

Il y a cinq foires à Périers : celle de St-Sébastien, de la Mi-Carême, de la veille de Pâques, de la veille de la Pentecôte et de la Saint-Pierre.

La foire St-Sébastien est de toutes la plus ancienne : elle existait dès le XIIe siècle. Elle se tenait à l'origine à St-Sébastien-de-Raids et l'on comptait à dater du terme de cette foire à l'échiquier de Normandie (1), ce qui suppose une foire considérable et d'une certaine célébrité dans toute la région Normande. Cette foire durait trois jours et commençait le 20 janvier. L'annuaire de la Manche, en 1833, attribue encore une durée de trois jours à la foire St-Sébastien de Périers (p. 123). Elle dut être transférée à Périers vers le commencement du XIIIe siècle à l'époque où le marché d'Aubigny y fut lui-même transporté.

(1) Ann. de la Manche, 1850. p. 547.

Les autres foires ne sont que d'un jour. Celle de la mi-Carême se tient le quatrième samedi qui suit les Cendres, elle est immémoriale ainsi que celles de la veille de Pâques et de la veille de la Pentecôte. Quant à la foire St-Pierre, qui se tient le samedi avant la fête du saint Apôtre, elle est d'institution récente. La foire du 20 janvier a toujours été très forte : il s'y vend beaucoup de grains et de bestiaux, ainsi que du beurre, que les marchands d'Isigny expédient à Paris. On fait le même commerce dans les autres foires de l'année.

Férage.

Avant 1792, l'ancien champ de foire aux bestiaux se trouvait au bas de la rue de Carentan, dans une grande cour située en face du chemin dit le *Bas-Chemin*. Cette cour appartenait en partie à une famille Bézard qu'on appelait pour cette raison, Bézard du Férage. Après la suppression du cimetière qui entourait l'Eglise, la place située au sud de cet édifice devint le champ de foire destiné aux bestiaux. Mais vers 1820, la commune acheta et établit le champ de foire actuel, en disposant sur tout son périmètre une double rangée d'ormes formant une espèce de boulevard. Ce marché aux bestiaux s'étend de la Grande rue à la rue de St-Lô.

Halles.

Avant la construction de la halle aux grains, on vendait le blé, à Périers, sur la principale place, dans la partie de cette place qui se trouve comprise entre la rue de la Halle et la rue de Carentan. C'est en 1841 et 1842 que la localité se donna la belle halle aux grains que l'on voit aujourd'hui. Elle est sans contredit l'une des plus belles du département de la Manche. François Lelorey, originaire de St-Clair (Manche), vint s'établir à Périers pour construire cet édifice, en qualité d'entrepreneur. Les plans et les dessins sont de Monsieur Queillé, architecte à St-Lô. Les deux rues qui conduisent à la halle aux grains datent de la même époque ; l'une part de la Place principale et s'appelle la rue de la Halle et l'autre qui part de la rue de St-Lô n'a pas de désignation particulière. L'ancienne halle à viande était autrefois à l'emplacement où s'élève aujourd'hui l'école des filles. Cette halle consistait en une cour en forme de rectangle, entourée de grands murs auxquels étaient adossés des hangars, couverts en grosses ardoises du pays. Chaque boucher avait son étal sous ces hangars. Cette halle avait été établie par l'abbaye de St-Taurin d'Evreux, vers le XVII° siècle, entre le prieuré bénédictin ou moinerie qui desservit longtemps la paroisse et la maison de Monsieur Lescaudey de Maneville. Mais Périers a voulu avoir une halle à viande ou boucherie digne de la halle aux grains. Le même entrepreneur, François Lelorey s'est chargé de la construction, en 1859 et 1860, sur l'emplacement de l'ancien presbytère et de ses dépendances. L'entrepreneur travaillait sous la direction et sur les plans de Monsieur Queillé, architecte à St-Lô. L'administration qui conçut et réalisa ce projet n'eut qu'un tort, celui de choisir le voisinage immédiat de l'Eglise. Ce qui avait le double inconvénient de masquer le portail de cette Eglise, et d'en rendre à tout jamais impossible le prolongement par la construction d'une nouvelle travée et d'un porché digne de l'édifice.

Le Pont-l'Abbé ne fut construit qu'en 1838. Auparavant il n'y avait pour les piétons qu'un ponceau de pierre longeant les maisons vers le nord ; et avant 1800, le luxe des habitants ne s'était pas élevé si haut ; ils s'étaient contentés jusque-là d'une planche, avec porte-main, placée au même endroit. Faut-il attribuer le nom de la *rue du Pont-l'Abbé* à l'existence d'un pont bâti anciennement par les abbés de St-Taurin d'Evreux sur la Hollecrotte ? Aucun document ne permet de l'affirmer. La légende de la Vraie Croix que nous donnons ailleurs semble établir positivement le contraire. Il en était de même à la rue de la Pierre-Brunot. Il n'y avait pour passer la rivière qu'une pierre ou dalle en granit. Le pont de cette rue qui conduit de la rue de Carentan à la Beauptoiserie a été fait vers 1855.

En 1830, la principale place de Périers subit une amélioration sensible par la démolition de plusieurs maisons qui occupaient l'emplacement où l'on voit actuellement des chaînes. A cette époque, toutes les maisons du bourg étaient couvertes en chaume. La plupart des établissements communaux et quelques rares maisons particulières étaient seuls couverts en ardoises. Mais depuis par la suite d'incendies qui dévorèrent plusieurs quartiers en 1849, 1850, 1854, 1859, 1865 et 1886, de nouvelles constructions se sont élevées, et une ordonnance de police, rendue en 1814, a défendu les toits de chaume pour toutes les habitations situées dans l'intérieur du bourg. Tous ces embellissements successifs, joints à l'inauguration du chemin de fer de Coutances à Sottevast faite en 1881, ont donné à Périers un aspect qui le fait ressembler beaucoup plus à une ville qu'à une bourgade.

C'est à Périers peut-être qu'on rencontre les plus anciennes familles bourgeoises du pays, et qu'on les voit surtout se maintenir dans une position honorable. Les anciens titres de famille, les actes publics datant de plusieurs siècles nous révèlent ce fait qui caractérise la vie domestique et la douceur de mœurs des habitants. On trouve à Périers, dès la fin du XV° siècle, la famille Rihouet, qui depuis a modifié l'orthographe de son nom qu'alors on trouve écrit Rihoys.

Famille de Piennes.

La famille Avril, établie depuis longtemps à Périers où elle avait le patronage de la chapelle St-Jacques, figure dès l'année 1458. Plusieurs de ses membres ont été ou Conseillers du Roi, ou Présidents de l'élection de Carentan. Jacques Hervé-Avril, sieur des Drouries, fut procureur du Roi à l'amirauté de Carentan et d'Isigny et bailli de Blosville. Son fils, Monsieur Avril, a pendant plus de 40 ans rempli à Périers les fonctions de Juges de Paix. Sa fille a épousé Monsieur Louis Henri d'Halvin, marquis de Piennes dont la famille a contracté des alliances avec les plus anciennes et les plus grandes familles de France (1).

La famille de Piennes porte : *non pas d'or à trois lions de gueu-*

---

(1) Annuaire de Manche 1854. 1ᵉʳ partie p. 65.

les, mais d'argent à trois lions de sable, armés, lampassés et couronnés d'or.

Un marquis de Piennes est cité avec honneur parmi les héros qui se sont signalés à Coutras sous Henri IV (1). On trouve dans les XVII° et XVIII° siècles à la Neurdraquière : — Suzanne de Piennes. Elle épousa Messire Jacques Potier, écuyer, seigneur de Leville.

Thomas-Henri d'Halvin de Piennes, chevalier.

Michel de Piennes.

Antoine de Piennes, fils de Michel.

Claude Bonaventure d'Halvin, marquis de Piennes, de la Neurdraquière. Il était fils d'Antoine de Piennes et il épousa Marie Jeanne Louis de Collardin.

Thomas Henri d'Halvin, marquis de Piennes, épousa Victoire Charlotte Hue de Naufras.

Le 23 août 1793, le dictrict de Coutances ordonna l'arrestation de Thomas Henri d'Halvin de Piennes comme suspect. Il fut plus tard un des membres de la fournée envoyée de Coutances au tribunal révolutionnaire de Paris par le farouche Le Carpentier (en Nessidor an II). Dix-neuf victimes de cette fournée furent condamnées à mort le 3 thermidor suivant.

Thomas Henri d'Halvin de Piennes eut le bonheur de se voir acquitté par ce tribunal de sang. Mais après son incarcération les scellés avaient été mis sur son mobilier par la municipalité de la Neurdraquière. Elle en avait confié la garde au sieur Julien Navet, fermier du détenu, qui habitait la même maison que les domestiques du Marquis de Piennes savoir : Nicolas Legallet, Marie Leriche et Madeleine Letourneur. Le mobilier était sous les scellés, quand le feu se déclara dans l'habitation de leur maître. L'incendie provenait d'une des personnes de la maison, qui avait espéré, à la faveur du feu, briser les scellés et s'attribuer une partie du mobilier qu'on retrouva en effet dispersé et caché dans plusieurs endroits du manoir seigneurial.

La fille Leriche ne put nier sa culpabilité. Pressée par les questions des juges, elle ne trouva pas de meilleure réponse que de se

(1) Revue des Questions Historiques ; dix-neuvième année, p. 252.

poignarder sous leurs yeux. Les autres inculpés furent relâchés par l'accusateur public et finirent par se disculper de l'incrimination de bris des scellés (1).

Thomas Henri d'Halvin de Piennes eut plusieurs fils, dont l'un Henri Victor, marquis de Piennes, épousa Mademoiselle Avril. De ce mariage vint: Eugène Emmanuel, marquis de Piennes, ancien maire de Périers, député et Conseiller Général de la Manche et Chambellan de l'Impératrice Eugénie, femme de Napoléon III.

De Maneville.

Louis Lescaudey, Seigneur de Maison-Neuve, Conseiller du Roi au bailliage de Périers, épousa Demoiselle Anne Françoise Lemaistre, de Coutances.

Louis Charles Guillaume Lescaudey, fils posthume du précédent, naquit à Périers le 22 juin 1745. Sous le nom de sieur de Maneval, il est en 1772 Conseiller du Roi, bailli de longue robe, lieutenant-général de Périers. Il était encore fils mineur de feu Louis Lescaudey de Maison-Neuve et de dame Anne Françoise Lemaistre quand il épousa à Sully, le 24 juin 1772, Marie Anne Bénédicte Hue de Sully, fille mineure de Monsieur Victor Honoré Jean Baptiste Hue, Seigneur de Sully et de dame Jeanne Catherine Bénédicte Le Paton de Royville de Bayeux. A ce mariage assistaient Dame Anne Françoise Lemaistre, mère dudit époux, le Seigneur et la Dame de Sully, Pierre Hue Sieur de la Roque, Pierre Basnage, Ecuyer, la Dame de Royville-le-Paton et mademoiselle de Royville, Auvoye Bénédicte Sophie de Sully et Armand Henri Victor, chevalier de Sully. Le 15 juillet 1783, Louis Charles Guillaume Lescaudey de Maneval assistait à la prise d'habit de demoiselle Henriette Marie Anne Madeleine de Grimouville, âgée de 20 ans, sa parente. La Cérémonie eut lieu dans la Communauté des sœurs de la Congrégation de Notre-Dame, à Carentan, et fut présidée par l'abbé de Grimouville, vicaire général de Châlons-sur-Marne, au nom de Mgr de Talaru, Evêque de Coutances. Le sieur de Ma-

---

(1) Sarot, Des tribunaux répressifs de la Manche, t. IV, p. 232.

neval signa l'acte de cette vêture avant le grand vicaire, sans doute, comme plus proche parent de la religieuse. Cette sœur avait, pris le nom de Victoire du Saint Nom de Marie. Messire Louis Charles Guillaume Lescaudey de Maneval mourut le 7 brumaire an XIII. (1804). — De son mariage avec Marie Anne Bénédicte de Sully sont issus :

1° Casimir Honoré Louis Lescaudey, né à Périers le 11 mai 1773. Créé chevalier de Maneval, en 1810, major au 105° régiment de ligne, officier de la Légion d'honneur, Casimir Honoré Louis Lescaudey fut tué glorieusement à la tête de son régiment en Espagne le 15 octobre 1812. Il avait épousé à Neuf-Brisach une demoiselle de la maison de Wimpffen.

2° Pierre Guillaume César Lescaudey, né à Périers le 17 juillet 1776. Il épousa le 7 novembre 1804, à l'âge de 28 ans, demoiselle Eugénie-Marie Florence Nigault, âgée de 21 ans, née à Périers, fille de Florent Nigault, docteur en médecine et maire de Périers, et de dame Marie Anne Jeanne Françoise Mauviot. Ce mariage se fit à Périers en présence du père de l'épouse alors âgé de 52 ans, et de Pierre Nigault de Lécange, âgé de 56 ans, chanoine, oncle de l'épouse du coté paternel, domicilié à St Sauveur-le-Vicomte.

De ce mariage est issu le 19 septembre 1805:

LÉON LESCAUDEY DE MANEVILLE.

Il épousa mademoiselle Marie Nathalie Brohon, fille du baron Paul Bernard Brohon, maire de Bréhal.

De ce mariage sont nés :

1° Mademoiselle CÉLINE MARIE de Maneville, épouse de Monsieur le Brun de Blon.

2° Monsieur FERDINAND DE MANEVILLE, qui a épousé Mademoiselle Marie-Françoise Pauline de Cussy.

3° MARCEL DE MANEVILLE qui a épousé Mademoiselle Marie-Françoise Clara de Mesenge.

Armes des Lescaudey de Maneval : *de gueules à l'épée haute en pal d'argent accolée d'une branche de laurier de sinople adextrée et senestrée d'une grenade d'or, à l'orle d'argent, bordure de gueules, au tiers de l'écu.*

Armes Le Brun de Blon : *coupé d'or et de gueules au lion de l'un en l'autre.* (1).

Depuis plusieurs siècles on trouve des familles du nom de Baillehache et du nom de Regnault, établies à Périers.

Regnault.

La famille Regnault s'est alliée aux Goueslard de Champigny, et aux Michel de Monthuchon. Jacques Regnault épousa, en 1676, Catherine Jourdain, dont la famille anoblie en 1555, dans la personne de Jehan Jourdain, seigneur de St-Germain d'Ectot, fut maintenue noble en 1666 et portait : *d'argent à la bande d'azur, chargée de trois sautoirs d'argent et cotoyée de deux tourteaux d'azur.*

Un membre de cette famille fut sénéchal de la Baronnie de Périers, conseiller, avocat du Roi au bailliage de St-Sauveur-Lendelin. Son fils, Jacques Bonaventure Alexandre Regnault, sieur de Prémesnil, après avoir été lieutenant de la garde côte de Regneville, devint conseiller du Roi au bailliage et siège présidial du Cotentin.

Un de ses petits fils, Monsieur Charles Regnault, colonel du génie, directeur des fortifications à Cherbourg, a pris une part glorieuse au siège de Rome en 1849. A l'occasion de sa nomination aux fonctions de Directeur des fortifications, on lit dans un journal du mois de juin 1855 « Parmi les promotions qui ont figuré au
« Moniteur nous avons remarqué celle qui concerne Monsieur
« Regnault ancien capitaine du génie à Granville, commandant
« supérieur du génie en Italie. Cet officier distingué compte les
« plus honorables services ; il a séjourné pendant 10 ans en Afri-
« que et il a pris part aux importantes opérations militaires qui
« ont assuré notre domination sur cette belle colonie ; Monsieur
« Regnault assistait au siège de Rome où il faillit être tué à l'atta-
« que du bastion de St-Pancrace ; depuis lors, il n'a pas quitté
« l'Italie. Son fils aîné, tout jeune encore et qui, nous l'espérons

---

(1) De Pontaument, Histoire de la ville de Carentan, Election de Carentan, p. 53.

« marchera sur les traces de son père, sert en ce moment en
« qualité d'aspirant de marine dans une des batteries françaises
« sous les murs de Sébastopol. »

Un autre de ses petits fils, M. Marcel Regnault du Prémesnil, vérificateur de l'enregistrement à Coutances, s'est allié à la famille Forget, dont l'un des membres, Jean Forget, fut président à mortier au parlement de Paris. Pierre Forget, sieur de Fresne, frère de Jean, nommé secrétaire d'Etat en 1589, fut plus tard rédacteur du fameux Edit de Nantes. Il servit Henri IV avec autant de zèle que de succès, et mourut du chagrin que lui causa la mort de son Roi. Il aimait les lettres et les sciences, et il se montra le zélé protecteur des savants. Ces deux frères étaient fils de Pierre Forget, seigneur de Martée et de la Branchoire, qui avait épousé Françoise de Fortia.

Monsieur Gustave Regnault, ancien Maire de Périers et conseiller général, appartenait à cette famille. Il a eu deux fils: Gustave et Alfred. L'aîné mourut à la fleur de l'âge, en 1857; le cadet, Alfred Regnault, est maire de Périers, conseiller général de la Manche et ancien député. Monsieur Regnault fut élu représentant du département de la Manche aux élections générales du 8 février 1871. Il se représenta à celles de février 1876, mais les électeurs de la 2ᵉ circonscription de l'arrondissement de Coutances envoyèrent à la Chambre son concurrent conservateur, Monsieur Gaslonde. Celui-ci l'emporta par 5.891 suffrages contre 5.421 obtenus par le maire de Périers.

La noblesse de Périers au commencement du XIXᵉ siècle comptait un certain nombre de familles:

La famille d'Aigremont, originaire d'Auxais, alliée à la famille de St-Julien;

La famille d'Authelande.

Le 3 juillet 1801 on trouve à Périers Monsieur François Alexandre de Chantepie de Fontenay.

Monsieur René de la Cotte était suppléant du Juge de paix à Périers en 1801.

Monsieur Alexis René d'Auxais, fils majeur de feu François Alexis d'Auxais et de Anne Françoise Avril, épousait en l'an XI de la

République (1802), Adélaïde Macé, fille majeure de feu François Bonaventure Macé et de feue Marie-Thérèse Charlotte Andrée de Bois-André, de Périers.

La même année voit inhumer à Périers Suzanne Françoise de Gallonde de la Bottelière, veuve de Jacques Gardie.

Monsieur Le Forestier de St-Malo habitait Périers à la même époque.

Madame de Coudren s'y trouvait aussi.

Enfin nous rencontrons à Périers, où ils ont leur domicile en 1802, les époux de Launoy et Marie Françoise Dizay de la Rivière.

Nous venons de parler de la famille Lescaudey de Maneval.

En 1833, Madame Marie Jeanne Kadot de Sebeville, veuve de M. Paing, ancien procureur du Roi au bailliage de Périers, était marraine de l'une des cloches de l'Eglise et habitait la paroisse.

Les Juges de Paix du canton de Périers ont été :

MM. Avril, de 1803 à 1847.
Bailhache de 1848 à 1862,
Michau, de 1862 à 1875.
Le Crosnier, ancien notaire, de 1875.
et Jacques Lecomte, nommé en 1880.

Les maires de Périers ont été dans le XIX° siècle :

MM. Florent Nigault de Surouve, docteur en médecine.
Jean Desrez, ancien commissaire des finances.
Pierre Leclerc de la Harisière.
Gustave Regnault, docteur en médecine, conseiller général du département
Léon Lescaudey de Maneville.
Le Marquis d'Halvin de Piennes, ancien député, conseiller général et chambellan de l'Impératrice Eugénie.
Albert Le Brun de Blon.
et M. Alfred Regnault, ancien député, conseiller général.

Elections législatives.

Monsieur Rihouet était référendaire de 2ᵉ Classe à la cour des Comptes lorsque les électeurs de Périers jetèrent les yeux sur lui pour les représenter à la Chambre des députés. Ce jour-là, ils étaient fiers d'avoir trouvé parmi les enfants de la localité un homme capable de remplir leur mandat. Tout le monde se crut député, à Périers, jusqu'au clerc unique de M. Vibet, huissier.

Passage de Charles X à Carentan.

La garde nationale de Périers se joignit à celle de Carentan pour maintenir l'ordre au passage de Charles X à Carentan, quand il partit pour l'exil. Le roi, accompagné de la famille royale et du maréchal Marmont, avait pris route par Vire, Torigny, St-Lô et St-Jean-de-Daye. Quand Il arriva à Carentan, toutes les gardes nationales des environs étaient réunies sous le commandement du général Hulot, chargé d'assurer l'ordre en Normandie. Monsieur de la Pommeraie, député influent du pays, avait appris que des menaces avaient été proférées contre les gardes du corps et que l'on voulait enlever Charles X, et le conduire au plus vite à Cherbourg. Le député se rendit aussitôt à Carentan, et après de longs efforts, il obtint des gardes nationaux étrangers à la localité, qu'ils laisseraient le passage libre au Roi et qu'ils regagneraient ensuite leurs foyers. Mais toute difficulté n'était pas vaincue. Les gardes nationaux de Carentan ne consentaient à ouvrir les portes de leur ville qu'à condition de voir l'escorte du vieux roi déposer la cocarde blanche. On soumit à Charles X cette prétention des habitants de Carentan. « Mes gardes, répondit-il résolument, ne peuvent porter d'autre cocarde que la mienne, et jamais, non, jamais, je ne prendrai la cocarde tricolore! » On promit que les gardes du corps quitteraient la cocarde blanche aussitôt après l'embarquement du roi à Cherbourg pour le point de l'Angleterre qu'il désignerait. La milice bourgeoise de Carentan et de Périers permit alors le passage sous ces conditions. Ce fut le 13 août 1830 que le roi traversa Carentan en carrosse, sans s'y arrêter. Il était environ midi. Les gardes nationaux formaient la haie; tous les visages respiraient l'irritation. Un moment le Roi parut inquiet. Le duc de Bordeaux et sa sœur accoutumés aux revues, et ne voyant dans ces hommes armés que des troupes réunies pour rendre les honneurs militaires à leur aïeul, leur adressaient des gestes caressants et des sourires, comme ils avaient l'habitude de faire à Paris ou à St-Cloud, quand ils voyaient défiler les troupes devant le roi et la famille royale.

Marie-Bossy.

Les sentiments légitimistes de la population se firent jour en 1832. *Le journal de la Normandie* avait ouvert une souscription nationale en faveur de Marie Bossy. La noble fille, servante de Mademoiselle Duquiny, avait méprisé l'offre de 40.000 fr. et les menaces les plus effrayantes, pour ne pas trahir la duchesse de Berry, mère de Henri V, qu'on appelait alors « Henri Dieu-donné. »

La police avait arrêté l'humble fille et l'avait internée au Chateau-fort. Le délégué Gisquet la voyant intrépide dépose menaces et sabres, il apporte l'or de Monsieur Thiers aux pieds de Marie. Le 17 novembre 1832 *le journal de la Normandie* écrivait : On lui a dit :
« Tout est à toi, » ou plutôt « Tout est à vous » car il y a des vertus
« que la police même n'ose pas tutoyer. Elle a écrasé Monsieur
« Thiers d'un regard. Qu'il était petit tendant son or à cette héroï-
« que servante ! Qu'elle était grande, elle ! Pauvre et noble Bre-
« tonne ! Ainsi tout le génie de Monsieur Thiers a été écrasé sous
« le sabot de la servante bretonne. Elle n'a pas voulu vendre sa
« maîtresse et a fait acte de française et d'héroïne. »

La souscription avait pour but de constituer une dot à Marie Bossy. Périers eut sa part de souscripteurs. Leur concours est plus précieux par le sentiment qui l'a inspiré que par le montant de la somme obtenue. Voici les personnes qui adhérèrent à la manifestation royaliste et le total de leur modeste offrande :

Souscription pour Marie Bossy. — Périers (Manche)

Madame LACHAPELLE; Monsieur MOREL; Madame L.M.; Une dame; Mademoiselle PAULINE MASSÉ; Mademoiselle ADÉLAÏDE REGNAULT; Madame L.; FRANÇOISE, cuisinière; Monsieur RIHOUET: Monsieur P.; Madame DUSAUSSEY; Une Légitimiste; Monsieur MASSÉ; Monsieur V. LEMAZURIER: Une Dame; Une Dame Légitimiste; Une Demoiselle Royaliste, MICHEL REGNAULT et sa femme; Un anonyme; Monsieur CHARLES HERVIEU; Madame VIEILLARD; Trois personnes; Mademoiselle LECAMU; CH. LECAMU; Mademoiselle LECAMU; M. F. M. B; Madame TÉRÈSE de Gaslon; Mademoiselle PAULINE, cuisinière; Mademoiselle JEANNE JULIENNE, cuisinière,

Total pour Périers : 30 personnes.

Montant de la somme ; 20 fr. 45 cent.

Périers est représenté dans une autre Souscription pour le même objet : Madame MOREL jeune, et SOPHIE sa fille ; Monsieur POIGNAVANT; RENAUD; une veuve Légitimiste et ses deux demoiselles ROSALIE et ADÈLE; Madame veuve LEMASURIER et sa fille MARIE; Monsieur LEMASURIER; Madame DUGENESTEL, CHARLES son fils, MARIE et LOUISE ses filles ; Un royaliste pauvre.

Total : 14 personnes ; 5 fr. 50 cent.

Le mandat de Monsieur Rihouet ne fut pas renouvelé aux élections législatives de 1834. Un électeur de Bolleville dont les initiales sont L. C. composa le 5 juillet 1834 un article que le journal *La Vérité* du 11 juillet fit paraître sous ce titre : « Oraison funèbre d'un mort et d'un autre qui a failli mourir » L'auteur de l'article applaudit à l'échec de l'ancien député de Périers. Ce dernier avait eu le tort aux yeux des électeurs de paraître comme Candidat ministériel ; ils lui préférèrent Monsieur Avril, juge de paix du canton. Le candidat «qui avait failli mourir » était le docteur Dudouyt, de Coutances ; les électeurs l'accusaient de garder le silence à la chambre. Il eût échoué comme Monsieur Rihouet si, par une manœuvre dont il fut tout à la fois l'agent et la dupe, le Général Bonnemains n'était venu scinder la majorité. Monsieur Rihouet put se consoler de son insuccès. Si la fortune le trahissait en politique, elle se montrait favorable à sa carrière, car un an seulement après son échec, il devenait, en 1836, conseiller référendaire de 1re classe à la cour des Comptes. Et trois ans après Monsieur Avril allait lui abandonner le champ électoral. Il allait être député de 1837 à 1846. On sait que la liste des électeurs pour 1836 était établie d'après le cens.

Voici celle des électeurs de Périers, établie d'après le nouveau mode profondément restrictif du suffrage universel :

Avril Jacques, juge de paix, député.................	747 64
Bailhache Norbert, marchand épicier..........	747 63
Beauquesne Jean Jacques, gendarme..............	251 03
Cautionnard Hyacinte, propriétaire	242 69
Dolley Jean, docteur médecin....................	205 41
D'halvin de Piennes, propriétaire................	350 96
Duclouet Jean François, propriétaire..............	309 96
Duprey Eustache, ancien notaire.................	855 59
Gislot Bordemer, employé des contributions indirectes..	366 15
Groualle Louis Victor, marchand.................	369 09
Guayrin Longueval, propriétaire.................	228 51
Guenier Jacques, propriétaire....................	1047 89
Journeaux Charlemagne, épicier..................	218 58
Launay Jean Baptiste, marchand..................	343 48
Le Bellier Pierre François, ex-huissier...........	250 52
Leclerc de la Harisière Pierre, maire............	790 29
Lecomte Jacques, cultivateur.....................	962 78
Lemoine Jean Désiré, pharmacien.................	290 75
Lepreux François, propriétaire...................	237 43
Le Rendu Louis Victor, notaire...................	262 63
Lescaudey Maneville, propriétaire...............	560 47
Lescaudey Maneville Léon, propriétaire..........	224 41
Mahier Charles Valentin, marchand de bestiaux....	465 11
Mahier Bonaventure, cultivateur.................	237 55
Mahier Isidore, aubergiste.......................	237 31
Marie François, cultivateur......................	352 52

Pauger Jean-François, pharmacien...............	303 97
Regnault Gustave, médecin....................	579 31
Rihouet François, cultivateur..................	210 65
Rihouet Jean, cultivateur.....................	279 56
Rihouet Jacques Etienne, contrôleur des vivres de la marine à Cherbourg........................	1704 60
Rivière Jacques, marchand mercier.............	482 84
Robin Prévalée Jean Baptiste Léonard, docteur médecin	1051 56
Robin du Genestel Léonard, avocat.............	1910 05
Thomas Pierre, cultivateur.....................	371 45
Vaultier Léonard, propriétaire..................	465 07
Vibet Pierre Léonard, huissier..................	225 53
Vieillard Jacques, docteur médecin..............	555 72

La révolution de 1848 fut signalée à Périers par la plantation et la bénédiction de l'arbre de la liberté. L'arbre choisi était un peuplier qui avait grandi dans la propriété de Monsieur de Maneville sur des terrains acquis depuis pour l'établissement de l'orphelinat. La bénédiction se fit un dimanche de juin 1848. Une partie seulement de la garde nationale de Périers était équipée et armée; celles du canton n'avaient d'autres armes que des bâtons; elles étaient escortées par la musique de la garde nationale de Coutances. La messe fut célébrée par Monsieur l'abbé Le Rosey, des Milleries, vicaire des Moitier d'Allaume (1). Le clergé paroissial vint processionellement avec les autorités municipales procéder à la bénédiction de l'arbre de la liberté. Elle fut faite par Monsieur Bitouzé, curé-doyen, qui prononça une allocution de circonstance. La cérémonie fut suivie d'un banquet de 2.000 couverts environ. La souscription avait été fixée à 2 fr. par tête, et les tables furent dressées dans la halle aux grains.

Lecoq.

En 1857 mourait à Périers une femme vouée au mépris public,

(1) Monsieur Le Rosey est mort à Périers peu de temps après avoir résigné les fonctions de curé de Laulne.

C'était la femme Lecoq. Le sang d'un martyr criait vengeance contre elle. L'abbé Jean François Eliard, de Varenguebec, avait refusé de prêter le serment constitutionnel. Après s'être retiré avec l'abbé Fautrat, curé de la Haye-du-Puits, et l'abbé Toulorge, à Jersey, il était rentré en France. Il avait besoin de se dévouer aux âmes qui réclamaient son ministère. Il exerçait ce ministère en secret dans la paroisse de Varenguebec. Poursuivi sans jamais être arrêté, il avait amassé contre lui des colères implacables. Sa tête fut mise à prix. Le capitaine de la garde mobile de la Haye-du-Puits chargea sa fille de le découvrir. La misérable, feignant de vouloir se confesser, demanda à voir le saint prêtre. Elle eut un court entretien avec lui. Pendant ce temps trois assassins étaient apostés sur la route. En les rejoignant elle leur fit un signe affirmatif. C'étoit le signal de la mort pour le vénérable prêtre, qui périt sous leurs balles, le 26 mai 1795.

CHAPITRE X

PAROISSE DE PÉRIERS DEPUIS LA RÉVOLUTION

Jean-François Mahieu.

Le premier Curé de Canton de Périers fut Jean François Mahieu. Il prit possession de la cure en 1802.

La Cure avait été érigée d'après le Concordat, le 11 floréal an XI de la République, c'est-à-dire, le 1er mai 1802.

Il eut pour vicaires le sieur Meslin, ancien curé constitutionnel, Le Monnier et Hervieu. En 1803, le nouveau curé-doyen de Périers eut l'heureuse inspiration de faire rédiger en forme le registre des enfants baptisés à Périers pendant la Révolution. Il eut recours aux dépositions des parents et des parrains et marraines encore vivants. Dans un acte du samedi 1er mars 1811, Monsieur Mahieu prenait encore le titre de curé de Périers, il donnait dans cet acte à sa maison le nom tant soit peu archaïque de manoir presbytéral. Le 10 avril 1803 (20 Germinal an XII), Monsieur Hamelin était prêtre sacristain de l'Église de Périers. Les autres prêtres résidant à Périers à cette époque, indépendamment du Clergé paroissial, étaient Jean Philippe Lecoq, Etienne Le Cornu, Charles Mauviot desservant de St-Germain-du-Château, Louis Joseph Desrez. Monsieur Mauviot était originaire de Périers et y signait un acte de baptême en 1802. En 1806 des travaux de restauration étaient urgents dans l'Eglise paroissiale. Monsieur le curé en chargea l'architecte, Charette, de Coutances. C'est ce qu'établit un rapport de cet architecte conservé dans les archives de l'Eglise.

Monsieur Jacques Le Monnier.

Il était encore vicaire de Périers le 1ᵉʳ juillet 1811. C'est le titre qu'il se donne à lui-même dans le corps d'un acte qu'il signe cependant avec le qualificatif de *Curé de Périers.* Sa nomination à la cure date donc du commencement de juillet 1811.

Il fut inhumé, le 27 mai 1817, par Monsieur Briquet, curé de St-Sauveur-Lendelin.

Monsieur Guillaume Flambard.

Un de ses vicaires allait lui succéder. Le choix de l'autorité diocésaine se fixa sur Monsieur Guillaume Flambard, vicaire de Périers depuis le 11 décembre 1811. Dans un acte du 18 juin 1817, il se donne comme « nommé à la cure de Périers. » Homme primitif par sa simplicité, il sut conquérir les sympathies de la paroisse sans avoir aucune de ces qualités brillantes ni de ces talents qu'on admire. Son principal mérite, avec sa piété vraiment sacerdotale, était sa bonne grâce et sa prestance avantageuse, qui le faisaient paraître avec avantage dans les réunions ecclésiastiques. Un des actes de son administration mérite d'être signalé entre les autres. En 1806 Périers n'avait plus qu'une cloche. Les trois autres que comptait le beffroi de sa tour avant la révolution avaient été enlevées. Elles étaient sans doute au nombre des 183 cloches que le district de Carentan avait envoyées à la fonderie de canons établie à St-Lô dans les dépendances de l'ancienne communauté du Bon-Sauveur. Ainsi leur avait-on donné, pour parler le langage de l'époque, une forme plus républicaine.

Bénédiction des cloches.

Monsieur Flambard eut l'heureuse idée de faire cesser le veuvage de son clocher. Il entreprit d'acheter trois cloches et, le 5 mai 1833, eurent lieu la réception, le baptême et le placement de ces cloches, que le sieur Grente de Hambie avait vendues à l'Eglise de Périers le 11 mars 1830.

On commença par peser les cloches. Le poids de la première était de 1284 kilog. 50 gr. Celui de la seconde de 930 kilog. 55 gr. et celui de la troisième de 672 kilog. 75 gr. On avait acquis en même temps six fontaines de même métal, en tout 28 kilogrammes, pour les timbres de l'horloge.

Le placement des nouvelles cloches commença à 8 heures du matin. La cérémonie fut inaugurée par un discours religieux de Monsieur Bricquet, Curé-doyen de St-Sauveur-Lendelin. Avec le talent qui le distinguait, le prédicateur fit sentir la nécessité des cloches pour annoncer les cérémonies de la Religion, leur utilité dans les malheurs comme dans les joies de la société, enfin il dit combien le chrétien doit être sensible à la grande voix de la cloche qui annonce nos naissances, nos mariages et nos morts. Le discours terminé, Monsieur le Doyen de Périers bénit les deux premières cloches, la troisième fut bénite par l'abbé Morel, prêtre, vicaire de Périers. Elles furent nommées la première : Marie Jeanne par Monsieur Jean Desrez, Ancien commissaire des finances et ancien maire de Périers, et par Madame Marie Jeanne Kadot de Sebeville, veuve de Monsieur Paing, procureur du roi au bailliage de Périers.

La seconde reçut le nom de Laurence Bénédicte, qui lui fut donné par Monsieur Jean Benoît Eléonore Robin Prévallée, docteur médecin et président du conseil de fabrique, accompagné de Madame Marie Laurence Leforestier de St-Malo, femme de Monsieur Lepreux, rentier et Marguillier. Enfin la troisième fut appelée Marie Louise Guillemine. Le parrain était Guillaume Flambard, curé-doyen de Périers et la marraine Madame Marie Louise Hervieu, veuve de Monsieur Vieillard la Vauterie. Les parrains et marraines étaient tous domiciliés à Périers. La première cloche était couverte d'une riche aube en batiste et tul brodé, donnée par Madame Paing à l'Eglise de Périers. Cette aube fut attachée par un collier de maroquin rouge, sur lequel étaient fixés 900 francs en or et en argent, offerts par Monsieur Desrez. Le donateur avait déclaré qu'il destinait cette somme au paiement de cette cloche. La deuxième cloche était ornée d'une pièce entière de batiste, don de Monsieur Prévallée et de Madame Lepreux. Cette étoffe était retenue par un collier semblable au premier, sur lequel étaient attachés six cents francs en or et en argent. Le parrain et la marraine destinaient cette somme à solder une partie du prix de la cloche.

La troisième cloche avait pour ornement un coupon de damas de soie donné par Monsieur Vieillard à l'Eglise, et un coupon de batiste offert par Monsieur Le Curé. Un collier analogue aux deux premiers supportait cinq cents francs dus à la générosité des mêmes donateurs.

Après la bénédiction des cloches, on les enleva pour les placer dans la charpente préparée pour les recevoir. L'opération fut conduite par le sieur Pierre Jean, dit La Rochelle, ouvrier mécanicien demeurant à Vaudrimesnil. Un instant après, elles annoncèrent aux fidèles la Grand'Messe, que Monsieur Le Rouge, curé de Créances, chanta en actions de grâces de ce qu'il n'était survenu aucun accident dans leur installation.

Au repas qui fut offert par les parrains, on but à la santé du Roi.

Chagrin domestique.

Les dernières années de la vie de Monsieur Flambard furent empoisonnées par un chagrin domestique des plus cuisants. Son frère, jeune encore, notaire à Périers, déshonora son nom par des manœuvres frauduleuses dans l'exercice de sa charge. Homme capable, mais insouciant et frivole, il tomba dans des fautes qui l'amenèrent sur les bancs de la cour d'assises. Il eut à répondre, le 22 septembre 1837, à vingt chefs d'accusation dont les quatre premiers étaient relatifs à deux lettres de change souscrites par Mauger fils de la fausse signature Mauger père. L'auteur de ces pièces fausses avait fui à l'étranger, mais Flambard, peu de jours avant cette fuite, lui avait remis une partie du montant des billets qu'il savait faux. Il en espérait le montant intégral de la part d'un père qui ne voudrait pas déshonorer son fils.

On lui reprochait encore d'avoir fait donner par Acte notarié une main-levée d'hypothèques à une fille qui attestait ne pas savoir signer et qui protestait contre toute participation à un acte dont elle ignorait l'existence.

Enfin l'accusation reprochait au malheureux notaire d'avoir, dans quinze actes passés devant lui, substitué des dates fausses aux dates véritables.

La défense repoussa les deux premiers chefs qui furent également rejetés par le jury. Mais Flambard fut déclaré coupable sur cinq chefs d'accusation. En conséquence il était condamné, le 24 septembre 1837, avec le bénéfice des circonstances atténuantes, à dix ans de travaux forcés et à l'exposition publique. On conçoit la peine du curé de Périers à cette fatale nouvelle. Il voulut fléchir la Cour et se rendit à Paris pour solliciter la clémence du Roi. Mais vains efforts, Louis-Philippe laissa la justice suivre son cours. Le digne curé vécut dès lors dans un chagrin qui devait briser prématurément son existence.

Il s'opposa de toutes ses forces à l'ouverture de la chapelle de l'hospice. Mgr Robiou lui en avait donné le conseil; mais on changea d'avis à l'évêché : ce qui contraria vivement Monsieur Flambard. Après l'avoir mis en avant, on l'abandonnait (1).

Monsieur Flambard fut secondé dans son ministère par des collaborateurs dont plusieurs sont parvenus à des postes importants dans le diocèse. Monsieur Morel, né à Périers, devint curé-doyen de Montmartin-sur-Mer et chanoine titulaire de l'Eglise cathédrale. Monsieur Hersent, ancien vicaire de Périers au temps de Monsieur Flambard, est mort chanoine honoraire de Coutances. Enfin Monsieur Clément, après un ministère honoré à Périers, devint curé de Vesly, puis doyen d'Octeville et de la Haye-du-Puits.

Alphonse Désiré Bitouzé.

Né à Negreville le 26 décembre 1804, il fut ordonné prêtre le 31 mai 1828. D'abord vicaire à Cherbourg pendant neuf ans, puis chapelain du Bon Sauveur de Pont-l'Abbé pendant dix ans, Monsieur Bitouzé s'était montré dans ces différents postes le prêtre

---

(1) Notes de Monsieur Flambard, août 1844.

pieux et appliqué aux devoirs de la vie sacerdotale, l'homme sage et modéré qui fait honorer son caractère et sa personne par la gravité du maintien, l'urbanité des formes et la parfaite discrétion de langage. Tant de qualités désignaient Monsieur Bitouzé à l'attention de son évêque, qui l'appela le 23 décembre 1847 à la cure de Périers.

Pendant les trente années qu'il conserva l'administration de sa paroisse, le digne curé de Périers a déployé toutes les qualités du pasteur et de l'homme de Dieu. Etranger aux préoccupations des partis qui divisent parfois les esprits, il ne fut attentif qu'à son ministère et au bien de son troupeau. L'Eglise lui a dû bien des transformations. En 1858 il obtint de Rome, par l'entremise de l'honorable Monsieur Delisle, des reliques des apôtres saint Pierre et saint Paul, patrons de la paroisse. La translation de ces reliques se fit avec la solennité digne du précieux trésor que Périers allait désormais posséder dans ses murs. Monsieur Bitouzé fit acquérir pour son presbytère une maison située rue des Forges. Cette maison appartenait jadis à la famille Langevin qui avait occupé au XVIII° siècle à Périers une charge de magistrature. Elle appartenait au moment de l'acquisition aux héritiers Picard Deslongchamps. Cette maison, un peu éloignée de l'Eglise, a, sur l'ancienne demeure presbytérale de la paroisse, le grand avantage de réunir tout le clergé paroissial sous le même toit. L'ancien presbytère, situé près de l'Eglise à l'emplacement de la halle à viande, ne pouvait donner asile qu'au curé seulement.

Une mission, prêchée par cinq ou six missionnaires Eudistes, le P. Coupart, supérieur de la mission, le P. Kervisic, le P. Barbey d'Aurevilly et l'abbé Regnouf, auxiliaire des Eudistes, donna des consolations à Monsieur Bitouzé qui en supporta la dépense. Monseigneur Daniel voulut bien honorer de sa présence la clôture de cette mission et donner la Communion aux hommes. Vers la même époque, une des trois cloches fut refondue et bénite, d'après les rites solennels de l'Eglise et avec la délégation de l'Ordinaire, par le curé-doyen de Périers entouré de son clergé. Enfin un orgue manquait à l'Eglise de Périers. Les anciennes orgues, offertes à la paroisse par la famille du Perron, étaient depuis longtemps hors d'usage, lorsque Monsieur Bitouzé eut la pensée de doter son Eglise d'un bel instrument. L'inauguration solennelle s'en fit sous la présidence de Monseigneur Bravard en 1868. Monsieur l'abbé Germain, alors curé de la cathédrale de Bayeux, fit la prédication avec le talent qu'il avait déjà déployé plusieurs fois dans le diocèse de Coutances et qui devait bientôt lui valoir le siège épiscopal de cette ville. Enfin le zèle de la maison de Dieu dévorait l'âme du digne pasteur; ses forces déclinaient depuis longtemps, des infirmités continuelles l'obligèrent à suspendre le ministère de la parole publique, mais le bon pasteur prêchait par l'exemple. Il entreprit la restauration de son Eglise : les toitures furent refaites. Un grand défaut se remarquait dans l'édifice : le chœur et le sanctuaire étaient beaucoup trop éclairés; Monsieur Bitouzé fit teinter les verrières de l'abside. Au milieu l'on voit la figure du Bon Pasteur ayant à ses côtés Saint Pierre et saint Paul et au dessous les emblèmes de la foi, de l'espérance et de la charité. Les vitraux de chaque côté représentent la famille de Juda. Au moyen de ces vitraux peints, la lumière arrivait plus douce et moins abondante par les grandes verrières de l'abside. Mais restaient de mauvaises fenêtres rondes ouvertes dans les murs du chœur au-dessus des arcades. Monsieur Bitouzé, comprenant que ces ouvertures déshonoraient cette partie de l'Eglise, les fit boucher. On lui doit aussi la création de ces portes qui s'ouvrent à l'extrémité de chaque transept. Peut-être pourrait-on regretter la disparition des autels qui faisaient de l'extrémité de chaque croisée une chapelle au midi et au nord. Cinq autels ne seraient pas de trop dans une Eglise de cette importance. Mais à part ces critiques de détail, les travaux de restauration et de décoration entrepris par Monsieur Bitouzé dans l'Eglise de Périers, lui ont mérité un rang distingué dans la série des curés du lieu.

Le soin de l'édifice matériel ne lui faisait pas perdre de vue les temples spirituels, c'est-à-dire les âmes confiées à sa sollicitude pastorale. En 1874, il appela pour évangéliser son peuple par les exercices d'une mission les Pères Gélon, Massicot et Petit, enfants du P. Jean Eudes. Le succès fut complet. Bientôt l'Eglise de Périers se trouva trop petite pour contenir toute la multitude qui l'envahit.

Hommes, femmes, enfants et vieillards, tous ne font plus qu'un cœur et qu'une âme, tous sont heureux comme des enfants qui se retrouvent après une longue absence au foyer paternel. Une procession s'organise à l'instigation du zélé Supérieur de la mission ; 2.000 hommes répondent à son appel et parcourent les rues de la ville au chant des hymnes et des cantiques, implorant le pardon de leurs fautes, et sollicitant de nouvelles bénédictions. La clôture de la mission répond à l'entrain des premiers jours; près d'un millier d'hommes s'assied à la table eucharistique. Deux jours après plus de onze cents femmes donnent le même spectacle à Dieu et aux anges.

L'année suivante, le 27 juin 1875 était encore un grand jour pour la paroisse de Périers. L'ancien Calvaire de la ville, élevé cinquante ans auparavant sur la route de Carentan, avait cédé à l'effort des vents et des tempêtes, il était tombé et ses bois avaient contribué à la fabrication des stalles du chœur, dans l'Eglise. Monsieur Rihouet voulut, en souvenir de ce calvaire situé sur sa propriété, à l'entrée même de la ville, relever ce signe du salut et faire un monument digne de sa piété. Il y réussit pleinement en dotant la paroisse de ce beau calvaire de granit qui redira aux générations de l'avenir que la piété pour la croix est héréditaire dans le peuple de Périers. Le 27 juin 1875 avait été choisi par Monsieur Bitouzé et Mgr Bravard, Evêque de Coutances, pour la bénédiction de ce calvaire. Ce fut un jour de fête et d'enthousiasme religieux pour la population. Les rues présentent un touchant tableau; tout un peuple est en pleine activité pour chanter à Jésus crucifié par les paroles et par les actes l'hymne de l'adoration et de l'amour.

Douze oriflammes aux couleurs variées flottent sur la tour de l'Eglise et annoncent au loin le triomphe de la croix. Il était beau de voir la procession se dérouler chantant des hymnes. Les rues étaient tranformées en jardins et en parcs qui charmaient les yeux. On marchait à travers des avenues d'arbres, des tapis de verdure et sous des arcs de triomphe dressés et ornés avec un goût exquis. Bientôt la procession rencontre une croix qui sort comme par enchantement d'un massif de fleurs ; partout des guirlandes, partout des étendards, partout des couronnes qui proclament la victoire du Christ. On touche enfin au sol du calvaire et l'émotion est grande quand on voit cette belle croix de granit qui s'élève avec majesté vers le ciel. Un silence religieux règne parmi la foule quand Monsieur Révérony, curé de St-Pierre de Caen, essaie de lui expliquer dans un langage tout apostolique le mystère de la croix.

« Il y a cinquante ans, dit-il, une croix fut érigée en cet endroit, « elle a été détruite par la fureur des tempêtes, aujourd'hui un « généreux bienfaiteur nous fait présent d'une croix plus belle que « la première. Je n'essaierai point de vous faire chanter le canti- « que de l'adoration, de l'amour, de la reconnaissance envers la « croix de Jésus, vous l'avez si bien entonné par vos arcs de triomphe « par vos guirlandes, par vos oriflammes, par vos couronnes, par « votre nombreuse assistance ; je vous dirai : regardez la croix et « imitez le Divin Crucifié. Jésus est sur la croix les pieds et les « mains percés de trois gros clous, la vie du chrétien sur la terre « est une croix, nous la rencontrons cette croix dans les douleurs « et dans les chagrins qui empoisonnent notre existence, mais « nous devons nous y attacher nous-mêmes par la foi, par l'espé- « rance et par la charité. Imitons Jésus en croix. Voyez, s'est écrié « l'orateur, avec des paroles pleines d'éloquence, voyez comme le « visage de Jésus rayonne de paix et de résignation, voyez comme « il a les bras élevés vers le ciel pour adorer et prier son Père, « voyez comme il est plein de charité même pour ses plus cruels « ennemis. Chrétiens, voilà votre modèle. Ne cessez jamais de « reproduire les traits de Jésus crucifié. Venez souvent vous pros- « terner devant ce calvaire. Lorsque vous aurez des peines, vous « poserez votre tête sur cette croix, vous mettrez votre front sur « le cœur de Jésus qui s'y trouve gravé. Si jamais vous faiblissez « sous les coups des passions, vous viendrez encore vous jeter « sur la croix de Jésus et vous vous écrierez avec repentir et con- « fiance : *Cor Jesu sacratissimum, miserere nobis.* »

L'éloquence vive et onctueuse de l'orateur fit couler plus d'une larme. Mgr Bravard bénit le calvaire par les prières du pontifical. L'adoration de la croix commence : tous à la suite du pontife, prêtres et fidèles, se pressent pour adorer Jésus en croix. Monsieur d'Auxais, député, avec le maire de Périers et le cortège municipal, se font un devoir et un honneur de se prosterner au pied de la croix. Alors les tambours battent aux champs, la musique fait entendre une marche triomphale, les sapeurs pompiers présentent les armes, tout le peuple chante « Vive Jésus ! Vive sa Croix ! » La procession se met en marche de nouveau et arrive dans une nouvelle rue ornée de guirlandes, de fleurs, de verdure et d'arcs de triomphe. On se rend à l'église pour recevoir la bénédiction du St Sacrement. Heureux de la grande manifestation de foi à laquelle il a assisté, l'évêque de Coutances remercie les musiciens et les sapeurs pompiers de leurs concours, puis il charge Monsieur Bitouzé de transmettre ses remerciements à son peuple pour tout ce qu'ils ont fait en ce jour. Le soir les rues s'illuminaient comme pour crier à tous que la croix est le véritable flambeau qui doit conduire les peuples et diriger les familles.

Monsieur Bitouzé eut le bonheur d'être toujours efficacement secondé par des vicaires fort pieux et fort instruits dont plusieurs ont occupé plus tard des postes importants dans le diocèse. Ce sont d'abord Messieurs Boulay et Mabire, puis les abbés Maillard et Nicolle, Anquetil et Thébault, Lepeltier et Caruel, Hainneville et Hubert. (1). Monsieur Bitouzé avait été nommé chanoine honoraire de Coutances vers 1858.

Monsieur Bitouzé était arrivé au terme de sa carrière. Peu de moments avant de recevoir le saint Viatique il adressa à l'assistance qui fondait en larmes ces paroles d'adieu. « Mes chers paroissiens je vous demande humblement pardon de toutes les peines

---

(1) Monsieur Mabire mourut chanoine honoraire de Gap et curé de St-Nicolas près Granville.

Monsieur Maillard, d'un extérieur un peu réservé au premier abord, s'attachait fortement ceux qui l'approchaient. Il mourut chanoine honoraire de Coutances et curé-doyen de Barneville en 1880.

Monsieur Thébault a attaché son nom à l'Eglise de St-Pair qui est son œuvre et qu'il a voulue digne des cinq corps saints dont elle possède les tombeaux primitifs. Il est mort pieusement en novembre 1887. Par les soins de son digne successeur, son corps repose dans le chœur de cette Eglise.

Monsieur Hubert s'est éteint à Périers, à la fleur de l'âge, au sein d'une population qui vénérait ses vertus et dont l'affluence à ses obsèques a montré clairement l'estime qu'on en faisait.

Le 11 février 1890 voyait s'éteindre dans sa 38me année Monsieur Ferdinand Pierre

que je vous ai causées. Pardonnez-les moi. Je vous pardonne les peines bien légères que vous avez pu me donner. Je vous quitte pour aller voir mon Dieu ; souvenez-vous de moi dans vos prières. Pour moi, j'aurai souvenance de vous devant Dieu, et je le supplierai de répandre sur vous ses plus riches bénédictions. Priez surtout pour que je sois remplacé par un pasteur rempli des vertus sacerdotales. » Il s'endormit dans le Seigneur le 2 juin 1877. Et pendant la cérémonie de l'inhumation Mgr Germain a rendu à la mémoire du curé-doyen de Périers un hommage mérité. Monsieur Croulebois, vicaire général, ami particulier du défunt, célébra la messe en présence de quarante prêtres qui assistaient à la cérémonie. A l'Evangile, l'évêque de Coutances monta en chaire et dans une improvisation dont il a le secret commenta d'une voix émue le texte de saint Paul à Timothée traçant le portrait du saint prêtre par ces paroles : « *Prudentem, modestum, ornatum, non litigiosum, familiæ suæ bene præpositum.* » L'orateur montra à son auditoire la parfaite ressemblance de ce tableau divin avec les rares qualités du pasteur de Périers. Rarement on vit plus de recueillement, de tristesse et de regrets plus sympathiques. On remarqua à la cérémonie les représentants du Conseil municipal, de la fabrique et du bureau de Bienfaisance, escortés par la compagnie des pompiers en parfaite tenue et par la musique municipale. Tant de regrets s'expliquent par la charité du défunt. Les pauvres ne tardèrent pas à trahir le secret de ses bienfaits. Tous savent qu'une fois, à la fin de sa vie, il versa dans la caisse des indigents une somme considérable qu'il venait de recevoir. Mais le secret de ses bienfaits a surtout été trahi par la pauvreté dans laquelle il est mort.

Lazare Jennequin, né à Ponts-sous-Avranches le 23 février 1852. Ordonné prêtre le 29 juin 1876, il avait rempli les fonctions de vicaire au Mesnil-Tove pendant un an, puis à Périers pendant neuf ans, et celles de missionnaire depuis le 15 juillet 1886. Son nom mérite d'être inscrit dans cet ouvrage, à raison du zèle si sacerdotal et si fructueux que l'abbé Jennequin a déployé dans son ministère à Périers.
Nous ne parlons des vivants que pour leur payer publiquement dans cet ouvrage le tribut de notre reconnaissance personnelle et de notre amitié.
De tous les prêtres qui ont exercé le ministère dans Périers en ce siècle, Monsieur Lepelletier est, avec Monsieur Morel, celui qui s'est élevé le plus haut dans la hiérarchie ecclésiastique. Il a été nommé le 3 février 1888 chanoine honoraire, et curé-archiprêtre de Mortain le 31 janvier de la même année.

L'année suivante en juin 1878, la piété filiale des habitants de Périers élevait sur la tombe de Monsieur Bitouzé un monument digne de sa mémoire. C'est un édicule de granit composé d'un soubassement représentant la tombe ; aux angles s'élèvent des colonnes qui supportent un baldaquin de granit surmonté d'une croix. On a gravé sur la pierre un calice avec cette inscription qu'on peut appeler la devise de Monsieur Bitouzé « *Dilexi decorem domus tuæ.* » On y a aussi retracé les paroles de l'oraison funèbre « Il fut un prêtre prudent, modeste, distingué, pacifique, gouvernant bien son troupeau. »

Monsieur Forcel.

Le vœu de Monsieur Bitouzé mourant allait bientôt se réaliser. L'homme rempli des vertus sacerdotales, qu'il demandait à Dieu pour successeur, était le curé que la Providence a donné à Périers le 27 juin 1877. Monsieur Pierre Michel Forcel, eut sur son digne prédécesseur l'avantage de la doctrine jointe au don de la parole. Il fut installé solennellement le 22 juillet 1877, par Mgr Germain, qui voulut honorer en cette circonstance, comme il n'a cessé de le faire depuis, un prêtre qui jouissait auprès de ses confrères d'un juste renom de capacité et de vertu. Mgr l'évêque de Coutances a rendu justice au mérite de Monsieur Forcel en le nommant chanoine honoraire le 24 août 1880. La confiance du prélat pour le doyen de Périers n'eut d'égal que l'affection de celui-ci pour son évêque. Le titre de confesseur extraordinaire des membres de plusieurs communautés religieuses, celui de supérieur ecclésiastique des Sœurs Augustines de Carentan et plusieurs missions délicates confiées à l'habileté de Monsieur Forcel montrent mieux que tout discours la place que le doyen de Périers occupait dans l'estime et l'affection de son évêque.

Né à Blainville le 10 juin 1819, Monsieur Forcel avait été ordonné prêtre le 23 septembre 1843. D'abord vicaire à la Haye-Pesnel, puis professeur au petit Séminaire de Muneville, professeur et sous-directeur au collège diocésain de St-Lô, il avait été appelé à la cure de Ver le 1" septembre 1857, et à celle de Tourlaville le 10 juillet 1868.

Monsieur Pierre Michel Forcel décéda pieusement à Périers le 7 juillet 1888, dans sa 70° année. Mgr Germain, évêque de Coutances et Avranches, présida le 11 juillet la cérémonie des obsèques, et prononça l'éloge funèbre du défunt (1). Dans ce discours livré à l'impression, l'éminent évêque laissa déborder les richesses de son cœur sur la tombe d'un prêtre trop tôt enlevé à son amitié. Après Messieurs Hubert et Jennequin, il avait eu pour le seconder dans son ministère Messieurs Lecornu et Pénitot.

Monsieur Thomas Paul Dolbet.

Monsieur l'abbé Dolbet reçut à Périers l'accueil le plus sympathique et le mieux mérité, quand il vint prendre possession de la cure, au mois d'août 1888.

Né à Mobecq, canton de la Haye-du-Puits, le 26 octobre 1826, Monsieur Dolbet fut nommé curé-doyen de Périers par décret du 31 juillet 1888. De vifs et unanimes regrets accompagnèrent l'ancien curé de Barfleur au poste où l'appelait la confiance de son évêque.

---

(1) Éloge funèbre de Monsieur l'abbé Forcel, curé-doyen de Périers, chanoine honoraire de Coutances, prononcé le 11 juillet à ses obsèques par Mgr Germain. — Coutances, in-8 ; 16 pp.

CHAPITRE XI

ÉTABLISSEMENTS DIVERS

L'Hospice.

Les mémoires de la société des Antiquaires de Normandie (t. XVIII p. 246) font remonter l'établissement de l'hôpital de Périers à l'année 1726. C'est une erreur. On trouve, dans des registres déposés au Greffe du Tribunal civil de Coutances, l'hospice de Périers mentionné dès l'année 1712. C'est qu'en effet, il avait été établi en 1699, et reconnu par lettres patentes en avril 1703, comme il est facile de s'en convaincre aux Archives de cette maison. Ce n'était pas le premier établissement de bienfaisance érigé dans cette ville. Elle avait eu autrefois sa maladrerie ou léproserie. C'est ce que nous apprend l'évêque d'Orléans, Raoul Grosparmi, dans son testament, signé en 1309. Parmi les quatre-vingts legs plus ou moins importants qui attestent à la fois la richesse et la pieuse libéralité du testateur, nous voyons figurer une disposition en faveur des pauvres et de la ladrerie de Périers. L'histoire locale ne nous permet pas de suivre les traces de cet établissement après les premières années du XIV° siècle. Mais à la fin du XVII°, la charité des habitants allait doter la ville d'un asile destiné à secourir l'humanité souffrante.

En 1662 Louis XIV avait ordonné l'établissement d'une maison hospitalière dans les villes et gros bourgs de son royaume, pour y recueillir les pauvres mendiants et les orphelins. Les administrateurs et directeurs de Périers avaient déféré à ce vœu de la Cour. Le 5 avril 1699, par les soins et du consentement de l'évêque de Coutances, ils avaient érigé un hôpital dans leur bourgade. Le but des fondateurs était de recueillir dans cet asile le grand nombre de pauvres et orphelins de Périers. Ils se proposaient d'y établir une école et une manufacture pour les instruire et leur apprendre les arts et métiers capables de les mettre en état de gagner honnêtement leur vie. Mais il fallait pourvoir à la subsistance du personnel de l'hôpital. Une délibération du 12 novembre 1712 abandonna à l'hospice deux portions de la lande de Périers contenant ensemble six ares et demi de terre environ. Les habitants de la commune, par l'organe de leurs administrateurs, cédaient au nouvel hôpital ces terres dont ils reconnaissaient ne tirer aucun profit ou avantage. Charge était laissée à l'hôpital de faire clore ces portions de lande et de les faire valoir ou exploiter sans préjudice toutefois des droits du Roi et de l'abbé de St-Taurin d'Evreux, dont les landes relevaient, ainsi que la commune de Périers. Bien plus, les bourgeois de Périers s'étaient engagés à payer ces droits comme si cette concession n'eût pas été faite en faveur de l'hôpital. Le Ciel bénit la fondation. Dès sa naissance, il comptait, au dire des lettres patentes royales d'établissement, données en avril 1703, quantité de pauvres et orphelins. Ils y étaient nourris et entretenus. Les orphelins étaient formés aux divers arts et métiers. Déjà des fondations étaient faites en faveur de cet asile de l'indigence. En 1703 les lettres patentes attestent l'existence des actes authentiques de ces donations; et plusieurs bienfaiteurs n'attendaient pour faire du bien à l'établissement que sa confirmation par lettres patentes de la Cour. Le roi ne pouvait qu'encourager de si louables efforts et des vœux si généreux et si charitables. Les lettres royales ne se firent donc pas attendre. Cinq mois après la délibération du 12 novembre 1702, elles étaient accordées en ces termes : « A ces causes, désirant marquer aux exposants (les bourgeois de Périers) combien cette œuvre de piété et de charité nous est agréable et voulant favorablement les traiter et contribuer de notre part à l'établissement et perfection d'un si saint ouvrage pour la plus grande gloire de Dieu, de l'avis de notre conseil qui a vu les délibérations desdits bourgeois et habitants du bourg de Périers pour l'établissement des 5 avril et 12 novembre 1702. Sur la première desquelles est le consentement du sieur évêque de Coutances et les contrats des donations faites audit hôpital, le tout cy attaché sous le contre-scel de notre chancellerie, de notre grâce spéciale, plaine puissance et authorité royalle, nous avons agréé, confirmé et approuvé et par ces présentes signées de notre main agréons, confirmons et approuvons l'établissement dudit hôpital audit bourg de Périers pour la nourriture desdits pauvres et enfants orphelins dudit lieu, au lieu où il a été choisy dans lequel nous voulons que tous les pauvres valides ou invalides dudit lieu de Périers soient enfermés pour être employés aux ouvrages de manufacture, et qu'il y ait une école de manufacture pour les instruire et leur apprendre les arts et métiers nécessaires pour gagner leur vie. »

Précis des lettres patentes d'établissement.

On sait que le gouvernement de Louis XIV fit des efforts pour extirper la mendicité du royaume. On en a une nouvelle preuve dans l'acte que nous venons de citer et qui continue en ces termes:

« Faisons très expresse deffence à toutes personnes valides ou invalides de quelque sexe, âge ou qualité qu'elles soient, de mandier dans ledit bourg de Périers à peine contre les contrevenants du carcan pour la première fois et du fouet et bannissement pour la seconde fois contre les hommes et garçons valides et bannissement contre les femmes et filles ainsy qu'il sera jugé par nos officiers dudit lieu; sera la maison, lieux et cloture où lesdits pauvres sont enfermés, appelés *l'hospital des pauvres et enfants orphelins de Périers* et cette inscription avec l'écusson de nos armes sera mise sur le portail dudit hospital que nous prenons avec tous ses droits et dépendances en notre garde et protection royales sans toutefois qu'il dépende de notre grande aumosnerie en quelque sorte ou manière que ce soit, ni qu'il puisse jamais être censé et réputé sujet à la visite des officiers de la grande aumosnerie, auxquels nous en interdisons dès à présent et pour l'avenir toute juridiction et cognaissance. »

Aux termes des Lettres patentes, l'hôpital de Périers devait être gouverné et administré par l'évêque de Coutances, par le premier vicaire général, le Supérieur du grand Séminaire et le curé de Périers : tels étaient les directeurs spirituels.

Pour le temporel les directeurs-nés étaient : Le bailli de Périers, le procureur du Roi au bailliage de St-Sauveur-Lendelin séant à Périers, le maire et le procureur de la communauté du lieu. A ces charges était attaché le titre de directeur temporel de l'établissement. Deux autres administrateurs leur étaient adjoints. Ils devaient être pris parmi les principaux habitants du bourg et élus chaque année, le jour de la Pentecôte, par la commune. Tous ces administrateurs devaient prêter serment de fidélité, d'après les formes ordinaires. Il leur incombe de revendiquer en faveur de l'établissement tous les dons et legs faits aux pauvres en termes généraux dans Périers et tous les lieux qui en dépendent, soit que ces donations générales applicables aux pauvres soient antérieures aux lettres d'établissement, soit qu'elles existent depuis seulement.

Liberté était laissée aux directeurs de faire fabriquer dans l'hôpital de Périers toutes sortes de marchandises et de les y faire vendre et débiter, le tout cependant, conformément aux règlements portés sur la vente des marchandises. — Le roi accorde aux administrateurs présents et à venir dudit hôpital de recevoir tous dons, legs et gratifications, soit par testament et codicile, soit par donation entre vifs, et de faire à cet égard les acceptations, recouvrements et poursuites nécessaires. Ils sont enfin autorisés à acquérir tous les biens de domaine royal ou autres, à les échanger, à faire constitution de rentes, à vendre et à aliéner tous les héritages de quelque qualité qu'ils puissent être, rentes foncières et constitution de quelque nature que ce soit. Ils pourront ordonner et disposer de tous les biens meubles et immeubles de l'hôpital, selon qu'ils le jugeront plus avantageux à l'établissement. Ils pourront emprunter pour les besoins de la maison, transiger, faire des compromis, des accords sur tout ce qui dépend et dépendra de ses biens meubles, et dans tous les procès et différents qui pourront naître à l'occasion de ces biens. Le roi tient pour valides ces transactions et compromis, sans en excepter aucun, comme s'ils étaient intervenus entre personnes majeures.

Rien n'échappe à la sollicitude du monarque.

Pour favoriser les progrès des arts et métiers dans l'établissement dont il se déclare si hautement le protecteur, il veut que les administrateurs choisissent des artisans capables de former les autres. Quant à ceux qui auront été l'objet de ce choix il leur offre un précieux encouragement ; il veut qu'après avoir donné leurs soins à l'hôpital de Périers pendant six ans au contentement des administrateurs, ils soient admis à se présenter devant le bailli ou autre à qui la connaissance en appartiendra et devant le substitut du procureur Royal au même siège, pour être reçus maîtres aux arts et métiers qu'ils auront exercés. On suppose cependant qu'il y a maîtrise dans le bourg de Périers et aucun frais ne sera demandé aux ouvriers lors de leur réception à la maîtrise.

Ensuite il est enjoint aux curés, notaires, tabellions et greffiers dans tout le ressort de Périers, à leurs héritiers et gardiens des minutes d'envoyer incessamment à l'hôpital les extraits des testaments, codiciles, donations, contrats, compromis, traités et sentences, jugements et autres actes, où il y a dons, legs, adjudications d'amendes ou d'aumônes et stipulation de peines ou autres avantages en faveur de l'hôpital. Les expéditions seront délivrées gratuitement, le tout à peine d'en répondre par les contrevenants et refusants en leur propre nom, et de tous dépens et dommages-intérêts. Les administrateurs de l'hôpital sont admis à faire valoir ses intérêts en ces points comme en toute autre matière.

Mendicité.

Les lettres patentes attribuent à l'hôpital tous les biens des pauvres qui y décéderont d'après l'inventaire qui en aura été dressé à leur entrée dans la maison. Les administrateurs de l'hôpital ont liberté de s'assembler dans une des salles de la maison pour délibérer sur ses intérêts, quand ils le jugeront convenable. Ils choisiront tous les ans, le jour de la Pentecôte, un secrétaire ou greffier et un receveur qu'ils pourront proroger dans leurs charges à leur gré. Ces officiers auront voix délibérative dans les conseils, excepté dans les affaires où ils auront des intérêts. Ils prêteront serment entre les mains des administrateurs et le receveur n'aura de compte à rendre qu'au bureau de l'hôpital. Les administrateurs étaient autorisés à faire tous les règlements utiles à l'administration intérieure et bonne discipline de la maison et à l'ordre public en vue d'empêcher la mendicité apparente ou secrète. Et pour assurer l'observation des règlements, le Roi accorde aux administrateurs et à leurs successeurs en charge le pouvoir de corriger et châtier les internes. Il leur est permis d'avoir dans l'hôpital une prison, un poteau et un carcan pour les peines d'emprisonnement, du carcan et du fouet. Si les pauvres ou orphelins de l'hôpital commettaient des crimes qui entraînassent des peines plus fortes, ils doivent être renvoyés aux juges ordinaires devant lesquels, à la requête du substitut du procureur du roi, le procès sera terminé sommairement et sans frais. S'il se trouvait des pauvres qui vinssent à mendier dans les rues ou les églises de Périers, les administrateurs pourront les faire jeter dans les prisons de l'hôpital et les y garder tout le temps qu'ils jugeront convenable.

Le roi avait tellement à cœur l'extinction de la mendicité dans les bourgades qu'il va jusqu'à édicter des peines contre ceux qui feraient l'aumône aux mendiants ou vagabonds rencontrés dans les rues ou dans les Eglises. Cette aumône est défendue sous quelque motif de compassion ou de nécessité pressante que ce soit, le tout à peine de payer 3 L. d'amende au profit de l'hôpital.

Les administrateurs, pour empêcher la mendicité, pouvaient élire un nombre convenable d'archers dont la fonction devait être d'arrêter les mendiants, de les conduire à l'hôpital, de recevoir les pauvres passants et de les mettre hors de Périers. En cas de résistance de la part des mendiants et vagabonds, il est enjoint aux bourgeois de Périers de prêter main forte aux archers. Le refus entraînerait une amende de 30 sols contre les délinquants. Les archers porteront casaque avec une marque particulière ; ils pourront aussi avoir l'épée et la hallebarde. Il est défendu aux archers de rien prendre aux pauvres et de les maltraiter, sous peine d'être châtiés eux-mêmes et chassés. Défense est faite pareillement à toute personne, de quelque qualité et condition qu'elle soit, de molester, injurier ou maltraiter ces archers, à peine d'être emprisonnée sur le champ. Il serait en outre procédé contre les délinquants au criminel, à la requête des administrateurs de l'hôpital royal. Le document officiel ajoute et nous en donnons la dernière page dans cette citation :

« Afin que lesdits administrateurs, receveurs, greffier et secrétaire dudit hôpital ne puissent être distraits d'un service si important à la gloire de Dieu et au bien public, voulons qu'ils soient pendant le temps de leur administration exempts de tutelle, curatelle, garde de dépôts et de toutes charges publiques et municipales, sans que soubs ce prétexte ils puissent renoncer aux tutelles et curatelles qui leur auront été déférées avant leur administration. Comme aussi les médecins et chirurgiens qui serviront gratuitement les pauvres dudit hôpital en soient à cette occasion seulle exempts. Et sera le chirurgien qui aura servy les pauvres pendant six ans dans ledit hôpital reçu maître dans ledit lieu de Périers ou autres lieux en dépendant sans payer aucuns droits. Déclarons en outre ledit hôpital exempt de tous droits, guet, garde, fortification, fermeture de villes et faubourgs, même de logement passager, aydes et contributions de gens de guerre. Le donnons en mandement à nos amés et feaux conseillers les gens tenant notre cour de Parlement de Rouen, Chambre des Comptes, Cour des Aydes audit lieu, présidents, trésoriers de France, généraux de nos finances à Caen, Bailly de St-Sauveur-Lendelin et à tous autres nos officiers qu'il appartiendra par ces présentes ils fassent registrer, lire, garder et observer et entretenir selon leur forme et teneur à la dilligence de nos Procureurs généraux et leurs substituts et du contenu en icelles faire jouir et user ledit hôpital pleinement paisiblement et perpétuellement, cessant et faisant cesser tous troubles et empeschements à ce contraires, car tel est notre plaisir, et afin que ce soit chose ferme et stable à toujours, nous avons fait mettre notre scel à ces présentes. »

Donné à Versailles au mois d'avril l'an de grâce 1703 et de notre règne le soixantième.

Signé : Louis.

(Copie des lettres patentes de l'hôpital royal de Périers.)

L'extinction de la mendicité préoccupait Louis XIV. Nous en avons la preuve dans les lettres patentes données pour la fondation de l'hôpital royal de Périers. Le grand Roi donna son attention à cette question, qui, comme on le voit, n'est pas nouvelle. Il voulait parvenir à ses fins d'une manière douce et réglée par une charité compatissante. Il savait distinguer entre pauvres et pauvres. La mendicité avait trois sortes de pauvres qui méritent des soulagements différents ou des punitions. Les pauvres infirmes, les vieillards et les enfants qui ne peuvent travailler, exigent des soins particuliers. Aux besoins de cette première catégorie répondait l'érection de l'hôpital. Les ateliers de charité qui y furent installés par ordre du Roi devaient fournir du travail aux pauvres honnêtes qui cherchaient à s'occuper. Quant aux pauvres de la troisième classe, nous voulons dire les mendiants valides et vagabonds, ils devaient être punis sévèrement. C'est contre eux que sont justement édictées les peines dont on lit le détail dans les lettres patentes de 1703.

Nous donnons l'état du revenu de l'hôpital à la date de sa confirmation légale par l'autorité royale. Nous donnons cet état, tel que nous l'avons trouvé transcrit dans un acte du temps.

Revenu de l'hôpital de Périers en 1703.
État de la situation et revenu de l'hôpital de Périers.
Diocèse de Coutances ; élection de Carentan.

A l'époque de sa fondation l'hôpital était composé de deux corps de logis assez considérables, séparés l'un de l'autre par une grande cour au côté de laquelle est une chapelle en laquelle sont célébrés les divins mystères pendant tous les jours de l'année par un chapelain demeurant dans ledit hôpital. L'un des corps de logis est situé sur la grande rue du Neufbourg, l'autre sur un assez beau jardin au bas duquel est une petite rivière. Son revenu consiste en trois pièces de terre valant à peu près soixante livres.

Trente-huit livres de rente foncière, par Jean Baillehache... cy.	38
Cinquante sept livres deues par les héritiers du sieur de la Chilardière Pezeril, ladite rente foncière...... cy.	57
Cent livres de rente hypothèque deues par Pierre Le François.. cy.	100
Trente livres de rente hypothèque deues par Jean Hebert... cy.	30
Vingt-deux livres et dix sols deues par le sieur de la Hayerie... cy.	22 10
Quinze livres par Nicollas Rabasse................ cy.	15
Quatorze livres de rente foncière deues par la veufve de Jacques Auvray... cy.	14
Quatre livres de rente foncière deues par Alexandre Leriche... cy.	4
Quatre livres de rente, par Robert Ledoux....... cy.	4
Deux livres de rente deues par François Perrotte... cy.	2
Vingt-cinq livres de rente deues par Mademoiselle Laisné.. cy.	25
Soixante livres de rente, par Monsieur Paing, procureur du roi à Périers.. cy.	60
Six livres de rente deues par Gilles Leroux....... cy.	6
Trois livres de rente deues par Jacques Lenoël.... cy.	3
Sept livres de rente deues par la veufve de Pierre Regnault... cy.	7
Vingt-sept livres de rente deues par Louis Ferrand. cy.	27
Cinq cent cinquante et cinq livres 10 sols de rente, provenant de la donation faite par Monsieur Louis de la Varde en 1747, par contrat dont il s'est retenu l'usufruit sa vie durante... cy.	555 10
TOTAL.....................................	1.030 f.

Sans y comprendre les entrées des boissons à raison de 20 sols par chaque tonneau de cydre et 20 sols par muid de vin.

Sans non plus y comprendre trois livres pour réception de chaque officier au bailliage. »

Aux origines de cet hôpital se rattache un procès qui fut pendant devant le parlement de Rouen trois années durant.

Barbe Lair, ancienne préposée ou supérieure des Sœurs de l'école de Périers, avait été remplacée en 1690 par le vicaire général de Coutances, Monsieur Blouet de Camilly, supérieur de la petite Communauté de Périers. Elle s'attendait à être réélue en 1695. Ses espérances ne s'étant pas réalisées, Barbe Lair ne put contenir son chagrin plus longtemps. Elle rompit la vie de communauté avec ses compagnes et, pour les molester, elle ne trouva rien de mieux à faire que de donner à l'hôpital qu'on fondait à Périers la part qu'elle pouvait avoir au mobilier et aux biens de la maison d'école.

Les administrateurs de Périers soutinrent ses prétentions. De là un procès; il commença en 1704, et ne fut terminé que trois ans après, en 1707. Par sa sentence, le Parlement de Rouen débouta les administrateurs de l'hôpital de Périers de leurs prétentions. Les adversaires des religieuses voulaient réunir les biens de ces filles à ceux de l'hôpital, ils offraient aux Maîtresses d'école de les recevoir par faveur dans le nouvel établissement, au cas où on les trouverait capables d'y servir les malades et d'y tenir l'école. Le supérieur du grand Séminaire de Coutances était le supérieur-né de la maison d'école de Périers. Il était trop intéressé dans cette affaire pour ne pas sauvegarder ses droits et ceux de la religion. Il prit hautement la défense des religieuses menacées, et il eut la consolation d'obtenir gain de cause.

Mais la sentence du Parlement ne mit pas fin aux chicanes des administrateurs de l'hôpital. Il y avait comme un perpétuel procès de tendances entre eux et les bonnes maîtresses d'école, ou leurs représentants, les prêtres du grand Séminaire de Coutances, qui les avaient établies. C'est ainsi que le 4 septembre 1708 le supérieur du séminaire et ses confrères étaient amenés à répondre aux administrateurs de l'hôpital. On faisait un crime aux maîtresses d'école de former une Communauté religieuse. On verra, dans l'histoire de l'école de Périers, la réponse motivée des directeurs du séminaire à cette occasion.

En 1724, l'hôpital de Périers qui avait reçu jusqu'à 50 pauvres n'en abritait plus que 20, dont six à sept enfants. L'état précaire des revenus de l'établissement avait réduit le personnel du service à la gouvernante et à une servante. L'hôpital avait été sur le point d'être fermé, ce qui serait arrivé si quelques personnes zélées n'étaient venues à son secours. Voilà ce qu'établit un rapport, dressé le 27 août 1724, par Monsieur Pancrace Hellouin, Conseiller du roi, bailli de St-Sauveur-Lendelin.

L'état de la maison ne s'améliore pas avec les années. Le 8 août 1769, Monsieur Lavalley de la Hogue, sous-intendant à Carentan, écrivait à Monsieur de Fontette, intendant à Caen, que le revenu brut, y compris le produit de la manufacture, s'élevait à 2.161 livres, d'après le compte arrêté par Messieurs les administrateurs le 26 juillet 1768. Il s'agissait alors de donner à l'établissement une lande que lui abandonnaient l'abbé de St-Taurin d'Evreux et la généralité des habitants. (délibérations du 31 mars et du 17 avril 1767). L'intendant de la généralité de Caen, Monsieur de Fontette, appuya auprès de Monsieur Bertin, la demande des administrateurs de Périers en faveur de leur hôpital. (11 août 1769).

L'hôpital fut mis en possession de cette lande, mais elle lui fut longtemps disputée, malgré l'autorisation donnée au mois de novembre 1769.

Voici quel était le budget de la maison en 1771 (16 mars.)

Valides : Néant..	0
Invalides :..	40
Enfants orphelins, trouvés et abandonnés :..............	15
TOTAL............. 55 personnes.	
RECETTES.......... 2.167 livres 10.	
TOTAL DES DÉPENSES. 6.700 livres. ainsi réparties.	
Trois sœurs : Vêtements et entretiens..........	450 livres.
Gages et entretiens des domestiques...........	250 livres.
Chapelain...................................	200 livres.
A reporter.....	900 livres.

Report.....	900 livres.
Nourriture de 55 pauvres....................	4 950 livres.
Entretien d'habits et de linge................	550 livres.
Autres dépenses............................	300 livres.
Total.........	6 600 livres.

En 1770 on avait dû faire un emprunt considérable pour faire face aux dépenses.

En 1775 les administrateurs de l'hospice adressaient une Supplique à Monsieur l'intendant général à Caen, pour obtenir la reconstruction de l'hôpital qui tombait en ruine.

L'évêque de Coutances appuya cette demande le 12 novembre de la même année. Un mémoire du 23 septembre 1775, dressé par Messieurs Paing, Euvremer et Foubert, administrateurs de l'hospice de Périers, expose que l'intérieur de la maison est gouverné par des filles sages et prudentes, choisies par les administrateurs. Elles sont ordinairement au nombre de 4 ; l'une d'elles s'occupe de l'instruction des filles, l'autre surveille les garçons, la 3" est préposée à l'infirmerie et la 4" a la direction du ménage et de la faisance valoir.

Le mémoire expose que les habitants de Périers avaient accordé en 1767 un terrain de lande, mais en 1775, l'établissement n'avait encore retiré aucun avantage de cette concession, qu'il avait fallu défricher et dont la possession avait été disputée. Le total des revenus, d'après le mémoire, est de 2.105 L., celui des dépenses de 7.680 ; l'excédent de la dépense sur les revenus était donc de 5.494 L. Il a fallu avoir recours à la voie des emprunts. On propose à Monsieur l'intendan'   ire appliquer à l'hospice de Périers une partie des aum   e l'abbaye de Lessay. On demande aussi que les Curés gros décimateurs payent annuellement une somme convenable audit hospice, où l'on recevrait leurs pauvres. Le Baron de Périers prélève sur la paroisse près de 8.000 L. sans laisser un denier aux pauvres du lieu.

On demande enfin, en faveur de l'hôpital, le droit de havage, c'est-à-dire le droit de prendre pour cet établissement, un pot de blé par sac entrant aux différents marchés du ressort (23 décembre 1775).

L'affaire en resta là, malgré beaucoup de bonne volonté de la part de l'intendant de la Généralité de Caen, Monsieur Esmangart, du sous-intendant de Carentan, Lavaley de la Hogue, de l'évêque de Coutances et de Monsieur Necker. En 1779 la sœur Vallée était supérieure de l'hôpital. Nous croyons que par sœur supérieure il faut entendre une des 4 filles sages et vertueuses, auxquelles était confiée la conduite de l'établissement. Nous la voyons, à cette date, écrire à l'évêque de Coutances, pour le presser d'obtenir du gouvernement le payement des dépenses occasionnées à l'hospice de Périers par les troupes qu'on y logeait. Les démarches pour la reconstruction se poursuivirent sans résultat jusqu'en 1785. Nous tirons tous ces détails d'une quarantaine de pièces relatives à l'hôpital de Périers, qui se conservent aux Archives du Calvados (1).

L'hôpital fut enrichi de beaucoup de rentes d'Eglise par le gouvernement directorial pour avoir logé et soigné des soldats de la République. Vers l'an 1792, on vendit la partie de la lande de Périers qui était vers le Bethelin, moyennant des rentes perpétuelles, qui furent données à l'hospice pour augmenter ses revenus. Au moment de la révolution Monsieur Dujardin était chapelain de l'hospice; il refusa le serment Constitutionnel. En l'an XI (1804) cet asile recevait toujours des malades. Louis Le Riche, frère Capucin, y est décédé cette année même, et un acte du citoyen Avril, juge de Paix, sous la date du 24 fructidor an XI, permet de l'inhumer dans le cimetière de l'Eglise de Périers. Nous avons à enregistrer pour la même année d'autres décès arrivés à l'hôpital. Ce sont ceux de Michel l'hotellier, de Claude Drouet, de Jean Mahier, âgé de 70 ans et inhumé le mardi 19 pluviôse, puis d'Aimable Leclerc, décédé à l'âge de 12 ans. La mention de cet enfant nous montre que l'hospice était fidèle à sa destination primitive et continuait de recueillir les orphelins.

Tous les bâtiments de l'hospice sans exception ont été reconstruits vers 1825.

(1) 766 liasse, (Tome. I page 266).

La commission administrative de l'hospice eut l'heureuse idée de confier la direction de cet établissement à des Religieuses. L'ordre, l'économie, la propreté, l'hygiène et la situation morale des hospitaliers devaient beaucoup profiter de cette mesure. Elle fut mise à exécution le 9 août 1836.

On s'était adressé, le 6 mai précédent, à la florissante communauté de St-Paul de Chartres, qui envoya trois religieuses après le 9 août 1836.

Sœur Chartier, sœur Adelphe.

La première supérieure se nommait sœur Chartier. Sœur Chartier fut remplacée par sœur Pacifique, à laquelle succéda sœur Adelphe Legay. Arrivée à Périers en 1840, sœur Adelphe devait y passer 46 ans. Née à Rouvres (Eure et Loir) le 15 février 1811, elle avait 18 ans quand elle entra le 27 septembre 1829, à la communauté de St-Paul de Chartres. Son zèle lui avait inspiré un vif désir pour les missions. Ses supérieurs y accédèrent, et l'envoyèrent à St-Pierre de la Martinique. Elle s'embarquait pour cette destination le 19 août 1835. Mais elle ne put supporter le climat et au bout de deux ans, elle rentra en France. Le 24 août 1837, envoyée à St-Lô comme hospitalière, elle y resta deux ans et demi. Elle vint enfin le 5 mars 1840, à Périers où elle devait se dévouer pendant 46 ans. Elle eut pour première supérieure la sœur Chartier jusqu'en 1845, puis la sœur Pacifique jusqu'en 1858. A son tour elle devint supérieure en 1858. Ce fut sous son administration, en 1859, que l'hospice vendit des pièces de terre qu'il possédait sur la route de Coutances près du Bourg. L'établissement avait besoin de fonds pour couvrir ses dépenses et suffire à la conversion de ses rentes sur l'Etat en 3 %. Le choléra gagné en 1832, l'apostolat dans les missions d'où il fallut l'arracher après deux années de maladie, les mobiles secourus en 1870 avec toute l'affection d'une mère, 56 ans passés au milieu des malades et au chevet des mourants, une bonté à toute épreuve, une charité qui se faisait quêteuse dans les besoins pressants, une administration parcimonieuse qui opérait des prodiges : voilà ses états de service. La vie des nobles et grandes religieuses s'écoule dans le silence. Mais l'histoire locale doit garder leurs noms. La digne supérieure de l'hospice de Périers s'est endormie dans la mort, le 8 mars 1886, laissant à ses sœurs les souvenirs embaumés de ses vertus. La sœur Marie-Mélanie lui succède dans la charge de supérieure.

L'hospice a eu dans ce siècle un bienfaiteur insigne en la personne de Monsieur Robin Prévalée, docteur médecin. Non content de donner ses soins à titre gratuit aux malades de l'hospice, il a fait d'importantes donations à cet établissement. Son portrait se voit dans l'une des salles de la maison. Le docteur Lefèvre a exercé longtemps à son tour les fonctions de médecin de l'hospice de Périers avec autant d'intelligence et de zèle que de désintéressement; il a tenu toujours à ne recevoir aucune rétribution. Sa famille a compté parmi les bienfaiteurs de l'hospice. Monsieur Mahier, oncle de Monsieur Lefèvre, avait légué par testament 11.000 fr. à l'asile des indigents. C'est le docteur Lefèvre, exécuteur testamentaire de son oncle, qui a versé lui-même cette somme dans la caisse de l'hospice.

Les deux généraux en chef Messieurs Leval et de Courcy, qui se sont succédé pendant les manœuvres exécutées dans la région, ont fait adresser au docteur Lefèvre leurs remerciements écrits pour les soins intelligents donnés à leurs soldats. C'est le docteur Leroux qui a été appelé à le remplacer.

Ecole des garçons.

Dans le cours du XVI° siècle, Périers eut son école de garçons dirigée par un homme d'une culture plus qu'ordinaire, puisqu'il était à la fois licencié en droit civil et docteur en médecine. Dans un temps où l'éducation était si bien comprise, l'on vit les plus beaux talents et le génie même, sous l'inspiration de l'esprit chrétien, se dévouer à instruire la jeunesse.

C'étaient alors les habitants des communes, appelés des communautés, qui choisissaient leurs instituteurs en assemblée générale. Sur l'invitation d'un syndic, le curé annonçait au prône de la messe paroissiale qu'il y aurait le dimanche suivant une assemblée générale des habitants à l'effet de procéder à l'élection d'un maître d'école, et que tous et un chacun étaient priés de présenter les sujets qu'ils croiraient capables de remplir le rectorat de la paroisse. Nos Pères étaient si jaloux de leurs droits en cette matière, qu'après l'élection faite à haute voix, d'ordinaire, si le choix était douteux, s'il suscitait des réclamations, l'intendant en appelait à une nouvelle assemblée. Souvent les candidats étaient préalablement l'objet d'un examen de la part d'un jury composé de magistrats, de tabellions, d'avocats, de prêtres, des habitants les plus intelligents et les plus instruits. Procès-verbal était dressé par le tabellion et consigné sur le Registre d'assemblée Celle-ci ne fixait son choix sur un maître d'école qu'après s'être informée de ses mœurs « vie, conversation et suffisance. » Les statuts synodaux recommandaient en effet que les instituteurs de la jeunesse fussent « gens de bien et doctes, vivant sans scandale, et enseignant aux enfants non seulement les lettres humaines, mais encore les bonnes mœurs, les commandements de Dieu et de l'Eglise et les articles de la foi. »

Le maître n'avait généralement pas de grandes prétentions : il ne demandait de la petite ville qui l'appelait qu'un honnête moyen de vivre et d'entretenir un ou deux régents avec logis garni de quelques meubles. Il est tel endroit où on lui assurait 120 L. de rente annuelle, soit, environ 650 francs de notre monnaie actuelle. Il devait, en outre, toucher quelques sous (5 ou 6), environ 1f. 60 par mois, et d'avance, de chacun de ses élèves.

Le traité définitivement arrêté, l'instituteur prêtait serment à l'assemblée qui l'avait élu. Il jurait de professer la religion catholique et romaine. Il promettait d'apprendre aux enfants « tant la connaissance, crainte et amour de Dieu, que de l'écriture et sciences. » Quelquefois même il s'engageait à faire le lendemain, pendant une heure, une leçon publique dans le prétoire du palais de justice.

A l'heure dite, la grosse cloche de l'Eglise convoquait les habitants à cette épreuve. On y remarquait le curé, les vicaires, les prêtres habitués, le receveur des domaines, les avocats, les docteurs en médecine, le sergent royal et toutes les notabilités de la paroisse.

L'instituteur fait sa leçon, on l'interroge, les disputes littéraires ont lieu, avec les arguments pour et contre. On vote définitivement sur le cas du maître d'école, que l'on proclame enfin « homme docte et de littérature. »

Dès lors, avec l'approbation des habitants assemblés, le candidat accepté était installé régulièrement dans sa charge.

Lestorey.

Tel fut, ou à peu près, le mode d'installation suivi pour Thomas Lestorey, maître d'école à Périers et décédé en 1533. Il était, avons-nous dit, licencié en droit et docteur en médecine. Son nom s'est perpétué avec celui de son frère, vicaire de Monthuchon, dans cette paroisse, où deux monuments ont transmis leur souvenir à la postérité.

Le premier de ces monuments est la croix, maintenant renversée, dite de Lestorey, du nom des fondateurs. Une autre fondation pieuse des mêmes bienfaiteurs est indiquée par une inscription qui se lit dans l'Eglise de Monthuchon, sur le mur méridional de la nef. Cette inscription mentionne des messes et une procession pour le repos des âmes des personnes qui y sont désignées. On y lit ces paroles qui rappellent un fait assez curieux de l'histoire pédagogique de Périers, au XVIe siècle.

« Cy devant gisent et reposent les corps des Vénérables et dis-
« crètes personnes Messieurs Thomas et Guillaume Lestorey.
« Ledit Monsieur Thomas, vivant licencié aux droits et docteur en
« médecine ca *(sic)* tenu plusieurs années les escholes à Périers
« lequel décéda le 23me jour de novembre 1533. »

Suit le reste de l'inscription tumulaire qui, outre Guillaume Lestorey, en son vivant prêtre licencié en théologie et en droit, mentionne honorable homme Jean Lestorey, leur frère, inhumé dans la même Eglise. T. Lestorey et ses successeurs auraient-ils pu dire de leurs écoliers ce que nous lisons dans Monsieur Ch. Jourdain ? (Histoire de l'Université p. 215).

« L'orthographe française imprimée depuis peu a rendu nos petits écoliers si sçavants dans l'orthographe, qu'ils sont tout prêts de combattre contre les plus grands maistres de cet art mesme avec pary du double contre le simple. Le champ de bataille est ouvert à tous venans et à toute heure. Si quelqu'un a besoin, pour son service, de petits garçons tout faits et bien instruits dans le christianisme, bons lecteurs, écrivains, et parfaits orthographes, nostre escole luy en fournira à son choix. » Cette pièce est une réclame de maître des petites écoles à Paris, au commencement du XVII siècle. Nous aimons à penser que les instituteurs de Périers n'étaient pas trop inférieurs à la même époque.

A la fin de ce siècle, Louis XIV, dans une lettre datée de Versailles le 27 septembre 1693, porte des peines contre les nouveaux catholiques qui négligent d'envoyer leurs enfants aux instructions et catéchismes de la paroisse. Périers avait-il besoin de voir stimuler le zèle des parents pour l'éducation chrétienne de leurs enfants? Nous ne savons. C'est l'instruction religieuse rendue obligatoire. Voyons en quels termes le grand roi parle des nouveaux catholiques et de leurs enfants :

« Sa Majesté a jugé qu'il serait bon qu'ils fussent punis par quelque peine pécuniaire lorsqu'ils y manqueraient, pour leur donner plus d'attention là-dessus. A cette fin, elle a fait mander à Messieurs les intendants et commissaires départis dans les provinces, qu'il est nécessaire que les ecclésiastiques et maîtres d'école chargés dans la paroisse de l'instruction des enfants des nouveaux catholiques en tiennent un rôle exact et que lorsque quelqu'un manquera de se trouver au jour marqué, ils en donneront aussitôt avis au juge qui, sans délai, condamnera les pères et mères à cinq sols d'amende pour chaque fois que chacun de leurs enfants aura manqué de venir aux écoles et instructions, lesquelles amendes seront distribuées aux pauvres du lieu. » (1)

On voit par ce document combien sont mal fondées les diatribes

---

(1) Lettre conservée aux Archives de la Manche.

auxquelles se livrent certains écrivains de nos jours contre l'ancien régime au sujet de l'instruction de l'enfance. La Cour n'était pas seule à intervenir. Le clergé favorisait le mouvement intellectuel dans les classes laborieuses, dès la fin du XVII° siècle. L'histoire pédagogique du seul doyenné de Périers nous en fournit la preuve. Mgr de Loménie de Brienne exigea de ses curés, en 1676 et 1682, la création de deux cents écoles de garçons et de cent-soixante-seize écoles de filles. Pour sa part, le doyenné de Périers fut taxé à cinq écoles pour les enfants de chacun des deux sexes.

Mais avant 1849 la commune de Périers ne possédait pas encore de maison d'école pour les garçons.

Au commencement de ce siècle, nous voyons les fonctions d'instituteur confiées à Monsieur Hervieu, beau-frère du comte de la Besnardière.

Plus tard, trois instituteurs enseignent publiquement et simultanément dans Périers. Ce sont Messieurs Baillehache, Delisle et Simon ; ils n'ont d'autre maison d'école que leur domicile. La classe la plus fréquentée était celle de Monsieur Simon, elle comptait 80 élèves environ, celle de Monsieur Baillehache 30 et la troisième n'en avait qu'une vingtaine. L'installation de ces classes était de la plus primitive simplicité. L'école principale, celle de Monsieur Simon, n'était pas même pourvue ce que l'on appelle à Paris le plus modeste châlet de nécessité.

L'école communale des garçons fut construite en 1847 et 1848 dans une pièce de terre attenant au champ de foire. La commune l'avait acquise du sieur Gislard. Les bâtiments de l'école furent édifiés par François Lelorey, sous la direction de Monsieur Queillé, architecte à St-Lô.

La direction de cette école a été successivement confiée à MM. Travert, Gervais, Porée, Marie et Le Prince. Quatre maîtres adjoints aident actuellement le directeur de l'école dans ses laborieuses fonctions.

École des filles de Périers.

A la suite des guerres du XVI° siècle, le diocèse de Coutances avait perdu presque toutes ses écoles. Un relevé officiel de 1775 ne donne que cent quatre écoles de garçons et trente-deux écoles de filles pour quatre cent quatre-vingt-treize paroisses. Trois cent cinquante-sept paroisses étaient donc privées du bienfait de l'instruction, à la fin du XVIII° siècle.

Un siècle plus tôt, pourtant, Charles de Loménie de Brienne avait exigé de ses curés, en 1676 et 1682, l'établissement de deux cents écoles de garçons et de cent soixante-seize écoles de filles pour les doyennés de son diocèse. Le nombre des écoles demandées par ce règlement pour le doyenné de Périers était de cinq pour les garçons et de cinq pour les filles.

Périers avait son école de filles avant ces ordonnances épiscopales.

En 1674, Monsieur Dupont, supérieur du séminaire de Coutances, donna la perfection à l'établissement qu'il avait commencé au bourg de Périers vingt-deux ans auparavant, pour y tenir une école de filles. Le fondateur la remit à la Congrégation des Eudistes. Dès l'année 1652, Jeanne Langlois, originaire de la paroisse de Sainteny, était venue demeurer à Périers dans la compagnie d'une autre fille, nommée Barbe Lair. Leur dessein était d'ouvrir une école pour les filles. Elles travaillèrent à la réalisation de leur projet jusqu'en 1661, époque à laquelle elles s'unirent en société de biens. Onze ans après, elles se donnèrent une troisième compagne, du nom de Barbe Rault. Ce fut alors que Monsieur Dupont, très zélé pour faire le bien dans tous les lieux où la Providence lui en fournissait les moyens, résolut d'affermir l'œuvre de l'école de Périers. Il le fit aux dépens de son patrimoine, qui était considérable. Il acheta donc, le 1" juin 1674, une maison et un jardin situés près de l'Eglise paroissiale de Périers, pour la somme de 1000 L., sans compter deux cent L. qu'il consacra à la même entreprise. Mais ces filles étaient séculières, et, n'ayant pas de lettres patentes, elles ne pouvaient pas constituer une communauté capable de posséder. Le fondateur eut égard à cette situation dans le contrat d'acquisition; il céda ce fonds au trésor et à la fabrique de l'Eglise de Périers, sous la condition formelle qu'il servirait à l'établissement d'une école destinée uniquement à l'instruction et à l'éducation des filles. Il se réservait par le même acte le droit de choisir le lieu le plus propre à l'entreprise. Luimême durant sa vie et ses successeurs dans la supériorité du séminaire de Coutances devaient nommer des filles capables de faire cette fonction conformément au règlement et statuts qui leur seraient prescrits par lesdits supérieurs. Ces filles pouvaient être déposées à l'avenir dans le cas de mœurs peu convenables pour leur emploi par le fondateur ou supérieur du séminaire ; celui-ci en avait la nomination à perpétuité. Le syndic du trésor ayant accepté cette donation, Monsieur Dupont jugea qu'il était à propos que tous les paroissiens, intéressés à la bonne œuvre, y donnassent leur consentement. C'est ce qu'ils firent par un acte où ils consentirent expressément à ce que le fondateur et les supérieurs du séminaire ou ses assistants se servissent de tous les moyens qu'ils jugeraient plus propres à soutenir l'Etablissement, suivant en tout le bon plaisir de Monseigneur l'évêque de Coutances. En cet état, l'école des filles de Périers était d'une simplicité qui choque notre délicatesse moderne et heurte nos habitudes de bien-être et de confortable. Mais en se rapportant aux mœurs du temps, on revient de son étonnement, lorsqu'on sait que vingt ans plus tard, au collège d'Avranches, le plus fameux de la Normandie, au dire de François des Rues, dans un établissement qui comptait cinq à six cents élèves, une classe consistait en une pièce sans bancs ni tables, ayant une chaise pour le professeur et de la paille sous les pieds des élèves. Je ne sais ce que les fillettes de Périers pouvaient avoir à envier aux écoliers d'un grand collège.

Contrat de fondation.

Nous sommes heureux de pouvoir mettre sous les yeux du lecteur une copie du contrat de fondation de l'école des filles de

Périers, dressée et signée en 1826 par Monsieur Flambard, curé doyen de la paroisse.

« Devant nous Toussaint Lecarpentier, prêtre, curé en la paroisse de Périers.

Furent présents : Messieurs Louis Laurent, Charles Dupont, Pierre ou Guillaume Regnault, Jean Lepicard, François le Cauchonier, Simon François Agasse, Pierre Laffeteur et André Letellier, tous ecclésiastiques dudit lieu ; Bonaventure de Mauconvenant, écuyer, seigneur et patron de Ste-Suzanne, vicomte de St-Sauveur-Lendelin ; Noël, écuyer, sieur de Gruchy ; Jean Matinel, écuyer sieur de St-Martin ; Pierre Massé, écuyer, sieur de Cuves ; Louis Pézeril avocat; Pierre Regnault de la chapelle; Guillaume LePicard ; Messieurs Jacques et Bonaventure Laffeteur ; frères Gilles Hervieu, Edmond Hory et Nicolas Brochard, chirurgien ; Jean Lecoq, Guillaume Beautais, Gabriel Hervieu, Jean Desmond, Nicolas Lelouet, Guillaume Baillache, Pierre Lair, Jacques Agasse, Jacques Regnault, Pierre Saix et Pierre le Richeul, tous paroissiens dudit lieu, assemblés suivant l'avis qui leur a été donné, par ledit sieur Curé au prône de la messe paroissiale, pour conférer entr'eux des affaires de la Communauté et principalement du moyen d'employer à quelques fonds une somme de 1.200 fr. que noble et discrète personne, messire Jean Dupont, prêtre, supérieur du séminaire de Coutances, a déposée entre les mains de Monsieur Pierre Laffeteur, dit procureur syndic du trésor de ladite Eglise, laquelle somme ledit sieur Dupont a dit provenir des deniers qui lui ont été remis entre les mains par personnes pieuses et dévotes pour les employer à l'établissement et fondation de quelques écoles de filles, dans les lieux qu'il jugera le plus à propos, lesquelles personnes l'auraient prié d'y pourvoir et nommer des filles capables de s'acquitter de cet emploi, à la plus grande gloire de Dieu et salut du prochain ; de leur prescrire à ce moyen les formes de vivre et les maximes nécessaires pour l'éducation chrétienne, et enfin pour ôter tous les abus, qui ne se glissent que trop ordinairement en semblables fondations, lesquelles sont plus souvent accordées aux incapables qu'aux capables, de ne point procurer cet avantage dans aucun lieu, qu'à condition, *que la nomination lui appartiendra pendant sa vie et, après lui décédé, au supérieur du séminaire de l'avis de ses assistants, et liberté de les déposer toutefois et quantes, et d'y en pourvoir aux règles et maximes qu'il leur aura marquées, cessant l'acceptation desquelles conditions,* ledit sieur Dupont n'entend gratifier ladite paroisse *de ladite fondation,* lesquels paroissiens fondant pour eux et en commun après avoir de ça mûrement délibéré entr'eux, ont d'un commun accord trouvé qu'il était à propos d'employer la dite somme à l'achat ou acquit d'une pièce de terre appelée *le Clos Marinel,* d'une autre nommée le *Clos Maloré,* l'autre, plus de laquelle pièce appartient à François Matinel, écuyer, sieur de St-Germain, lesquels sont joints et de toutes parts les représentants Noël, Lair, ledit St-Germain, l'eau de Hollecrotte, Guillaume Ferrand, écuyer, sieur de la Fosse, et le chemin de Périers à Vaudrimesnil, de la baronnie dudit Périers en franche bourgeoise, lesquelles pièces sont exposées en Décret, instances de maître Jacques Hervieu et passé par adjudication définitive à Monsieur Dupré, avocat, lequel est près de subroger à défalquer ladite somme pour dites pièces de terre à charge de les représenter sur le bureau pour en être tenu état en justice, afin que ladite fondation demeure permanente et bien assurée pour le bien et utilité publique à l'instruction des filles, à laquelle fin ledit Général a donné avis audit Laffeteur de se retirer vers ledit sieur Dupré pour en passer avec lui acte de subrogation pour vertu de celui de défalquer ladite somme au jour que l'état dudit décret sera tenu et à l'égard des conditions proposées par ledit sieur Dupont lesdits paroissiens ont arrêté que nomination lui appartiendrait de son vivant et après son décès, au supérieur du séminaire aidé de ses assistants dans le pouvoir d'y établir et proposer les personnes, que lui, et ledit supérieur, en jugeront capables, de les en démettre si elles ne s'en acquittent conformément aux règlements que ledit sieur Dupont leur aura donnés pour se conduire dans un emploi de cette importance, enfin de se servir de tous les moyens qu'il jugera nécessaires pour faire subsister ledit établissement, pourquoi ils ont consenti la présente homologuée en justice et où il appartiendra le tout sous le bon plaisir de Mgr l'illustrissime et Rev. Évêque de Coutances et de

Messieurs les grands vicaires généraux, dans l'espérance aussi que Monsieur le Curé dudit lieu aura la bonté de tenir la main et de veiller, par sa conduite et ses soins, à ce que lesdites filles exécutent ponctuellement et s'acquittent des devoirs et charges dudit emploi, considérant qu'il est le pasteur et directeur naturel de celles qui auraient été nommées, dont ledit sieur Dupont et ledit général l'ont prié et le prient instamment par ce présent, au moyen de quoi, lesdites filles jouiront et auront le revenu annuel desdites pièces de terre à charge, outre les conditions ci-dessus, qu'elles montreront gratis à toutes celles qui seront pauvres. Dont du tout les sieurs Dupont, les sieur curé et le Général ont dit être contents et ont promis garantir le présent chacun de son fait à la caution de tous leurs biens présents et à venir. Ce fut fait et passé au dit lieu de Périers, issue de la Messe paroissiale, le VIII° jour de juillet 1674, en présence du maire, Le Lombard, diacre de Vindefontaine et de Thomas Desplains, demeurant à Millières, lesquels avec les parties et délibérants sus-nommés, ont signé à la minute du présent à nous demeurer pour faire.

« Charles François de Loménie de Brienne, par la grâce de Dieu et du St-Siège apostolique évêque de Coutances, ayant vu l'établissement ci-dessus, nous louons et secondons le bon dessein et zèle méritable de la dite fondation ; excitons lesdites filles à se bien acquitter de cet emploi étant le plus grand qu'on puisse avoir pour le salut des âmes. »

A ces causes nous approuvons et confirmons par les présentes les fondations dudit établissement.

Donné à Coutances en notre palais épiscopal, le 14 novembre 1674.

Signé : CHARLES FRANÇOIS, évêque de Coutances.

Et plus bas :

« Par le commandement de mon dit seigneur, l'illustrissime et R** évêque de Coutances, signé Lelièvre avec paraphe ; avec le sceau de l'évêché certifié conforme à l'original, resté entre nos mains, par moi curé du canton de Périers soussigné ce 14 décembre 1826.

FLAMBARD, Curé de Périers. »

En conséquence de cette convention, Monsieur Dupont mit en possession des biens immeubles qu'il avait achetés les sœurs Jeanne Langlois et Barbe Lair. Il choisit celle-ci pour supérieure ou préposée, donnant la charge de l'école à son associée. Monsieur Moisson fut chargé de dresser leurs règlements. Plus tard, vers 1692, environ 40 ans après qu'elles eurent observé avec fidélité leur première règle, Monsieur Blouet, devenu vicaire général du diocèse de Coutances et archidiacre du Cotentin, y mit la dernière main, selon le pouvoir que le fondateur en avait laissé à ses successeurs. En sa qualité de vicaire général, il approuva les règlements des sœurs de Périers, pour répondre au désir qu'elles lui en avaient exprimé.

On verra plus loin qu'il n'y a rien de plus sage que ce recueil. Il est court, mais les supérieurs n'y ont rien omis de ce qui regarde le bon ordre et la perfection de cette petite communauté.

Monsieur Blouet, non content de perfectionner les règles de l'établissement, eut soin d'y entretenir la subordination en changeant de fois à autres les préposées. Dès l'année 1690, il avait changé la première sœur Barbe Lair pour lui substituer la sœur Barbe Rault. Il en usa de même en 1695. Lorsqu'il visita la communauté en la forme ordinaire, il nomma pour préposée la sœur Jeanne Langlois. Mais cette nomination ayant chagriné Barbe Lair, qui prétendait être réélue, elle crut ne pouvoir mieux réussir à faire de la peine à ses sœurs qu'en donnant à l'hôpital de Périers, qu'on venait d'ériger, la part qu'elle pouvait avoir aux meubles et autres biens de la maison. Ce trouble causa un grand préjudice à la régularité de ces bonnes filles et dura 8 ans. Il ne prit fin qu'en 1707, lorsque le parlement de Rouen termina le différent en déboutant les administrateurs de l'hôpital de leurs prétentions. Le séminaire, qui était intéressé dans cette affaire et qui avait à sauvegarder ses droits aussi bien que l'intérêt de la religion, prit la défense de la communauté. Il lui avait rendu un autre service plus considérable en 1686, en achetant des deniers offerts par la charité deux pièces de terre pour augmenter le terrain et et le revenu de cette école. Cet achat, fait au profit de la communauté, fut ratifié par Monsieur Blouet en 1689, sous la condition néanmoins que le séminaire pourrait transporter ce revenu pour ériger ailleurs une autre école semblable dans le cas où les habitants de Périers viendraient à troubler, inquiéter ou maltraiter ces bonnes sœurs. Monsieur Blouet fit encore un changement de la préposée en 1700, avec une certaine différence pour la manière de procéder. Il permit aux religieuses de faire l'élection en sa présence par suffrages secrets. Le choix tomba sur la sœur Barbe Rault comme supérieure des maîtresses d'école de Périers. Cette élection est du 12 mars 1700.

Procès-verbal.

« Du vendredi XII° mars 1700, nous Jean Jacques Blouet de Camilly, élu supérieur du Séminaire de Coutances et en cette qualité supérieur de la communauté des filles de l'Institution chrétienne établies au bourg de Périers pour tenir les petites écoles et enseigner aux jeunes filles les premiers principes de la foi, leur apprendre à prier Dieu et vivre chrétiennement ; nous sommes transporté audit bourg de Périers où après avoir descendu dans la maison desdites filles nous sommes allé à l'Eglise saluer le Saint-Sacrement, et célébrer la Sainte Messe après laquelle étant rendu en la maison desdites filles nous avons fait assembler les associées, savoir : les sœurs Jeanne Langlois, alors préposée, la sœur Barbe Rault, la sœur Marguerite Le Noël et la sœur Louise Anger et leur avoir fait une petite exhortation, nous leur avons proposé de faire élection d'une préposée pour ladite communauté conformément à leur règlement, ce que lesdites sœurs ayant approuvé nous nous sommes mis à genoux pour implorer les lumières du St-Esprit et avons invoqué pour cet effet l'intercession de la très sainte Vierge : après quoi chacune s'est retirée pour penser devant Dieu à celle qu'elle croirait en conscience être la plus propre à cet emploi. Ensuite chacune en particulier nous a apporté son suffrage par écrit et la pluralité des voix s'étant trouvée pour sœur Barbe Rault, nous l'avons agréée et déclarée être légitimement élue Préposée et supérieure, lui recommandant de se bien et dûment acquitter de son emploi conformément aux règlements que nous lui avons mis entre les mains.

En foi de quoi nous avons fait signer le présent acte auxdites sœurs associées et l'avons signé nous-même et fait mettre le nom du Séminaire de Coutances. »

« Périers, les jours, mois et an ci-dessus.

Signé : Blouet, Jeanne Langlois, Marguerite Lenoël, Louise Anger, Barbe Rault.

Les autres filles qui se présentèrent pour être associées à l'œuvre ne furent reçues que par son ordre, comme il paraît par les actes de réception de sœur Marguerite Lenoël, en 1689, et de sœur Jacqueline de la Fosse, en 1702. Dans cette courte notice sur l'histoire des sœurs du Sacré-Cœur, il n'est pas permis à l'historien de passer sous silence un trait édifiant de la vie de sœur Jeanne Langlois. Cette vertueuse fille mourut en 1707, à l'âge de 88 ans, dans les sentiments d'une rare piété, ce qui la faisait regarder comme une sainte. Des témoins dignes de foi ont raconté qu'étant tombée malade, trois ans auparavant, elle était réduite à une telle extrémité, qu'on n'attendait que le moment de sa mort. Tout-à-coup elle se réveilla comme d'un profond sommeil, et dit tout haut devant une autre fille qui l'assistait : « C'est donc aujourd'hui, mon Dieu, que la sentence a été prononcée et qu'il faut que je sois encore trois ans sur la terre pour faire pénitence. » Ces paroles furent regardées comme lui ayant été divinement inspirées dans un sentiment prophétique. Elle mourut, en effet, trois ans après, jour pour jour, comme elle l'avait annoncé. Ce fait augmenta encore la vénération qu'on avait eue jusqu'à ce moment pour sa vertu.

Les sœurs de Périers continuèrent d'édifier le public par les services qu'elles rendaient dans leur école et par la bonne éducation qu'elles donnaient à leurs pensionnaires.

Règlement de l'école fondée à Périers.

« On peut dire qu'il n'y a rien de plus sage que ce recueil. Il est court, mais on n'y a rien omis de ce qui regarde le bon ordre et la perfection de cette petite Communauté : « on se lèvera à 5 heures du matin, mais les petites pensionnaires ne se lèveront qu'à 6 heures et demie. On entendra la messe à la paroisse tous les jours et on assistera à tout l'office les jours de fête. On y choisira aussi le confesseur. L'école s'ouvrira à 9 heures et finira à onze. La maîtresse entendra la messe avec ses écolières sans que cela l'empêche de déjeuner avant l'école. Le dîner et le souper seront précédés de nos litanies et examen et accompagnés de lectures. Les récréations se passeront à faire quelque petit ouvrage, sans garder le silence. L'école de l'après-midi commencera à 2 heures en hiver et à 2 heures et demie en été. Depuis 8 heures et demie du soir jusqu'à 9 heures, qui est le temps de la prière commune, on s'entretiendra de choses édifiantes. On récitera en commun le petit office de la Sainte Vierge, et chacune fera un quart d'heure de lecture spirituelle. Pour leurs dévotions, on leur permet de communier une fois par la semaine et aux bonnes fêtes. Si le confesseur en permet les autres jours, c'est à condition que les exercices de communauté n'en souffriront point, et on leur prescrit en ce cas un quart d'heure ou demi-heure d'action de grâces, mais à la même condition. On leur permet de faire abstinence les mercredis et les veilles des fêtes de N. S. et de la Sainte Vierge. Les vertus qu'on leur recommande sont : 1° la présence de Dieu ; 2° une grande pureté de son amour ; 3° une douceur cordiale ; 4° une pudeur et chasteté angélique ; 5° une profonde humilité ; 6° un grand respect pour Monsieur le Curé et les ecclésiastiques. La porte de la rue sera fermée au défaut du jour en tout temps. On leur recommande l'amour de leur clôture volontaire ; dont elles ne sortiront que comme les abeilles de leur ruche, c'est-à-dire pour leurs petites affaires, et dans le dessein d'y rentrer aussitôt.

Les emplois particuliers de la communauté sont ceux de la préposée, de la maîtresse d'école, et de la maîtresse des pensionnaires. Toutes s'assembleront après Vêpres les premiers dimanches du mois pour lire ensemble leur règlement, et conférer sur ce sujet. On gardera un entier désappropriement, quoique sans vœu de pauvreté. Leur habit consiste en une robe qui prend depuis les épaules jusqu'aux talons, avec une ceinture de laine, sans avoir autre chose où il y ait de la soie ni d'autre coiffure que le camelot. Tel est l'essentiel de ce règlement qui peut servir de modèle pour de pareils établissements : c'est ce qui m'a obligé de le rapporter. »

Les maîtresses d'école de Périers avaient déjà des pensionnaires en 1708. Les administrateurs de l'hospice, qui n'avaient pas déposé leur esprit de chicane contre les sœurs de l'école, en concluaient qu'elles formaient une communauté religieuse. Les bonnes maîtresses de Périers trouvèrent leurs défenseurs naturels dans le supérieur et les directeurs du grand Séminaire de Coutances. Ceux-ci répondent aux administrateurs de l'hospice par un mémoire du 4 novembre 1708.

Il est certain, y dit-on en substance, que la communauté n'a de fondement que dans l'imagination desdits administrateurs. De quel droit voudrait-on empêcher quatre ou cinq filles de se réunir pour tenir l'école ? Les maîtresses de l'école de Périers n'ont pas fait autre chose ; et comme elles sont chargées d'un grand nombre de jeunes filles, elles ont augmenté leur personnel, et ont substitué de jeunes institutrices aux anciennes. Barbe Rault a fait une donation en faveur de l'école ; c'était une raison de la recevoir au nombre des filles agrégées.

Les administrateurs ne peuvent disconvenir d'un fait qui s'impose à tous les regards ; c'est que les filles qui tiennent l'école de Périers font un commerce assez considérable ; les unes vendent de la graisse et du beurre, les autres de la mercerie, et de l'épicerie ; or si elles constituaient une communauté religieuse, telle qu'on la dépeint, pourrait-on tolérer ce commerce ? On n'a pas encore eu d'exemples de communautés religieuses se livrant à un pareil trafic.

Cette réponse était péremptoire ; mais elle ne fit pas cesser les récriminations contre les maîtresses d'école. Néanmoins, leur œuvre s'affermissait en dépit des obstacles, et le bien se faisait par les efforts de leur zèle. Aussi, dans la visite canonique de 1700, le vicaire général était-il heureux de constater sur la paroisse l'existence d'une école de filles distinguée, dont on faisait l'éloge. L'établissement prospérait toujours ; à l'éducation on joignit l'enseignement du travail des mains ; deux maîtresses étaient devenues depuis longtemps insuffisantes. Par un acte d'association du 29 décembre 1702, on voit qu'elles étaient déjà au nombre de cinq. Un autre acte du 12 mars 1701 montre que sous le titre de sœurs de l'Institution chrétienne, elles avaient une supérieure nommée selon les règles. L'évêque de Coutances prit leur défense, dès l'année 1704, contre des laïques mal disposés envers l'établissement. Par une ordonnance du 28 novembre 1704, il rendait un témoignage public de l'utilité de la fondation, s'en disant informé par lui-même pour l'avoir vue et visitée plusieurs fois, puis il la confirmait et défendait toute innovation au préjudice de cette maison.

Le 18 mai 1716, les sœurs de l'école, avec la participation des prêtres du séminaire, rétrocédèrent à Monsieur Lebréton une partie des immeubles compris au contrat du 1er avril 1689.

En 1729, on construisit l'école, les sœurs avaient un pensionnat qu'elles avaient été obligées d'ouvrir pour satisfaire l'empressement des parents éloignés et même des personnes du lieu.

Une chapelle leur était devenue nécessaire ; car il était impossible sans préjudicier à l'ordre et à la régularité des sœurs, aussi bien qu'à la surveillance et à la bonne tenue des pensionnaires, de suivre les exercices religieux de la paroisse conformément aux prescriptions primitives. Les sœurs durent, en conséquence, et sur l'ordre de leur supérieur, le Révérend Père Legrand, supérieur du grand séminaire de 1735 à 1741, solliciter près de Monseigneur de Matignon, évêque de Coutances, la faveur d'ouvrir une chapelle dans l'intérieur de leur maison. Monsieur le curé de Périers appuyait leur demande.

Nous reproduirons le procès-verbal de la visite et des décisions du Père Legrand, ainsi que les suppliques adressées à l'Évêque.

« Le 15e jour de juillet 1738, Nous soussigné, prêtre Eudiste, supérieur du séminaire de Coutances, et, en cette qualité, chargé de veiller à la conservation et perfection de l'école dite de l'Institution chrétienne, fondée à Périers par nos prédécesseurs, en avons fait la visite et trouvé les cinq sœurs qui en composent la communauté dans un grand zèle de leur perfection et application à remplir leurs devoirs, et, après avoir visité tous les appartements de la maison, nous nous sommes particulièrement appliqué à voir si les papiers, contrats et fondations de ladite maison, renfermés dans le coffre à trois clefs, étaient dans un état convenable, ce que n'étant pas encore dans la perfection, nous sommes convenus :

1° qu'on achèvera d'en faire des copies pour n'être obligés d'en tirer les originaux que dans l'extrême nécessité ;

2° Qu'on les arrangera chacun dans des tiroirs pour trouver plus facilement ceux dont on a besoin ;

3° Enfin qu'on tâchera d'obtenir le permission de Monseigneur d'ouvrir une chapelle dans l'intérieur pour la commodité des sœurs, des pensionnaires et des enfants pour lesquelles on n'a pu obtenir à la paroisse une messe à heure fixe et réglée. On lira souvent tant les règlements que les résultats de cette visite et des précédentes.

Arrêté ce dit jour et an que dessus.

Signé : LEGRAND, LOUISE ANGER.

MARGUERITE LEFRANÇOIS.

La requête de Mgr de Matignon est signée LOUISE ANGER, MARGUERITE LEFRANÇOIS, JEANNE LE ROUXEL, CATHERINE FRÉMOND, MARGUERITE DE LORME.

Elle est appuyée et signée par Monsieur LÉON DEBOUDÉ, curé et doyen de Périers. »

La requête ne resta pas longtemps sans réponse.

Le 4 août 1738, le Prélat autorisait les maîtresses d'école sous le titre de sœurs de l'Institution chrétienne, à ouvrir une chapelle et à y faire célébrer la messe. Mais on comptait sans les quelques mécontents de la localité. En 1742, plusieurs bourgeois s'avisèrent de trouver mauvais que les sœurs de l'Institution chrétienne fussent plus de deux. Ils demandaient que les signatures des trois maîtresses d'école, Marguerite Le François, Jeanne Le Rouxel et Catherine Frémont fussent rayées de leur écrit du 18 mai de la même année, où elles avaient pris le titre de maîtresses d'école de Périers. On répondit que Marguerite Delorme tenait l'école et que Louise Anger étant âgée de 76 ans et demi avait pour suppléante Jeanne le Rouxel. On terminait en repoussant leur procédé « comme une honteuse chicane. » On reprochait encore aux religieuses de porter un habit religieux, de suivre une règle, d'avoir des obédiences et une chapelle où elles faisaient leurs exercices de piété; d'avoir une cloche, etc, etc. Ils présentèrent le 9 Juillet 1742 un mémoire, où, après avoir exhalé leur bile contre la supérieure, ils demandaient à l'Evêque de Coutances que tout office, au son de la cloche, fût interdit dans la chapelle des sœurs, que l'autel et la chapelle fussent supprimés et que le nombre des maîtresses d'école fût réduit à deux.

Monsieur Lelièvre, curé de Périers, à qui il appartenait plus qu'à tout autre dans sa paroisse, de veiller aux intérêts de la religion, donna aux religieuses associées le certificat le plus favorable et le mieux raisonné. Il était naturel, dès lors, que son témoignage prévalût sur celui des laïques. On devait s'attendre à ce que Mgr de Matignon, qui avait lui-même autorisé la chapelle sur la prière des prêtres de Périers et du séminaire, maintînt son ouvrage. Il n'en fut rien. Le prélat recula devant la mutinerie; il crut, sans doute, plus prudent de laisser passer l'orage; il ordonna la suppression de la chapelle. Le reste demeura dans l'état, car on voit que les membres de la communauté ne furent jamais moins de cinq à six.

Mais en 1760, la chapelle fut autorisée de nouveau par Mgr Lefèvre Du Quesnoy et le 8 décembre de la même année, il nommait une cinquième maîtresse d'école dans la communauté de Périers. A partir de cette époque jusqu'en 1783, le silence se fait sur le petit institut; il dut continuer son œuvre de dévouement avec le même zèle et le même esprit de religion qu'à ses origines. Quelques membres se détachèrent pour fonder de petites écoles, semblables à celle de Périers. C'est ce qui amena Mgr de Talaru à faire de l'établissement de Périers une maison-mère, où se formaient des sujets destinés aux écoles et aux hospices. Le prélat érigea formellement l'établissement en communauté en 1783; il donna aux sœurs des règlements plus amples, qu'il fit imprimer. Il changea leur nom en celui de sœurs du Sacré-Cœur ou de la Providence, et il étendit le but de l'institut à ce qu'il est aujourd'hui, c'est-à-dire aux soins des écoles, au service des hospices et des malades à domicile. Il soumit les religieuses à des vœux temporaires, sous la direction des Eudistes de son grand séminaire, et il leur accorda le costume religieux.

La communauté depuis longtemps existante était désormais établie. Elle se répandait et possédait un certain nombre de postes dans le diocèse. Nous voyons, en effet, ses sujets à St-Sauveur-le-Vicomte, à Cherbourg et à Tamerville près de Valognes. C'étaient des religieuses de Périers qui desservaient l'hospice de St-Sauveur-le-Vicomte, au moment de la Révolution. Le procès-verbal du 25 août 1791 qualifie la sœur Le Planquais de supérieure de cet hospice. Des lettres des 5 et 10 août de la même année font voir combien les membres de la communauté étaient répandus. En 1790, les fonctionnaires municipaux veulent s'emparer d'un des appartements de l'école des filles de Périers pour le convertir momentanément en corps de garde. Les sœurs ne craignent pas de s'appeler religieuses dans un mémoire du mois d'août 1790 et essaient de se défendre de fournir ce corps de garde. Le directoire du département autorisa la municipalité de Périers, par arrêt du 9 septembre de cette année, à entrer en possession du corps de garde demandé ; mais il y mit une condition, c'est que les maîtresses d'école seront indemnisées à l'amiable ou par estimation d'experts. Les biens de la communauté de Périers furent confisqués au profit de la nation, et des pensions furent payées aux religieuses à titre de pensions ecclésiastiques. La sœur du Siquet, Jeanne Marthe, était portée au registre du trésor impérial (rubrique des pensions ecclésiastiques anciennes sous le numéro 18,209, vol. 10) pour une somme de 133 fr. «On vendit à la même époque, à titre de bien national, neuf pièces de terre en labour et en pré situées sur la commune de Périers. Elles furent adjugées, le 30 avril 1793, aux sieurs Courtin, Rivière, Rihouet, Le Noël, Le Bellier, Desrez et Leclerc. Le prix fut de 2.100 fr. en assignats (1). »

Les sœurs de la Providence de Périers avaient occupé une maison d'école à Cherbourg avant la Révolution ; et, en 1804, la sœur Quoniam fonda dans cette ville un ouvroir de jeunes filles. (2) A

---

(1) Revue de l'amateur Manchois. p. 52. 4e année.
(2) Vie de la mère Marie Madeleine, Julie Postel, Bruges, 1881. p. 109.

Tamerville il se trouvait une maison d'école construite par les mêmes sœurs ; mais les spoliateurs la vendirent comme toutes les possessions de l'Église, à titre de bien national ; il faudrait dire : « de bien nationalement volé. » Cette maison appartenait en 1811 à Monsieur de Saint-Sauveur.

Mademoiselle Le Noir.

Les sœurs avaient été dispersées durant les mauvais jours de la Révolution ; la communauté de Périers, perdant son ancienne destination, était devenue la gendarmerie du lieu. Mais vint l'époque de la Restauration. Vers 1820, quelques-unes des anciennes religieuses de la Congrégation du Sacré-Cœur de Périers se réunirent sous la direction de l'une d'elles, Madeleine Lenoir, et reprenaient à loyer de la ville leur ancien établissement. Monsieur Nigault de Surouve, maire de Périers, demanda au préfet de la Manche, que l'ancien établissement des sœurs fût rendu à sa destination. Le préfet vit dans la demande une bonne œuvre à favoriser et il octroya la requête. Dès lors les sœurs purent rouvrir une école et un pensionnat. Fortes de l'appui de l'autorité municipale, qui les accueillait avec empressement, elles se mirent à l'œuvre avec zèle. Quelques secours pécuniaires leur furent même libéralement fournis par la commune ; mais elles ne tardèrent pas à se suffire, et loin de rien demander au budget de la municipalité, elles instruisirent gratuitement toutes les jeunes personnes sans aisance. Il ne manquait plus à la restauration de la communauté que la consécration épiscopale. Elle ne se fit pas attendre. Le 12 août 1824, Monsieur Mauger était appelé à renouer le présent au passé. Le supérieur du grand séminaire, au temps des Eudistes, était le supérieur-né de la petite congrégation de Périers. C'est sans doute ce qui porta Mgr Pierre Dupont Poursat, évêque de Coutances, à charger le supérieur de son grand séminaire du rétablissement canonique du petit institut. Monsieur Mauger se rendit à Périers, et le 12 août 1824, il recevait les vœux de trois sœurs, qui avaient survécu à la tourmente révolutionnaire et qui avaient formé le dessein de reprendre leur première forme de vie. Marie

Madeleine Lenoir et sa sœur Catherine, prirent respectivement les noms de sœurs Ste-Marie et St-Joseph, et la sœur converse, Prudence Orselin, reçut le nom de Ste-Marthe.

Voici l'acte officiel rédigé par Monsieur Mauger, agissant au nom de l'Evêque de Coutances, dans le rétablissement de la communauté de Périers.

Acte de rétablissement de la communauté des religieuses des Sacrés-Cœurs de Jésus et Marie.

« Le 12 août 1824, Nous Jacques Mauger, supérieur du grand séminaire de Coutances, délégué par Mgr l'illustrissime et R^{me} Pierre Dupont Poursat, évêque de Coutances, et représentant sa personne, avons en son nom et par son autorité procédé au rétablissement de la communauté des filles des Sacrés-Cœurs de Jésus et Marie *(sic)* établies à Périers avant la révolution par Mgr de Talaru d'heureuse mémoire, l'un de ses prédécesseurs, nous avons reçu solennellement dans ladite congrégation pour sœurs Marie Madeleine Lenoir et Thérèse Catherine Lenoir, auxquelles nous avons donné à la première le nom de sœur Ste-Marie et à la seconde celui de sœur St-Joseph, et pour sœur converse Prudence Orselin, à laquelle nous avons donné le nom de sœur Ste-Marthe. Elles ont prononcé toutes les trois leurs vœux dans le chœur de l'Eglise de Périers, en notre présence, à la communion de la messe solennelle que nous avons célébrée. Pour un an seulement, suivant les règles de la communauté, nous avons nommé de notre autorité et pour cette fois seulement pour supérieure de ladite communauté, sœur Ste-Marie, sans que cet acte puisse en rien porter préjudice pour l'avenir à ce qui est prescrit dans les constitutions touchant l'élection de la supérieure. Ont assisté à cette cérémonie et signé le présent acte avec nous, Messieurs Flambard, curé de Périers, Harel, supérieur des missions diocésaines, Le Provost, vicaire de St-Sauveur-Lendelin, Morel, vicaire de Périers, Le Mazurier, prêtre et professeur du petit séminaire. Trois ans après en 1827, l'établissement du Sacré-Cœur de Périers recevait l'existence légale. Sans lui être nécessaire, cette reconnaissance donnait à l'Institut une existence personnelle, qui le plaçait sous la protection des lois et lui conférait le droit d'agir et de se perpétuer. L'ancienne communauté avait eu aussi sa reconnaissance légale, et si elle n'avait pas de lettres patentes, elle jouissait de certains privilèges qu'avaient les Congrégations reconnues par l'Etat. Ainsi, par sentence des 26 novembre 1680 et 1" décembre 1682, décharge lui était accordée de la taille et du tarif. Par les mémoires et les ordonnances de Monsieur de Fontette, intendant de la généralité de Caen, en date de 1760 et 1763, il est établi que la communauté de Périers contribuait aux impositions du clergé de France ; et par suite elle était déchargée du droit de tarif et des retenues qu'on aurait pu prétendre sur les rentes qui lui étaient dues.

Sous la direction de mademoiselle Lenoir (sœur Sainte-Marie), la maison des sœurs du Sacré-Cœur de Périers eut un pensionnat florissant, reçut des novices et admit aux retraites annuelles les institutrices de l'arrondissement de Coutances, qui voulaient se recueillir pendant quelque temps. Comme Mademoiselle Lenoir, trois de ses sœurs étaient religieuses. Elevées au sein d'une pieuse famille, et possédant quelque fortune, elles avaient embrassé leur état par vocation. Leur père était chef d'institution à Saint-Pierre du Tronchet, près Villedieu, et y laissa d'honorables souvenirs. On offrit à Sœur Sainte-Marie la direction d'un établissement dans le midi de la France ; elle déclina cette proposition, et aima mieux rester à Périers. L'œuvre qu'elle avait reprise avait besoin de sa présence et de sa générosité : elle épuisa ses biens personnels à recevoir au noviciat des jeunes filles pauvres et à les doter au gré des statuts. Elle avait suivi en cela les conseils de Mgr Dupont qui l'en récompensa en lui donnant ou faisant donner une somme d'argent.

On vit bientôt les sœurs se diviser en plusieurs groupes indépendants. Malheureusement la reconstitution de l'association par les soins de sœur de Sainte-Marie n'atteignait pas pleinement le but désiré. De là des divergences de vues. Sœur Saint-Hilarion, dans le monde Mademoiselle Hamel, avait fait profession à Périers. Elle en était sortie pour fonder à Grosville une communauté du

Sacré-Cœur. C'est là que vinrent faire leur noviciat les deux fondatrices du couvent du Sacré-Cœur d'Isigny, deux sœurs, Mesdemoiselles Martin, originaires de Valognes. L'une d'elles, la première fondatrice de la communauté d'Isigny, s'appelait Sœur Ste-Chantal et mourut en 1871, en renom de très haute piété. Une autre branche alla s'établir à Rennes, sans aucune dépendance par rapport à la maison de Périers; mais elle ne put se maintenir. Enfin un troisième groupe se fixa à Marigny sous la conduite de Mademoiselle Milet. Monseigneur Robiou, pour donner plus de consistance à la société réunit sous une seule obédience les diverses maisons de la Congrégation du Sacré-Cœur, même celle de Périers, avec injonction d'élire une supérieure générale et d'établir la Maison-mère à Coutances. Cette mesure est de 1840. L'Etat devait reconnaître l'Institut sous cette nouvelle forme en 1846.

La sœur Ste-Marie avant de prendre un parti dans l'établissement de sa congrégation à Coutances, avaient vu l'existence de sa communauté menacée à Périers. Les maires de la ville avait longtemps protégé la maison, mais M' de la Harizière se fit l'écho d'un groupe d'adversaires de la petite communauté. La moitié du conseil municipal s'était par surprise associée à ces récriminations contre les sœurs, sous le triple prétexte : 1° qu'il n'y avait jamais eu de communauté à Périers; 2° que l'établissement des sœurs appartenait à la commune, et 3° qu'elles pouvaient être suppléées dans leur emploi par deux maîtresses d'école. Ces attaques ne restèrent pas sans réponse. Un homme de cœur, enfant du pays, voué à la défense des nobles et grandes causes, Monsieur Charles Le Canu, mit son talent au service de la communauté menacée. Il lança dans le public une apologie imprimée de l'état des choses qu'on voulait supprimer. Nous sommes heureux de mettre sous les yeux du lecteur cette pièce, où le petit Institut, né à Périers et si heureusement restauré, est défendu avec une grande vigueur de logique.

« La communauté religieuse de Périers sera-t-elle anéantie? (1) Oui, disent quelques-uns de ces hommes assez malheureusement nés pour jurer haine à tout ce qui rattache à la religion;

(1) Quelques expressions captieuses que l'on emploie, sous quelque voile que l'on cache sa pensée, la question, la voilà : la communauté sera-t-elle anéantie?

Non, leur répond tout ce qu'il y en a de justes et d'honnêtes!

« Les habitants de Périers, appelés tous indistinctement à se prononcer dans cette affaire, ne feront point défaut. Nul, nous en avons la conviction intime, ne se tiendra dans une neutralité honteuse. C'est du bien public, c'est de l'intérêt général qu'il s'agit.

« Certes! il faut qu'ils aient du bon sens public une bien pauvre idée, ceux qui s'imaginent nous faire servir d'instrument à leurs passions mauvaises, et voter la suppression d'un établissement dont, en tout temps l'immense utilité n'a cessé d'être reconnue. C'est la seule maison du diocèse où l'on forme des religieuses qui soient propres en même temps à instruire la jeunesse, à desservir les hôpitaux, et à porter des secours à l'affligé. C'est que la charité chrétienne se fait toute à tous; c'est que nulle bonne œuvre ne lui est étrangère.

« La conduite qu'ont tenue nos pères, nous la tiendrons : quand ils ont suivi la voie de l'équité et de l'honneur, l'on doit être fier de marcher sur leurs traces.

« En 1701, les administrateurs de l'hôpital voulurent aussi compromettre l'existence de la communauté, mais contre eux s'éleva un cri de réprobation. Tout Périers protesta, et les habitants présentèrent à Mgr l'illustrissime et R^{me} évêque de Coutances, Charles François de Loménie-de-Brienne, une requête dont nous allons transcrire un passage. Nous devons cette pièce à l'obligeante bonté d'un pasteur dont le zèle et les vertus ne sauraient être égalées (1).

« Les personnes choisies par Monsieur le supérieur de votre
« séminaire, pour remplir les fonctions d'institutrices, s'en sont
« acquittées, et s'en acquittent présentement encore, *avec toute*
« *l'édification possible*, pour l'instruction *gratuite* des jeunes filles
« de ladite paroisse de Périers, et pour les paroisses circonvoisi-
« nes, dont elles reçoivent les jeunes filles *à de très modiques*
« *pensions*, et auxquelles cependant elles font joindre *le travail*
« *des mains* à *l'instruction* et à *la piété chrétienne*, ce qui est *très-*
« *utile* et même *nécessaire* à plusieurs familles de votre diocèse.
« Mais, comme depuis peu, *quelques personnes mal informées de*

---

(1) Monsieur Flambard.

« *l'utilité de ladite fondation*, et du profit qu'en reçoit le public,
« se sont avisées de traverser lesdites maîtresses...... C'est ce qui
« oblige aujourd'hui les suppliants de vous présenter leur re-
« quête, pour vous supplier, Monseigneur, de vouloir soutenir de
« votre autorité, tant lesdits supérieurs du séminaire, que les
« maîtresses d'école, *pour maintenir ladite fondation audit lieu de
« Périers..., comme une chose très utile à l'instruction des jeunes
« filles dudit lieu et autres, etc.* »

La requête était signée : Alexandre Davy, écuyer, sieur de St-Hilaire ; J. Leforestier, écuyer, sieur de St-Malo ; Jacques Laffeteur, procureur ; Jean Agasse, sieur de Nanneval, etc. ; Nicolas Regnault, Pierre Regnault, Guillaume Regnault, Jacques Bertaut, Jean Nenant, marchands ; François Rivière, Pierre Neslin, marchands, etc., etc.

« Ainsi, on le voit, grands et petits, hommes de rang et de fortune, simples bourgeois, tous déclaraient hautement la nécessité absolue de l'établissement *dans Périers !* Certes, les dames qui ont succédé à celles de ce temps-là n'ont point démérité ; et, en substituant à 1701 une date plus récente, il n'est pas un des éloges de nos pères qui ne leur soit applicable. Prétendre qu'aujourd'hui que la population s'est accrue et que les mœurs du siècle sont plus dépravées, l'établissement est devenu moins nécessaire, ce serait le plus étrange paradoxe, et à celui qui l'avance ce serait faire, pour employer ici une expression de St Jacques, trop d'honneur que de lui répondre.

« La requête fut favorablement accueillie de sa Grandeur ; elle devait l'être. Monseigneur répondit :

« Charles-François de Loménie-de-Brienne, par la grâce de
« Dieu et du Saint Siège Apostolique, évêque de Coutances, vu la
« requête à nous présentée. .... Ayant égard à ladite requête, et
« attendu *l'utilité publique, dont nous sommes bien informé par
« nous-même, pour avoir vu et visité* plusieurs fois *ladite* école, en
« tant que besoin serait, nous autorisons et confirmons ledit éta-
« blissement en la manière qu'il a été fait, et attendu qu'*il n'y a
« rien qui dépende plus des évêques que la doctrine chrétienne*, dé-
« fendons toutes innovations audit établissement, ni de tenir au-

« *cune autre école dans ledit bourg, pour les filles,* sans notre
« exprès consentement. » Ngr déclare plus bas que si l'on se
trouvait obligé « de *retirer ladite école dudit lieu de Périers,* cela
« *causerait un grand dommage audit lieu, etc.*

« Donné à Coutances, en notre palais épiscopal, sous notre seing
« et le sceau de nos armes, contresigné par notre secrétaire ordi-
« naire, le 28 de novembre 1704.

« *Signé :* Charles-François, évêque de Coutances, et plus bas,
« pour Ngr, *de Villars.* »

« Glorieux témoignage pour l'établissement, que celui de son
évêque, et d'autant plus glorieux, qu'il a été porté en pleine connaissance de cause. De pareils faits ne sont pas rares. Les éloges
que faisait Ngr de Loménie, Ngr de Talaru les renouvela plus tard,
et personne n'ignore qu'à une époque plus rapprochée de nous,
un saint prélat, dont le souvenir vit dans tous les cœurs, feu Ngr
Dupont, ne savait comment montrer aux dames religieuses l'estime qu'il faisait d'elles, au point de les solliciter sans cesse de
s'établir dans sa ville épiscopale, persuadé, disait-il, qu'elles en
seraient un des plus beaux ornements. Maintenant encore elles
pourraient, si leur profonde humilité ne les forçait à un généreux
silence, citer, à leur louange, les paroles si pleines de bienveillance que leur adressa, dans sa visite pastorale, Ngr Robiou !

« En 1704, le triomphe de la communauté fut éclatant. Procès
avait été intenté. Les administrateurs de Périers furent condamnés
à Rouen, et tous les frais furent à leur charge : 1838 sera pour
elles la date d'une nouvelle victoire.

« Toujours dans les mauvais temps, Dieu suscite des hommes
probes et fermes, qui ont pour devise : Vérité et justice. Ceux-là
ne savent point transiger avec leur conscience, ils ne veulent
point ménager tout le monde et flatter tous les partis ; ils savent
qu'agir de la sorte, c'est courir le risque de n'être estimé de personne.

« Mais après les Cent-jours Monsieur Nigault-de-Surouve qui
connaissait par expérience l'utilité du Couvent, fit sortir la gen-

darmerie qui en avait occupé la maison pendant la révolution pour rendre, *au grand contentement de tous les gens de bien*, l'établissement à sa destination primitive. Monsieur de Surouve mourut, emportant les regrets de toutes les personnes probes et honnêtes.

« Après lui, Monsieur Desrez se montra tout dévoué à la communauté. Il demanda et obtint pendant plusieurs années un traitement pour les institutrices.

« Les religieuses ne trouvèrent pas dans Monsieur Defay un moins zélé protecteur; et nous sommes heureux de pouvoir le dire: l'administration actuelle de Périers n'est pas moins dévouée à leurs intérêts, parce qu'ils sont en même temps ceux de la justice. Elle se perdra donc dans le désert, la voix de ceux qui, dans leur irréligion, n'ont à la bouche que ce cri de rage: Tolle! tolle! crucifige!

« Deux seules objections, du moins que nous sachions, ont été faites contre les institutrices actuelles, nous les reproduisons fidèlement:

« Elles sont ignorantes;

Elles ne savent pas enseigner.

La première de ces objections a expiré sans écho. L'on a compris la vérité de cette maxime: L'on s'expose à passer pour un sot, en répétant les sottises des autres!.. Au nombre de plus de 23, les institutrices appartenant à la maison-mère de Périers ont *mérité* un brevet d'institutrices du premier *degré*.

« Elles ne savent pas enseigner! Qui dit cela? Messieurs les inspecteurs, les pères et les mères? Non, tous ont constamment honoré ces dames des suffrages les mieux mérités et des éloges les moins suspects.

« Elles ne savent pas enseigner!.... Opposons à ces éhontés personnages que nous ne reconnaissons point pour juges compétents, le suffrage si glorieux pour la communauté de Périers de Madame la Supérieure du couvent de St-Lô: « Il serait à souhaiter, disait-
« elle, que toutes les demoiselles qui viennent ici eussent fait à
« Périers leur noviciat. »

« Elles ne savent pas enseigner!.... Et ce nombre des religieuses ne peut suffire aux postes! Et maintenant encore monsieur le Recteur de l'académie de Caen en sollicite deux pour les établir dans son lieu natal. Nous ne sommes pas cause qu'il y ait des aveugles qui, ne voyant pas la lumière du soleil, en nient hardiment l'existence! pitié pour eux! et qu'ils reposent en paix!

Ce qui déplait, nous le dirons sans crainte: c'est que l'éducation que reçoivent les jeunes filles est éminemment religieuse: Inde mali labes! « L'honneur court de grands risques, quand la re-
« ligion n'est pas aux avant-postes; et c'est ce que ne perdra
« jamais de vue une institutrice chrétienne. »

« L'on se tromperait étrangement, si l'on pensait que dans la communauté de Périers l'enseignement est stationnaire. Non, non, nous pouvons marcher de pair avec les communautés que l'on renomme le plus, et glorieusement soutenir le parallèle.

« Les institutrices de Périers ne sont point de ces mercenaires
« dont parle Monsieur Cormenin, *qui vendent de la lecture et de la*
« *morale à tant par jour, et qui en fournissent à chacun pour*
« *son argent.* » Elles font tout pour Dieu et pour lui seul. Jamais l'intérêt, jamais la cupidité n'ont été et ne seront leur mobile. Toutes les jeunes filles pauvres reçoivent d'elles une éducation gratuite. Elles se vouent même, tant leur charité est immense, à l'éducation des sourds-muets, et certes la religion seule peut inspirer le dévouement si désintéressé et si constant qu'elles ont fait paraître à cet égard. Chez elles, point d'acception de personnes. Elles ont même amour, même zèle, mêmes soins pour la fille du pauvre et pour la fille du riche. La communauté détruite, le riche a de l'or, et les villes voisines des pensions; mais nous, nous simple peuple, où retrouver les garanties que nous présente l'institution de Périers!!!

« Je l'ai dit en commençant: nous ne ferons point défaut à l'appel qui nous est fait. Nous suivrons les administrateurs qui nous crient comme Henri IV à ses braves français: *Enfants, ralliez-vous à mon panache, vous le verrez au sentier de l'honneur.* »

Ch. Lecanu.

Mais il fallait la réponse officielle des Sœurs aux récriminations dont elles étaient l'objet. Elle ne se fit pas attendre. Les Sœurs répondirent victorieusement à toutes les attaques par un mémoire fort bien motivé. Nous nous contentons de donner textuellement la fin de ce document :

« Deux maîtresses d'école, dit-on, peuvent rendre les mêmes services. Quand cela serait, qu'importe à la commune, puisque les répondantes ne lui demandent rien ?

Et les maîtresses d'école, ne leur faudrait-il pas des traitements pour l'éducation des pauvres ?

Pourraient-elles donner le temps et les soins convenables à l'éducation manuelle; auraient-elles toujours la capacité voulue, et, si l'une l'avait, celle qui lui succéderait la remplacerait-elle ?

Des personnes prises au hasard et sans surveillance possible ou suffisante offriront-elles les mêmes garanties de principes, de zèle, d'instruction et d'aptitude à des fonctions dans lesquelles elles entreront novices, sans préparation, sans guides, et la plupart du temps par spéculation ?

Pourraient-elles de même monter et soutenir un pensionnat ; y aurait-il la même affluence comme la même perpétuité ; attireraient-elles dans le bourg le même concours d'étrangers soit pour le pensionnat, soit pour les retraites des maîtresses d'école de l'arrondissement qui ont lieu maintenant chaque année ?

Pourraient-elles, isolées, vaquer, comme il est dans l'institut des répondantes, aux secours à domicile; et la charité des personnes aisées se trouverait-elle excitée comme par une communauté ?

Il n'est donc pas possible à des maîtresses d'école de remplir efficacement la tâche des répondantes; il faudrait donc qu'on fît voir en quoi ces dernières porteraient par ailleurs quelque préjudice à la commune, et quel préjudice peut lui causer une institution dont l'objet est d'instruire gratuitement les jeunes personnes pauvres, de secourir les malheureux à domicile et de desservir les hospices.

Le suffrage de la population, des anciens évêques et de celui qui gouverne si heureusement aujourd'hui ce diocèse, n'ont donc rien qui doive étonner; et la seule humanité s'est mille fois prononcée en faveur de semblables établissements. Serait-ce donc la question de la maison que les répondantes occupent qui serait le refuge de leurs adversaires? Ce n'est qu'un prétexte, à l'aide duquel ils entraînent certain nombre; mais outre que ce ne serait pas là un obstacle à l'établissement des répondantes dans Périers (sauf à elles à y acheter au besoin un local), la commune ne peut jamais rien prétendre à cette maison. Elle appartenait originairement aux répondantes; si la confiscation en a été prononcée, c'était au profit de la nation, et ce serait tout au plus pour le domaine que Monsieur le Maire de Périers travaillerait.

Le décret de 1811 n'a pas transféré la propriété de cette maison à la commune, puisqu'elle n'était employée à aucun service communal quand ce décret a été porté : s'il l'eût transmise à quelqu'un, ce serait plutôt au département, mais qui ne s'en est pas fait envoyer en possession, et qui eût pu d'ailleurs rencontrer de grandes difficultés à l'obtenir.

Mais peu importe à la commune à qui il appartiendrait d'élever des chicanes aux répondantes, du moment où elle-même n'a rien à prétendre à la chose : elle n'a donc aucun prétexte pour motiver l'opposition de la moitié de son conseil municipal et repousser un établissement qui ne peut que lui être utile moralement, physiquement et même pécuniairement.

Quant aux prétentions du domaine ou du département sur la maison, elles ne sauraient être autres qu'à la Restauration; il ne s'agirait pas en ce moment de prendre mais de reprendre aux répondantes ce qui leur a déjà été rendu; ce serait une seconde spoliation dont elles seraient victimes, et leurs adversaires ne sauraient avoir la satisfaction d'en être témoins sous le règne des Bourbons. Elles possèdent; on ne les chassera pas au nom de Charles X.

Elles osent espérer que les vœux de la fraction qui s'est déclarée contre elles ne se réaliseront pas, que leurs statuts seront autorisés, ainsi que la continuation de leur établissement dans Périers, et qu'on leur fournira le moyen de détromper enfin par leurs œuvres ceux qui ont pu être induits en erreur sur leur compte et de continuer le bien commencé par leurs devancières, de la trace desquelles il doit leur être permis, en ce moment, de dire qu'elles croient ne s'être pas écartées. »

Malheureusement Sœur Ste-Marie n'eut pas une aussi bonne cause à défendre, quand elle prétendit, un peu plus tard, résister à son évêque, et se maintenir en possession d'immeubles acquis à Coutances au nom de la communauté du Sacré-Cœur. Le zèle de ses premières années fut terni par sa désobéissance ouverte. L'administration épiscopale faisait écrire à la sœur rebelle, le 7 mars 1841 : « N'ayant obtenu de vous pour fruit de mes vives instances
« que des réponses indignes d'une religieuse, je vous annonce
« aujourd'hui que vous ne faites plus partie de la communauté
« des Dames du Sacré-Cœur, et qu'à partir de ce moment vous
« n'aurez plus le droit d'en porter le saint habit. J'en informe à
« l'instant Monsieur le Curé de Périers, afin qu'il veille à ce que la
« sainte communion ne vous soit plus donnée, si vous vous pré-
« sentez avec l'habit religieux. » Mademoiselle Lenoir dut se retirer à Saut-Chevreuil. C'est dans ce nouveau domicile que l'ancienne religieuse de Périers essaya de faire prévaloir ses prétentions contre Mademoiselle Milet, demeurant à Coutances, et Supérieure de la communauté du Sacré-Cœur. Nous n'avons plus à suivre les débats du procès qui lui fut intenté. Ces discussions pénibles n'appartiennent plus à notre histoire ; c'est à l'historien du Sacré-Cœur à en informer le lecteur. Nous lui laissons volontiers le soin de dépouiller les volumineux mémoires publiés contradictoirement par les parties. Disons seulement, en terminant, qu'un bon acte de modestie et d'obéissance eût épargné bien des chagrins à l'ancienne supérieure et bien des dépenses à une communauté respectable.

L'ancienne supérieure de l'école des filles avait dû quitter son poste. La commune eut l'heureuse idée de s'adresser pour la direction de son école communale à la florissante communauté des Sœurs de la Sagesse. Ces religieuses fondées par le B. Grignon de Montfort à St-Laurent-sur-Sèvre (Vendée), ont une réputation qui leur a valu la direction d'un grand nombre d'établissements, surtout dans l'Ouest de la France. L'école communale des filles de Périers leur fut confiée le 21 février 1844. La première supérieure de l'établissement fut Sœur Clotilde, femme d'une distinction rare, qui appartenait à une famille distinguée de la Vendée. Elle garda ses fonctions jusqu'à sa mort, arrivée le 20 février 1869. La sœur Marie Athanase lui succéda ; elle occupait ce poste lors du départ des sœurs de la Sagesse, qui eut lieu le 18 août 1870.

La municipalité jugea à propos de confier les classes de son école des filles aux sœurs de St-Paul de Chartres, le 29 août 1870. Mais le traité intervenu entre la communauté de St-Paul et la commune de Périers ne fut signé par le préfet que le 4 décembre 1871.

La première directrice envoyée par la Supérieure générale de St-Paul fut sœur St-Lucien, remplacée le 17 avril 1871 par sœur Ste-Hortense, décédée. Le 28 septembre 1876, la communauté envoya sœur Ste-Adrienne, qui est restée à ce poste jusqu'au 27 janvier 1890. A cette époque, elle fut remplacée par sœur Elise de Jésus, et fut chargée de la direction de l'important établissement que les sœurs de St-Paul possèdent à Paris, dans le quartier populeux de Grenelle. L'école actuelle des filles fut bâtie sur les dessins de Monsieur Bérard, architecte.

Maison de missionnaires et orphelinat.

Sous les inspirations de son dévouement et de sa sollicitude pour le bien de son diocèse, Mgr Robiou avait entrepris de construire à Périers une école secondaire, destinée à remplacer celle de Muneville-sur-Mer. Placé au centre du diocèse, assez rapproché de la région du Nord alors déshéritée d'établissements de cette nature, Périers était un point heureusement choisi. Au moment où Mgr Daniel monta sur le siège de Coutances, l'œuvre s'exécutait. Des terrains d'une étendue considérable et une grande partie des matériaux nécessaires avaient été achetés, les fondations étaient posées, les murs de l'aile parallèle à la route nationale de Coutances à Cherbourg s'élevaient à une hauteur de quatre mètres sur une longueur de quatre-vingt-dix.

Mais depuis qu'avait été formé le projet de cette construction, des circonstances étaient survenues qui forcèrent de la remettre en question. La liberté d'enseignement avait été proclamée. Profitant de la liberté que donnait la loi du 15 mars 1850, la ville de St-Lô avait cédé à Ngr Robiou la jouissance du collège qu'elle venait de construire à grands frais. La ville de Valognes suivit cet exemple. Autorisée par un décret du 20 août 1853, elle abandonna à Ngr Daniel la jouissance des bâtiments de son collège. Bientôt cette concession devint illimitée. Les décrets du 16 août 1854 et du 10 novembre 1857 conférèrent à ces deux établissements le titre et les privilèges d'écoles secondaires ecclésiastiques.

Ces deux collèges et leur appropriation devaient coûter beaucoup moins que la construction commencée à Périers, et ils avaient l'avantage de répondre complètement aux besoins de l'éducation dans le diocèse. Rien dès lors n'aurait justifié les dépenses énormes qu'aurait entraînées la construction d'une École à Périers.

Vendre le sol et les matériaux de cette maison eût été rendre inutiles tous les sacrifices accomplis. La vente d'ailleurs n'eût pas rapporté la vingtième partie des dépenses effectuées. D'un autre côté, il fallait encore 400.000 fr. pour achever l'entreprise d'après le plan tracé. Dans ces conjonctures, l'autorité ecclésiastique s'arrêta au seul moyen qui fut praticable, celui de terminer seulement l'aile occidentale, et de la disposer pour servir d'habitation aux Missionnaires diocésains, qui devaient trouver là des avantages que leur séjour à Villiers était loin de leur offrir. Villiers est situé sur la frontière de la Bretagne, à 69 kilomètres de la ville épiscopale. Périers est au contraire aussi central que possible, à une distance à peu près égale des deux extrémités du diocèse, et dans une belle contrée, où abondent les moyens de communication et d'approvisionnement. On utilisa donc, en achevant de la rendre habitable, la maison de Périers ; l'on vendit le domaine de Villiers et l'on transféra à Périers la fondation des Demoiselles de Villiers. Le nouvel établissement devait conserver tous les caractères qu'avaient voulu lui assurer les pieuses fondatrices. Le conseil d'État ne vit dans la translation qu'un acte de bonne et religieuse administration ; il l'autorisa par un arrêté pris à l'unanimité.

Rien, au reste, ne fut oublié pour perpétuer le souvenir des fondatrices de l'œuvre des missions diocésaines. Il devait être célébré tous les ans dans la maison de Périers, un service solennel à leur intention et à celle de leur famille, et douze autres aux mêmes intentions dans l'église paroissiale de Villiers.

En arrivant à Périers en 1859, « les Missionnaires trouvèrent
« un enclos vaste et salubre, une habitation agréable et spacieuse,
« une belle chapelle, des salles convenables pour la bibliothèque,
« le parloir, la cuisine et les réfectoires ; au premier étage quinze
« chambres habitables. On se proposait de terminer plus tard
« l'appropriation du second étage, pour le mettre en état de rece-
« voir quelques-uns des prêtres que l'âge ou les infirmités con-
« traindraient de renoncer à l'exercice actif du ministère (1). »
Les Missionnaires Eudistes qui vinrent se fixer à Périers avaient pour supérieur le R. P. Coubart, homme instruit et expérimenté, qui a dirigé l'œuvre des missions diocésaines au grand profit des âmes de toute la contrée.

L'ancienne résidence des Missionnaires Eudistes devint un orphelinat de garçons, à la suite de la guerre Franco-allemande. La direction de l'établissement fut confiée aux sœurs de la doctrine chrétienne de la Miséricorde de St-Sauveur-le-Vicomte. Leur habileté et leur industrieuse économie leur permettent de pourvoir chaque année aux besoins de 100 orphelins.

---

(1) Lettre de Mgr l'évêque de Coutances et Avranches au clergé de son diocèse. N° 58. 1er mai 1859.

CHAPITRE XII

DESCRIPTION DE L'ÉGLISE DE PÉRIERS

L'Eglise est intéressante ; elle n'a de supérieure à elle pour l'ensemble et les détails, dans l'arrondissement de Coutances, que la cathédrale, l'Eglise St-Pierre de Coutances et l'ancienne Eglise abbatiale de Lessay, devenue Eglise paroissiale. Elle présente quelque complication dans l'analyse chronologique de ses diverses parties. Elle se compose du chœur, d'une nef principale et d'un transept ou nef transversale. La nef principale et le chœur sont garnis de bas-côtés qui ne se prolongent que jusqu'au sanctuaire. L'Eglise offre donc l'image d'une croix dont les branches s'étendent du nord au midi, et dont la tête, que figure le chœur, est tournée vers l'est.

On distingue plusieurs époques dans l'architecture de cette Eglise. Les deux extrémités du transept sont du XII° siècle : leurs murs sont garnis de modillons carrés, simples, ou représentant des figures grimaçantes ; les contreforts qui buttent les murs sont peu saillants ; dans l'un des murs, celui donnant sur la place, on remarque encore, malgré les retouches qu'il a subies, de l'*opus spicatum*, c'est-à-dire des pierres disposées en arrête de poisson, ou en feuille de fougère ; on y distingue aussi avec intérêt une porte romane, aujourd'hui bouchée, dont l'archivolte est ornée d'un cordon de billettes. Les fenêtres qui éclairent cette partie de l'édifice sont postérieures au XII° siècle, et les toits ont été abaissés ; car on voit encore au-dessus des nouveaux l'arrête des anciens.

Le chœur, les quatres piliers de la tour et la nef principale sont du XIII° siècle. Les nefs latérales sont, je crois, du XIV° siècle, peut-être même pourrait-on les regarder comme du XIII°. Les chapiteaux des colonnes sont couverts de feuilles d'acanthe, de volutes ou crochets un peu épanouis, et de petites figures grimaçantes dont l'une tire la langue. La base des colonnes offre une scotie bien évidée entre deux tores inégaux.

Les voûtes de la nef et des bas-côtés sont plutôt, je crois, du XVI° siècle que du XV°.

Le chœur présente trois grandes arcades à ogive de chaque côté, et la nef principale en offre six, non compris celles de la tour qui s'élève entre chœur et nef. Sur un des piliers de la nef on lit le millésime 1509, qui, sans doute, est la date de quelques-uns des travaux exécutés dans l'Eglise.

Le sanctuaire et les deux chapelles absidales sont du XV° siècle. Leurs voûtes offrent des arêtes prismatiques. Les trois fenêtres qui éclairent le sanctuaire forment un rond-point; elles sont à doubles meneaux, et leur arcade est remplie de compartiments variés. Les murs sont tapissés d'arcatures trilobées ou polylobées dont les rampants, reposant sur des animaux qui font l'office de cariatides, sont garnis de crochets, et couronnés d'un fleuron. Deux de ces rampants se terminent, à leur extrémité supérieure, par un pédicule, destiné, peut-être, à recevoir une statue. On a eu le mauvais goût de partager en deux ces belles arcatures par des tablettes en marbre.

Les murs du sanctuaire ou du rond-point du chœur sont, à l'extérieur, garnis de gargouilles et de contreforts qui, eux, sont appliqués sur les angles. Sur ces contreforts sont placées des niches avec des rampants couverts de crochets, et surmontés d'un petit pinacle. Toute cette partie de l'Eglise est du XV° siècle.

On remarque une grande arcade à ogive dans chaque mur des bas-côtés vers le chœur. Ces arcades, qui annoncent le XV° ou le XVI° siècle, sont sans doute celles de deux tombeaux pratiqués dans l'épaisseur des murs; on en a fait des buffets ou petites armoires. C'est encore une preuve du mauvais goût qui a présidé à l'établissement de la sacristie. Il serait à désirer qu'il fût interdit aux marguilliers, même à ceux des villes, de faire exécuter aucuns travaux dans les Eglises sans l'approbation de l'autorité religieuse.

Le chœur et le sanctuaire avaient, il y a quelques années, un grand défaut; ils étaient trop éclairés : on avait ouvert des fenêtres sur les arcades du chœur, et l'on avait agrandi et arrondi les fenêtres des bas côtés du chœur. Cette masse de lumière répandue dans l'intérieur ne convient pas à une Eglise ; elle ne prête pas au recueillement, et n'est pas appropriée aux pensées religieuses que doit inspirer le lieu saint.

La grande fenêtre occidentale a été refaite en partie ; mais ce qui reste de la fenêtre primitive annonce le XIV° siècle.

Un petit porche du XV° siècle précède la porte ouverte dans le mur septentrional de la nef. Cette porte est à deux baies, que sépare un pilier central ou trumeau : le linteau de chaque baie remonte en accolade ; le pilier central soutient une niche avec pinacle dans laquelle on a placé une Vierge debout, tenant l'Enfant Jésus dans ses bras. Cette statue, qui a quelque chose de raide, porte une couronne ornée de pointes rondes, et est bien postérieure au XIV° siècle. Un antefixe termine le pignon septentrional de ce porche.

Nos Pères, en construisant leurs Eglises, obéissaient à certaines traditions de symbolisme chrétien, jusque dans les moindres détails. Ainsi firent-ils pour le portail septentrional de l'Eglise de Périers. Pour eux, le côté septentrional de l'Eglise était la partie des puissances infernales. C'est pour cela que la parole de l'Evangile était dite par le diacre dans la direction du nord, afin d'en chasser l'esprit immonde par la vertu du texte sacré. Aujourd'hui encore, dans certaines contrées, le nord est considéré comme un côté maudit. En Angleterre, par exemple, la partie septentrionale des cimetières est presque déserte et vide de tombeaux. Selon le langage énergique du pays, on est *hors du sanctuaire*, quand on y est enterré. C'est pour la même raison symbolique que Marie, l'ennemie triomphante du démon, fut placée, comme presque partout, au portail ouvert du côté du nord dans l'Eglise de Périers.

On remarque sur le mur du bas-côté méridional de l'église deux inscriptions : l'une rappelle une fondation pour laquelle on doit dire *Pater* et *Ave Maria, Miserere* et *De profundis*; l'autre est une inscription tumulaire dans laquelle on lit: *Pater noster, Ave.* 1577. Je les signale à ceux qui auront le loisir de les déchiffrer en entier.

La nef appartient au XIII° siècle. Elle présente de chaque côté six arcades à ogive qui la mettent en communication avec les nefs latérales. La voûte est soutenue par des arcs ogives et doubleaux, dont la retombée se fait sur des colonnettes à chapiteaux couverts de feuilles plates, de crosses ou crochets, ainsi que de petites figures grimaçantes.

Les arceaux des voûtes ont leurs points d'intersection garnis de petits encadrements ou d'écussons, sur lesquels on remarque des armoiries, ainsi placées en souvenir, sans doute, de quelque bienfaiteur de l'Eglise, ou de ceux qui contribuèrent à des travaux de réparation ou de décoration. Sur un des écussons on distingue les armes de France avec les lions de Léon. Cet écusson se voit dans la première travée qui vient après le transept. A la clef de voûte de l'abside se trouvent les armoiries de l'abbaye de St-Taurin d'Evreux.

Une des clefs de voûte porte deux épées en sautoir. On remarque dans le chœur les armes de la famille David du Perron qui sont: *d'azur au chevron d'or accompagné de trois harpes de même.* Sur la vitre au-dessus de l'arcade septentrionale qui éclaire la chapelle de la Sainte Vierge, on voit les armes de la famille de Condren, qui sont: *d'argent au chevron d'azur, chargé de cinq fleurs de lys d'or, accompagné de trois lions de même, deux en chef affrontés et un en pointe.* Nous avons vu qu'un membre de cette famille avait fait quelque donation à l'Eglise.

Au point d'intersection de la nef principale et de la croisée, entre nef et chœur, s'élève la tour soutenue par quatre gros piliers d'ordre gothique. La hauteur de ces piliers, compris la voûte en arc ogive, est de quinze mètres (46 pieds); la tour qui contient les cloches et l'horloge a treize mètres soixante-cinq centimètres (42 pieds), et la pyramide a environ quinze mètres (45 pieds). La largeur de la tour mesurée extérieurement au niveau de la plate-forme est de 7 mètres 68 centimètres (22 pieds 8 pouces). Il y a un escalier à l'angle sud-est du corps carré de la tour. Le corps carré est surmonté d'une plate-forme entourée d'une balustrade à hauteur d'appui, qui est cantonnée de quatre massifs de forme parallèlipipède; et sur le milieu de la plate-forme s'élève une pyramide octogonale presque régulière, terminée par un amortissement en forme de vase. Le tout est couronné par une croix de fer supportant une girouette en forme de coq.

Les quatre pilastres carrés qui forment les encoignures de la balustrade, paraissent avoir formé la base de petites pyramides. Ces pyramides, qui cantonnaient la flèche et devaient contribuer à son ornement, symétrisaient avec le sommet de la cage de l'escalier du clocher.

Cette cage d'escalier est construite avec les mêmes matériaux et dans le même goût que la tour. L'intérieur est d'un mètre 19 centimètres (3 pieds 8 pouces). Elle contient un escalier à noyau en pierre blanche comme le reste de l'édifice. Cet escalier comprend 79 marches en pierre, hautes de 19 centimètres (7 pouces).

Pour parvenir à cet escalier, on passe par un autre situé à l'extrémité orientale du bas-côté méridional de l'Eglise. La cage du second escalier offre une largeur intérieure d'un mètre 19 centimètres (3 pieds 8 pouces). Elle contient un escalier à noyau de 62 marches en pierre.

Le corps carré du clocher est percé de 8 belles fenêtres ébrasées extérieurement, deux à chaque face. Les ébrasures ainsi que les fermetures terminées en arc ogive sont décorées de nervures. Les arcades de ces fenêtres sont couvertes de crochets. L'espace entre les pieds droits est rempli par des meneaux et des croisillons à pans coupés. Chaque croisée a de 3 mètres $1/2$ à 4 mètres de hauteur.

La galerie qui enveloppe la plate-forme est garnie de quatre-feuilles et d'une gargouille placée à chaque angle du corps carré.

De la galerie qui règne à la base de la flèche pyramidale le visiteur a devant lui un horizon parfait et fort étendu. On peut recommander la vue de ce magnifique panorama à ceux qui ne le connaissent pas.

En un mot, l'Eglise de Périers offre un beau modèle de ces tours campanaires où flèches, qu'un poète allemand a représentées comme des « *doigts inflexibles qui montrent le ciel.* » On peut se demander comment à l'exemple de nos grandes villes, une bourgade aussi modeste que Périers a pu venir à bout d'édifier une construction relativement si considérable. Eût-on réussi si, aux siècles qui ont vu naître ces beaux édifices, l'entreprise eût été laissée à l'initiative d'un conseil municipal, chargé de voter un budget communal pour faire face aux dépenses du culte? La foi de la population bourgeoise de Périers en fit tous les frais, et la foi ne calcule pas. C'est elle qui renferme tout ce qui est grand, beau, noble et élevé, et à son souffle s'épanouissent les conceptions les plus merveilleuses.

En 1806, un petit campanile surmontait le haut du pignon qui se trouve entre le chœur et le sanctuaire. Ce campanile, qui avait autrefois abrité une petite cloche, était en ruines à cette époque. On le démolit, et on termina l'aiguille de ce pignon en pierre de taille, sans autre décoration que le profil du surmont, qui est terminé en angle.

La tour contient trois cloches, deux grosses et une petite. Chacune des principales porte une des inscriptions suivantes :

L'AN 1830, SOUS LE RÈGNE DE CHARLES X, ROI DE FRANCE.
J'AI ÉTÉ NOMMÉE MARIE JEANNE PAR MONSIEUR DESREZ,
ANCIEN COMMISSAIRE DU TRÉSOR PUBLIC,
ET ANCIEN MAIRE DE PÉRIERS,
ET MADAME MARIE ANNE KADOT DE SEBBEVILLE.
VEUVE DE MONSIEUR PAING, ANCIEN PROCUREUR DU ROI AU BAILLIAGE,
DE PÉRIERS.

L'AN 1830, SOUS LE RÈGNE DE CHARLES X, ROI DE FRANCE,
J'AI ÉTÉ NOMMÉE LAURENCE BÉNÉDICTE,
PAR M. J. B. L. ROBIN-PRÉVALLÉE, DOCTEUR EN MÉDECINE,
PRÉSIDENT DU CONSEIL DE LA FABRIQUE DE L'ÉGLISE DE PÉRIERS,
ET PAR MADAME MARIE LAURENCE LEFORESTIER DE ST-MALO,
ÉPOUSE DE MONSIEUR LEPREUX, MARGUILLIER, ET BÉNITE
PAR MONSIEUR GUILLAUME FLAMBARD CURÉ ET DOYEN DE PÉRIERS

La tribune de l'Eglise est de création récente. Elle a été établie en 1847 ou 1848. C'est Le Bellier, menuisier rue du Pont-l'Abbé, qui l'a construite.

Il est bien regrettable que le maître-autel ne soit pas à sa place naturelle. On l'a déplacé et reporté vers le chœur : ainsi le sanctuaire et son rond-point ont été envahis et malheureusement sacrifiés, pour établir une sacristie derrière l'autel.

Les sentiments religieux de nos Pères auraient été blessés de voir placer un réduit semi-profane immédiatement derrière le maître-autel. On n'eût pas compris que le sanctuaire, ce lieu le plus saint d'une Eglise, servît de chemin pour arriver à un garde-meuble ou à un vestiaire.

Quand même les convenances religieuses ne s'opposeraient pas à cette transformation du sanctuaire en sacristie, il y aurait encore un motif de bon goût, au point de vue architectural, qui devrait faire comprendre la nécessité d'une sacristie placée à une autre partie de l'Eglise.

L'édifice est malheureusement altéré dans sa partie la plus belle et la plus décorée ; on a caché sous des buffets les gracieuses arcatures qui tapissent les murs du sanctuaire. Il est grand temps d'établir, au midi par exemple, en dehors de l'Eglise, à la hauteur du chœur, un édicule ou petit pavillon à usage de sacristie. On pourrait aussi prolonger chaque transept d'une travée, et ménager de la sorte une double sacristie pour les besoins du culte.

Sans doute, alors il faudra bâtir sur la place publique. Mais se trouverait-il donc, parmi les habitants de Périers, un homme assez mal inspiré pour blâmer une construction qui empiéterait de quelques pieds sur la voie publique, quand il s'agit d'empêcher un acte de vandalisme et de conserver intact le beau sanctuaire de l'Eglise?

L'Eglise de Périers possédait avant la révolution un orgue qu'avait dû lui donner le cardinal Davy du Perron, ou peut-être son neveu, Jacques Le Noël du Perron, d'abord évêque d'Angoulême, puis d'Evreux. Cet évêque a fait plusieurs donations à l'Eglise de sa paroisse natale.

Vraie Croix.

La grande richesse du trésor de l'Eglise est une relique de la vraie Croix. Elle est le sujet d'un récit merveilleux, ou, si l'on veut, d'une légende traditionnelle dans la localité, fleur épanouie dans un temps de foi naïve, et dont tant de générations ont respiré le parfum. On nous permettra de cueillir au passage cette pieuse légende, dans les souvenirs de la bourgade, et de la présenter au lecteur.

A l'époque des croisades, un chevalier revenant de la Terre-Sainte, rapportait une relique de la vraie Croix, qu'il destinait à son Eglise. En passant par Périers, au moment où il va franchir au-dessus de l'Eglise, le ruisseau de la Holcrotte, son cheval se cabre, les cloches de l'Eglise se mettent en branle, sans qu'aucune force visible intervienne. Le croisé éperonne sa monture : vains efforts. Le cheval refuse de passer le ruisseau. Le cavalier comprend qu'il y a dans cet événement du mystère ; le dessein de Dieu est manifeste ; il veut que Périers demeure dépositaire du précieux trésor dont le croisé est porteur. Celui-ci obéit à l'ordre du ciel et continue son chemin, sans que l'histoire ait jamais livré son nom aux générations suivantes.

Quoiqu'il en soit de l'authenticité de ce fait, les archives de la fabrique de Périers possèdent l'original d'un bref du Pape Eugène IV, accordé en 1446, qui confirme l'existence d'une portion des reliques de la vraie Croix dans l'Eglise de Périers. Le Souverain Pontife donne des indulgences en faveur de ceux qui contribueront par leurs libéralités à la réédification de l'Eglise ruinée.

Rien de mieux établi que l'authenticité de cette relique, conservée depuis des siècles dans l'église de Périers. Nous donnons ci-après les actes de 1786, de 1799 et de 1809 qui la prouvent surabondamment. Le premier acte est dû aux soins de Monsieur Duchemin, dernier curé de Périers avant la Révolution. En voici la teneur ;

« Du jeudi vingt-trois novembre 1786, au séminaire de Coutances, sous le pontificat de Pie VI, notre Saint Père le Pape, le règne de Louis seize, roi de France et de Navarre, et l'épiscopat de Monseigneur l'illust. et Révér. év. de Coutances, Ange François de Talaru de Chalmazel, nous François Le Franc, prêtre et vicaire général du diocèse de Coutances, certifions à tous ceux qu'il appartiendra que nous avons fait la visite d'une petite boîte triangulaire, couverte de cuir rouge, dans laquelle nous avons trouvé une croix de cristal scellée avec un filet d'argent auquel était entrelacé un petit cordon de soie rouge duquel pendait un cachet ou sceau parfaitement semblable à celui de l'authentique qui nous a été présenté par Michel Duchemin, prêtre, curé et doyen de Périers, diocèse de Coutances, lequel désirait que la relique renfermée dans ladite Croix de cristal, qui est selon l'authentique une petite portion de la vraie Croix de Notre-Seigneur Jésus-Christ soit exposée dans son église à la vénération des fidèles, et pour cet effet incrustée dans une croix fort ancienne, qui selon un bref du Pape Eugène IV renferme plusieurs portions de la même Croix, quoiqu'on ne puisse plus les distinguer; ce que nous avons accordé audit sieur Duchemin dans tous les points pour avoir sa pleine et entière exécution.

Donné à Coutances, ledit jour et an que dessus, sous le sceau de mon dit Seigneur Évêque et la signature de son secrétaire. »

Place du sceau　　　　　　　LEFRANC, vic. gén.
　　✝　　　　　　　　　Par mandement du vic. général
　　　　　　　　　　　　　　ROGER.

Il n'est pas jusqu'au clergé constitutionnel qui n'ait voulu élever son monument à la gloire de la sainte Croix de notre Église.

Il y a une lettre de Monsieur Mahieu, curé doyen de Périers, du 25 janvier 1809. Elle est relative à la vraie Croix. Cette lettre se référant à l'acte qu'on va lire constate que l'Église de Périers possède une petite croix qui renferme une parcelle de la vraie Croix, avec cachet entier de la cour de Rome qui en prouve l'authenticité.

Sept septembre 1799.

« François Bécherel, par la miséricorde divine et dans la communion du St-Siège Apostolique, Évêque de Coutances, département de la Manche.

Sur l'invitation des vénérables André Meslin, prêtre, curé et archiprêtre de Périers en notre diocèse, Nicolas Regnault et Jacques Philippe Hervieu, prêtres vicaires du lieu, nous nous sommes transportés en l'Eglise dudit lieu, et après y avoir attentivement examiné un petit reliquaire contenant une petite croix, laquelle renferme une parcelle de la vraie Croix, dont le révérendissime Duchemin évêque de Bayeux, et précédemment curé de Périers et notre vicaire général avait enrichi l'Eglise de Périers, ainsi qu'il nous a été attesté par les dessus dits, ce que nous l'avons (sic) nous-mêmes entendu dire au révérendissime Duchemin, nous avons trouvé entier le cachet du dit reliquaire avec toutes les marques extérieures qui prouvent sa conservation et son authenticité n'ayant éprouvé d'autre accident pendant la suppression du culte et la dévastation de l'Eglise que la perte du procès-verbal qui l'accompagnait. Pourquoi nous y avons fait apposer notre cachet en signe de notre reconnaissance et avons permis son exposition à la vénération des fidèles. En foi de quoi nous avons fait dresser le présent acte en présence des dessus dits pour tenir lieu du procès-verbal perdu et être adjoint audit reliquaire.

Donné à Périers sous notre seing, notre sceau et le contre-seing de notre secrétaire le samedi d'avant la Nativité de la Ste Vierge, le 7 septembre l'an de Jésus-Christ 1799, le 21 fructidor an VII° de la République française. »

Ont signé : † F. BÉCHEREL, évêque, MESLIN, prêtre, curé de Périers, REGNAULT, prêtre.

Contresigné : L. E. BISSON.

Pour copie conforme : Périers 25 janvier 1809.

MAHIEU, curé de Périers.

Pour copie conforme : Coutances 7 août 1864.

A. LECARDONNEL, archiviste du diocèse.

« Pierre Dupont Poursat, par la Miséricorde divine et la grâce
« du St-Siège Apostolique, Evêque de Coutances, à tous ceux qui
« ces lettres verront, Salut. »

« Nous savons authentiquement que l'Eglise paroissiale de St Pierre et de St Paul de Périers en notre diocèse, est enrichie depuis nombre de siècles d'une précieuse relique ou portion de la vraie Croix de Jésus-Christ, et qu'elle y a toujours été en grande vénération. Si le païs a été préservé dans le commencement du XVme siècle de la mortalité et de tous les funestes accidents qui ravageaient la France, on en attribue la cause à la piété particulière des habitants pour la Croix de Jésus-Christ.

« Ce fut pour seconder cette dévotion si signalée du peuple qui venait en foule dans l'Eglise de Périers les jours de l'Invention de la Ste-Croix et de son Exaltation et leurs octaves et le Vendredi-Saint pour y adorer la croix de Jésus-Christ dont une portion était exposée à la vénération des fidèles, qu'Eugène IV, par sa bulle du 20 avril 1446, accorda 100 jours d'indulgence à tous ceux ou celles qui repentans de leurs péchés et confessés visiteraient ladite Eglise à cet effet. La même indulgence fut aussi accordée les jours de Noël, de la Circoncision, de l'Epiphanie, de Pâques, de l'Ascension, de la Pentecôte, les jours de la Nativité et de l'Assomption de la Ste-Vierge, St-Jean-Baptiste et le jour de la dédicace de l'Eglise. Nous voyons par un acte daté du 3 septembre 1659, signé de Monsieur Joubert, docteur en théologie, conseiller et aumônier ordinaire du Roy, curé de Périers, et autres prêtres et personnes distinguées de différents états, que le reliquaire où cette précieuse relique était placée était altéré et que par vieillesse, pouvant être de plus de quatre cents ans, cette relique était devenue noire et toute collée à la bouette d'argent presque toute usée, pourquoi elle fut placée dans un reliquaire qu'on fit refaire sur le modèle de l'ancien. Ce reliquaire où fut placée en 1659 la précieuse relique de la vraie Croix a été exposé à la vénération des fidèles pendant plus d'un siècle et s'est encore altéré, c'est pourquoi Monsieur Duchemin alors curé de Périers, craignant que cette précieuse relique eût perdu son authenticité, supplia le Souverain-Pontife Pie VI d'enrichir son église d'une nouvelle portion de la vraie Croix qui lui fut apportée de Rome par un Père Capucin, à qui elle fut donnée pour lui remettre et substituée à la place de celle qui était dans son église depuis nombre de siècles. L'authenticité de ladite précieuse relique fut confirmée par un procès-verbal rédigé dans les formes usitées par un des vicaires généraux de Mgr de Talaru de Chalmazel, évêque de Coutances, qui permit de l'exposer dans l'Eglise à la vénération des fidèles, ce qui a été fait jusqu'au temps de la trop fâcheuse Révolution de France, pendant laquelle le procès-verbal s'est trouvé perdu.

Ladite authenticité a été reconnue par un procès-verbal bien en forme qui a été fait par Monsieur Bonté, un de nos vicaires généraux, le 15 mars dernier 1809. Les choses dans cet état, nous renouvelons par ces présentes lettres les indulgences accordées par le Souverain-Pontife Eugène IV, et nous permettons de nouveau que chaque année on fasse dans l'Eglise de Périers l'office de l'Invention de la Ste Croix, le premier dimanche du mois de may, d'un rit solennel et que ladite présente relique soit exposée à la vénération des fidèles le jour de son octave, ainsi que le jour de son Exaltation et de son octave et le Vendredi-Saint. M Clozet, un de nos vicaires généraux fera la cérémonie de placer cette précieuse relique de la vraie Croix de l'ancien reliquaire dans un nouveau décemment orné, que Monsieur Mahieu curé actuel de Périers vient de faire construire. Ledit Monsieur Clozet, notre grand vicaire certifiera que les pièces probantes l'authenticité de la précieuse relique se trouvent dans le coffre des archives de la fabrique de ladite Eglise.

Donné à Coutances le 6 may 1809 sous le seing de notre vicaire général, la souscription de notre secrétaire et le sceau de notre siège épiscopal. »

Bonté, vicaire général.

par mandement de Mgr l'Evêque

Cumont

pour l'absence de l'Ordinaire.

« Nous, Jean-Baptiste Julien Clozet, prêtre, chanoine titulaire de l'Eglise de Coutances et vicaire général du diocèse, nous sommes ransporté à Périers, pour remplir la mission que nous a confiée

Mgr l'Evêque de Coutances aux fins de vérifier, si dans les archives de l'Eglise de Périers, les pièces probantes l'authenticité de la présente relique de la vraie Croix de Jésus-Christ y seraient déposées; et pour enlever d'un ancien reliquaire ladite précieuse relique, la placer dans un nouveau décemment orné.

En conséquence de notre mission nous nous sommes fait représenter les archives de ladite Eglise, que nous avons compulsées et dans lesquelles nous avons trouvé les pièces qui prouvent l'authenticité de ladite précieuse relique ; de suite nous avons avec les cérémonies prescrites retiré de l'ancien reliquaire la précieuse relique de la vraie Croix de Jésus-Christ, et l'avons replacée dans un nouveau décemment orné que Monsieur Mahieu, curé actuel de Périers, a fait disposer à cet effet et avons exposé ladite relique à la vénération des fidèles.

La présente cérémonie faite par nous, assisté de Messieurs Jean François Mahieu, curé de Périers, Jacques Lemonnier, vicaire dudit lieu, Pierre Lemonnier, Jacques du Siquet, Jean Dujardin, chapelain de l'hospice, André Meslin et Pierre Alexis Hamelin, tous prêtres dudit lieu, en présence de Messieurs Nigault de Surouve, maire de Périers et docteur en médecine ; Leclerc Beauvais, chef de Légion, officier de la garde d'honneur de Sa Majesté l'Empereur et Roy ; Leclerc la Harizière, membre de la garde d'honneur et premier adjoint du maire ; de Fay second adjoint du maire et trésorier de la fabrique ; Robin Prévalée, membre de la garde d'honneur, marguiller et docteur en médecine ; Leclerc Deslongchamps, ancien officier, Capitaine et chef d'escadron cavalerie retraité ; Lescaudey de Maneville, adjudant de la garde nationale ; Jouan, curé de St-Sauveur-Lendelin et Hervieu, curé du Mesnilbus, lesquels ont signé avec nous le présent procès-verbal à Périers, le 7 may 1809.

MAHIEU, curé de Périers, NIGAULT, DE FAY, LEMONNIER, vicaire, HERVIEU, HAMELIN, prêtre, LECLERC, MESLIN, DUJARDIN, prêtre, L. JOUAN, curé de St-Sauveur, ROBIN-PRÉVALÉE, doc. méd, LECLERC-BEAUVAIS, MASSÉ. »

A ces pièces authentiques, joignons les poésies. Jean Ruault, recteur de l'Université de Paris, ne manqua pas de chanter les gloires de son pays natal, Périers. Dans un petit poëme latin en l'honneur de la Croix, il félicite ses compatriotes du bonheur qu'ils ont de posséder la Vraie Croix. Voici un extrait du poëme dont nous donnons plus loin la traduction en vers français :

>Felices (Pirii) locus est in Neustriâ amœnus,
>Fœcundo clarusque solo, clarusque salubri
>Aere, vicinasque sibi supereminet urbes ;
>Sive forum species, seu magni culmina templi,
>Et longam mercatorum denso agmine turbam,
>Quando dies oritur Saturno sacra vetusto.
>Largior hic œther puroque Hyperione sidus ;
>Non se dira febris, necne vis ignea pestis
>Ferre illuc potuit, vivique aspergere virus,
>(Unum sive duo si tanto ex agmine demas)
>Funera funeribus quando cumulantur acerbis,
>Atropos et quando stygiis comitata catervis
>Involat in vulgus, vicinasque opprimit urbes,
>Atque sibi circumfusum nigrantibus alis
>Percurrens orbem dat quælibet obvia morti.
>Felices, inquam, Pirii, qui nobilis armis
>Muniti crucis adstantes propè vincitis urbes.
>Sicut congeneres herbas superemicat alta
>Cedrus, et exuperat sublimi vertice plantas.
>Proquam te memorem, bona Crux, memorabilis arbos,
>Augustum lignum, Christi venerabilis ara,
>Quæ tanto *natale meum* perfundis honore
>Pro quibus haud equidem meritas persolvere grates
>Supotis, æqualive rependere munere munus.

TRADUCTION :

>Heureux Périers ! au sein de la vieille Neustrie,
>Fier de son sol fécond, de sa pleine fleurie,
>Il impose ses lois à tous les alentours,
>Son barreau des plaideurs attire le concours.
>Tous admirent son temple à la flèche élancée.
>Là, vous voyez la foule ondoyante et pressée
>Des marchands affairés et des bons paysans
>Que Saturne au marché ramène à pas pesants.
>Partout un air plus pur avive l'atmosphère,
>Un soleil plus riant nous chauffe et nous éclaire.

Jamais la fièvre ardente et la peste en courroux
Ne franchirent ton seuil préservé de leurs coups.
(Exceptons-en pourtant trois ou quatre victimes),
Tandis qu'aux environs, fauchant toutes les cimes,
La mort inexorable entassait deuils sur deuils,
Et, toujours vers Pluton poussant les noirs cercueils,
Epouvantait le monde au bruit sourd de ses ailes !
Heureux, dis-je, ô Périers ! Tant que tes murs fidèles
Garderont la Croix sainte, en signe de ta foi,
Au milieu des cités assises près de toi
On te verra toujours dresser ta tête fière,
Comme le cèdre altier domine la bruyère,
Comme le noble chêne efface l'humble fleur.
Mais que fais-je en voulant célébrer ta grandeur,
Signe auguste, arbre saint, gage aimé de victoire,
Qui couvres mon pays d'une si grande gloire ?
Pour chanter la Croix sainte, ô Dieu, qui suis-je donc ?
Et qu'est mon faible hommage auprès d'un si grand don ?

Cimetière.

L'ancien cimetière entourait l'Eglise et s'étendait principalement vers le sud-est dans le terrain qui forme aujourd'hui la place de l'Hôtel-de-ville.

Ce cimetière supprimé, vers 1792, fut transféré à l'endroit où il est aujourd'hui, dans une pièce de terre dépendant du manoir de Basmaresq, et appelée le *lieu St-Jacques*. Ce nom lui venait d'une chapelle érigée en l'honneur de St Jacques au commencement du XVIII° siècle. De là le dicton populaire à Périers : « *s'en aller à St Jacques* » pour « *pencher vers la tombe.* » Le cimetière a été agrandi à deux reprises, du côté du levant vers les années 1860 et 1865.

La majeure partie des terres de l'ancien cimetière fut employée par Monsieur de Maneville à exhausser le sol de sa prairie, appelée la Précourerie. Cette partie de prairie est aujourd'hui comprise dans les dépendances de la gare de Périers. Les autres terres enlevées tout autour de l'Eglise dans l'emplacement du cimetière servirent à niveler la grande place et les rues aboutissantes. C'est à l'enlèvement de ces terres qu'est due la différence de niveau entre le sol de l'Eglise et celui des places qui l'environnent. L'empattement peu gracieux de tout le pourtour de l'Eglise est destiné à protéger les fondations. Celles-ci ne pouvaient rester à nu, par suite de l'enlèvement des terres voisines, sans compromettre la solidité du monument. L'esthétique eût demandé la reprise en sous-œuvre des fondations dans tout le périmètre de l'édifice. Mais soit raison d'économie, soit crainte de nuire à la solidité des murs, on a préféré les entourer d'un talus revêtu de pierres.

APPENDICE

NOTABILITÉS

Auxais (Joseph-Angélique d')

Né à Vindefontaine le 3 octobre 1756, était fils de messire François-Alexandre d'Auxais, écuyer, de Sainteny, et de noble dame Marie Marthe le Danois. Frère de Marie Marthe Rose d'Auxais, religieuse augustine de Carentan, il était le neveu de R. d'Auxais, curé de la paroisse de ce nom au diocèse de Coutances. Il était prêtre de Vindefontaine et demeurait à Carentan, à l'époque de la Révolution. Il représenta Monsieur Sallin, curé de N.-D. de Carentan, le 16 mars 1789, à l'assemblée des trois ordres du Grand bailliage du Cotentin, qui se tint dans la nef de l'Eglise cathédrale de Coutances. Obligé, pour se soustraire à la persécution, de prendre le chemin de l'exil, il passa de Jersey en Angleterre, en novembre 1796. Après son retour, l'abbé d'Auxais fut nommé curé de Sainteny. Démissionnaire le 30 janvier 1812, il vint habiter Périers, où il mourut le 18 novembre 1824.

Auxais (Jules-Charles-François-Alexis comte d')

Neveu du précédent, naquit à Périers le 10 juillet 1814 dans la maison qui est devenue le presbytère. Il épousa mademoiselle Louise Gigault de Bellefonds. Devenu par cette alliance un des grands propriétaires du département de la Manche, il mit constamment son intelligence et son cœur au service des plus nobles causes. Il a entrepris la réédification du château de St-Aubin-du-Perron et la création de ces belles avenues qui en décorent les abords. C'est là qu'il aimait à mûrir dans la solitude ses généreux sentiments et ses bienfaisantes pensées. Maire de St-Aubin-du-Perron, membre du conseil général pour le canton de St-Sauveur-Lendelin, et vice-président de cette assemblée, il fut élu représentant de la Manche à l'Assemblée nationale, le 8 février 1871, le quatrième sur onze par 71.722 voix. Il souscrivit à la réunion des Réservoirs, vota constamment avec la droite monarchique et repoussa l'ensemble des lois constitutionnelles. Aux élections sénatoriales du 30 janvier 1876, il se présenta dans son département comme candidat conservateur, et fut élu à ce titre, le dernier sur trois, par 404 voix sur 749 électeurs. Il siégea dans les rangs de l'extrême droite et ne fut pas réélu aux élections triennales du 5 janvier 1879. Il mourut dans son château du Perron le 24 août 1881. Ses obsèques se firent le samedi 27 du même mois. L'Evêque de Coutances, Mgr Germain, fidèle à une amitié de 24 ans, voulut les présider et consoler sa douleur et celle de la famille et des amis du comte d'Auxais, par un discours qui n'appartient pas à cette histoire. Nous ne pouvons reproduire les paroles que le comte de Pontgibaud prononça sur la tombe du défunt. Elles achèveraient le portrait de cet homme sympathique, qui s'appela le comte d'Auxais, Commandeur de l'Ordre Pontifical de St Grégoire le Grand, conseiller général, ancien député à l'Assemblée nationale, ancien sénateur de la Manche. Il avait pour armes : *de sable à trois besans d'argent* (1).

(1) Auteur à consulter : Vapereau, Dictionnaire des Contemporains.

Avril (Jacques-Pierre)
Inspecteur cantonal de l'Association normande
à Périers (Manche) (1)

Monsieur Jacques-Pierre Avril, né à St-Côme-du-Mont, le 2 décembre 1770, et mort à Périers le 13 juillet 1859, âgé de 89 ans, appartenait à une très-ancienne famille bourgeoise qu'on voit figurer dès l'année 1458. Son père, Jacques Hervé Avril, sieur des Drouries, fut bailli de Blosville, et procureur du Roi à l'amirauté de Carentan et d'Isigny.

Monsieur Avril fut un de ces hommes qui font honneur à leur pays, sans qu'il leur apporte cette illustration que donne souvent une vie mêlée à de grands événements, ou consacrée à de grands travaux historiques, littéraires ou scientifiques.

A peine âgé de 19 ans, il fut député par ses concitoyens pour assister comme garde national, le 14 juillet 1790, à la fête de la Fédération à Paris. Le hasard voulut qu'il fût de garde aux Tuileries, au moment où les enfants de France vinrent jouer sur la terrasse. Le Dauphin, devenu l'infortuné Louis XVII, lui donna un œillet, qu'il conserva toujours comme un précieux souvenir.

Pendant la Terreur, il devint suspect et fut traité d'aristocrate. Forcé lui fut d'aller se cacher au Hâvre, où il attendit des jours meilleurs, pour revenir près de sa femme et de sa fille.

Il devint en l'année 1800, un des administrateurs de l'hospice de Périers, et il l'était encore au moment de sa mort.

Nommé, en 1802, juge de paix du canton de Périers, il en exerça les fonctions jusqu'après la Révolution de février 1848. Alors il demanda et obtint sa retraite. Pendant cette longue période de magistrature, Monsieur Avril administra paternellement la justice dans le canton dont il dirigea et surveilla les intérêts avec zèle, sagesse et intelligence. Il était plein de bienveillance et d'un esprit conciliant, estimé de ses justiciables qui avaient une entière confiance dans sa droiture, son impartialité et la rectitude de son

(1) Annuaire des 5 départements de la Normandie. 27e année p. 523.

jugement. Presque toujours les parties se retiraient après s'être conciliées ; ses décisions judiciaires étaient entourées de tant de respect et d'autorité que rarement les parties en appelaient devant le juge supérieur. Ainsi il avait cette douce satisfaction pour un magistrat, de prévenir ou de terminer promptement les procès, et de ramener le calme et la paix au sein des familles, ou entre deux voisins dont un débat de minime intérêt pouvait faire deux ennemis. L'Administration, en 1812, ordonna des visites domiciliaires et des perquisitions pour forcer les détenteurs de grains à les porter aux halles voisines. Monsieur Avril, dans ces moments difficiles, apporta dans l'accomplissement de ses fonctions, autant de modération que de fermeté : il sut concilier les exigences du moment avec les besoins des familles et rendit de non moins grands services par la manière dont il organisa la distribution des secours.

En 1816, l'Administration des Douanes fit défense d'enlever le sable de mer dans le hâvre de Lessay, sous prétexte que les habitants des communes voisines se livraient à la fabrication du sel. Cette mesure, qui sacrifiait les intérêts de l'agriculture à un intérêt fiscal, jeta l'inquiétude dans l'esprit des populations, et excita de vifs mécontentements qu'exploitaient les ennemis du gouvernement. Monsieur Avril, sans mission officielle, mais seulement par son désir ardent d'être utile à son pays, se rendit à Paris, et y plaida si chaleureusement et à l'aide de si bonnes raisons la cause de l'agriculture qu'il obtint la levée de l'interdiction.

Peu de temps après, il fut fait Chevalier de la Légion d'honneur.

Jusqu'aux derniers jours de sa longue existence, il a énergiquement combattu toutes les demandes en concession des terrains sur lesquels chaque jour la mer dépose ses engrais, connus sous le nom de *tangues* et qui sont pour le pays et son agriculture une source de richesse. Cette question des tanguières fut pour lui une question capitale qui l'occupa constamment ; souvent il s'en entretenait avec ses amis ou leur écrivait pour leur demander des conseils ou l'indication des moyens de droit qui pourraient lui assurer le succès de sa cause ; il se plaisait à raconter une petite anecdote sur un moyen qu'un jour il employa pour sauver les tanguières du hâvre de Lessay, et qui prouve surtout la grande influence qu'il avait dans son canton et les cantons voisins. Des spéculateurs avaient formé une demande en concession de terrains. Le préfet du département, qui leur était favorable et qui ne paraissait pas croire à l'importance et à l'utilité des tanguières, écrit un jour à Monsieur Avril, alors membre du conseil général, qu'il ira déjeuner avec lui et qu'ils iront ensuite visiter ensemble les tanguières du hâvre de Lessay. Monsieur Avril qui n'avait devant lui que 24 heures, les employa utilement. Ecrivant aux uns, dépêchant des personnes de confiance aux autres, il fait savoir à tous, sans autre explication, qu'ils eussent à se trouver, le lendemain à une heure qu'il leur indiquait, avec leurs *bannes* dans le hâvre et aux approches du hâvre de Lessay. Sans s'inquiéter des motifs d'une pareille invitation, mais certains que la démarche était nécessaire puisqu'elle était réclamée par Monsieur Avril, l'actif défenseur des tanguières, tous furent fidèles au rendez-vous ; et quand le préfet arriva sur les lieux, objet de sa visite, il se trouva au milieu de plus de 3.000 voitures, les unes pleines de tangue, les autres qu'on chargeait : il s'en retourna convaincu de la nécessité des tanguières.

Monsieur Avril que la nature avait doué d'une bonté naturelle et simple et d'un esprit actif et perspicace, a toujours prêté l'appui de son concours à ceux qui le lui ont demandé, et utilisé au profit de tous le crédit légitime dont il a joui comme magistrat et successivement comme conseiller d'arrondissement, conseiller général et député.

Inscrit depuis 20 ans au nombre des membres de l'Association Normande, il lui témoigna toujours le plus vif intérêt. On n'a pas oublié la part active qu'il prit aux enquêtes agricoles qui se firent à Coutances et à Carentan lors des sessions que vint y tenir l'Association Normande. A l'aide de ses habitudes pratiques en agriculture, de ses essais prudents pour améliorer et perfectionner ses cultures, il a donné à la contrée où il vivait une heureuse impulsion et de bons exemples à suivre. Dans les concours agricoles du pays, ses bestiaux étaient toujours primés et les récompenses qu'il obtenait ainsi témoignaient de ses succès.

Monsieur Avril a atteint le terme d'une longue existence sans aucune de ces infirmités qui accompagnent la vieillesse, conservant jusqu'au bout toutes ses facultés intellectuelles. Lorsque la mort vint le surprendre, il vivait heureux de l'estime et de la considération qui l'entouraient, mais heureux surtout des tendres soins et de la douce affection d'une fille bien-aimée, Madame la marquise de Piennes, qui après avoir par sa douceur, sa bonté et sa patience rendu moins tristes les derniers jours de son mari atteint de cécité, a été pour son vieux père un modèle de piété filiale.

Un concours extraordinaire de citoyens appartenant à toutes les classes de la société et accourus de tous les cantons voisins pour assister à ses funérailles, suivit jusqu'à sa dernière demeure le corps de Monsieur Avril. Un hommage si spontané et si éclatant est le plus bel éloge qu'on puisse faire d'un homme de bien.

De Basmaresq (Le Canu).

Le Canu de Basmarest ou de Beaumaresq, né à Périers vers 1760, fit ses études au Collège de Coutances. Il publia un volume de poésies intitulé : Poésies de M. Le Chevalier de Beaumaresq (1785, in-8° de 96 pages. s. n. de l. ni d'impr.)

Les biographes ne parlent pas de cet auteur. Une lettre de M. de Gerville, écrite le 3 octobre 1826, complète ces renseigements biographiques. « Monsieur de Beaumaresq était, dit-il, un homme de bonne maison qui, au moment de la Révolution, avait mangé tout son patrimoine d'une manière très-ordinaire. Il est né à Périers et a fait ses études à Coutances. Après quoi il est allé demeurer à Caen, chez un nommé Pelletier, éditeur d'un assez triste journal intitulé : *Les petites affiches*. Monsieur de Beaumaresq y insérait de temps en temps des pièces de poésie de sa composition. On ignore ce qu'il est devenu ; on dit qu'il a été tué en pays étranger, mais on n'a aucune certitude de sa mort, ni du genre de sa mort ; s'il vivait il aurait une soixantaine d'années ; il était très-proche parent de Monsieur de Chiffrevast. »

Il est porté sur la liste d'émigration comme possédant des biens sur la commune de Périers, au district de Carentan ; et son émigration est constatée le 28 juillet 1792.

Nous ne savons s'il portait pour armoiries, comme Canu, sieur de Basmaresq et lu Martel en Normandie, Election de Caen, savoir : *de gueules, au lion d'or, au chef de même.*

Anaïs Le Noël de Groucy
dite en religion La Révérende Mère Benjamin,
sœur de Saint-Paul de Chartres.

Les lecteurs des Annales de la Propagation de la Foi et de la Sainte-Enfance y ont trouvé plus d'une fois ce nom, synonyme de devoûment aux œuvres qui honorent le plus la France en Orient. La sœur Benjamin fut pleurée par les dignes filles de St-Paul de Chartres, quand une dépêche du 19 mai 1884 vint leur apprendre la mort de la supérieure principale de leurs établissements situés en Chine, au Japon et au Tonkin. La vénérable religieuse fait trop d'honneur à la ville à laquelle elle appartient par sa naissance pour ne pas mériter une notice dans ce volume.

Anaïs Le Noël de Groucy était née le 24 octobre 1821, à Périers, de Pierre Le Noël de Groucy et de Virginie Le Neveu. Entrée à la Communauté de St-Paul de Chartres le 18 octobre 1841, elle y fit sa profession deux ans après, le 1" octobre 1843. Elle avait donc vingt-deux ans, quand elle prit devant les saints autels l'engagement de se consacrer au service de Dieu et des membres souffrants de Jésus-Christ. La supérieure appelée à donner son témoignage sur la novice pour sa réception, avait répondu que la vertu dépassait l'âge. Sœur Benjamin (c'était le nom de religion de Mademoiselle de Groucy), fut d'abord maîtresse de classe au Pensionnat de Dourdan (Seine-et-Oise); en 1847, elle remplaça au noviciat de Chartres, sœur Zoïle partie pour la fondation d'Angleterre ; en 1849, elle succéda comme maîtresse des novices à la révérende mère Victorine, devenue supérieure générale. Sœur Benjamin dépensait un grand zèle dans ce laborieux emploi, mais il fallait autre chose à son ardeur: elle se sentait appelée aux Missions ; après neuf ans d'attente elle obtint enfin la faveur de s'y consacrer. Ce fut le 15 décembre 1858 que, parvenue au comble de ses vœux, elle put s'embarquer à destination de Hong-Kong (Chine), où on l'envoyait comme supérieure.

De graves difficultés l'attendaient dès l'arrivée en Orient, après un voyage de six mois. Mais son intelligente énergie sut triompher de tout à Hong-Kong ; bien plus, la guerre entre la France et la Cochinchine, en 1859, lui donna l'occasion d'étendre singulièrement la sphère du bien qu'elle et ses compagnes étaient appelées à faire dans ces lointaines régions. Après les victoires obtenues sur les Annamites, Mgr Lefebvre, vicaire apostolique demanda des religieuses à sœur Benjamin ; ce fut le premier établissement à Saïgon. Commencé dans une pauvre case, il ne devait pas tarder à devenir une maison magnifique, où la Charité allait se déployer sous mille forme ingénieuses. Le Commandant français réclama bientôt d'autres sœurs pour la création d'un hospice.

Répondant à cet appel, au mois de juin 1861, La Révérende Mère Benjamin quitta Hong-Kong pour se fixer à Saïgon. Elle amenait aux sœurs, établies dès le commencement de l'occupation française, un renfort de cinq religieuses. Un nouveau convoi de sœurs vint de France, au mois d'octobre de la même année, augmenter la petite famille. En même temps les supérieures de Chartres intimaient à la bonne supérieure l'ordre de faire de Saïgon le centre des établissements que les sœurs de St Paul dirigeaient dans l'Extrême-Orient. C'était demander à la Mère Benjamin de sortir du provisoire pour s'installer à demeure.

La remarquable intelligence de la supérieure allait faire face à tous les besoins et seconder admirablement les intentions de la Maison-Mère.

Elle s'établit d'abord à côté de l'hôpital, mais l'amiral Bonnard lui ayant concédé, à la date du 14 août 1862, un vaste emplacement situé auprès du séminaire, elle se mit de suite à bâtir. Grâce à l'habile direction d'un chrétien tonkinois fort intelligent et très-désintéressé, — puisqu'il refusa tout salaire, se contentant de la nourriture, — les travaux avancèrent rapidement. Deux ans après, le 18 juillet 1864, les sœurs de St-Paul, sous la conduite de la Révérende Mère Benjamin, avec leurs cent cinquante orphelins, prenaient possession de leur maison, et le 10 août suivant Mgr Lefebvre bénissait la chapelle à la flèche élevée et gracieuse et que sans doute la bonne supérieure avait voulue telle pour y trouver une image de la patrie absente. Cette jolie flèche est le premier objet qui frappe la vue de loin, quand on remonte le fleuve pour arriver à Saïgon.

Sœur Benjamin était définitivement fixée à Saïgon en février 1862. Les fondations avaient pris dès lors trop d'importance pour que la supérieure principale en fût habituellement éloignée. La France devait la revoir en 1866; mais en 1869, après quelque temps de résidence à Paris, où elle dirigeait les classes communales de Grenelle, sa santé lui permit le retour à Saïgon. Elle s'y livra tout entière à ses chères œuvres, et le nombre des établissements n'a fait que s'accroître sous la sage direction de cette femme-apôtre. Il y en a maintenant une dizaine en Cochinchine, elle en a ouvert deux au Japon, un au Tong-King. Celui de Hong-Kong rend toujours d'immenses services. Mais nous devons à la pieuse curiosité des lecteurs quelques détails sur ces fondations diverses.

Les enfants païens étaient recueillis et soignés dans l'orphelinat des Sœurs de St-Paul de Chartres. Mais une autre classe d'enfants préoccupait à bon droit l'esprit de la Mère Benjamin. De malheureux enfants, fruits de la débauche et du concubinage, traînaient dans les rues de Saïgon une enfance flétrie, abandonnés souvent de leur mère, quand le père était retourné en France, ou quand il était mort. Dès 1869, la Mère Benjamin ouvrit un pensionnat pour les jeunes filles métisses. Ce pensionnat devait comprendre plus tard deux sections séparées : une première division, formée des enfants issus de mariages légitimes entre parents européens, et une seconde division pour les métisses. Séparées soigneusement des enfants indigènes, ces jeunes filles reçoivent une éducation française qui les met en état de s'établir convenablement plus tard dans la colonie.

Après s'être occupée d'assurer l'avenir des enfants, la supérieure n'eut garde d'oublier les mères. Ces pauvres filles annamites que des misérables se font un jeu de séduire et d'abandonner ensuite, voudraient bien quelquefois rompre avec le vice, surtout celles qui sont chrétiennes. Pour cela il leur faut un refuge. Le créer était une œuvre ingrate et difficile. La Mère Benjamin, sans autre ressource que sa confiance en la Providence, ouvrit en 1875 un refuge dans sa Maison aux malheureuses victimes du vice. De la part de la vénérable supérieure, c'était une œuvre de charité héroïque. Au lieu de l'admiration, elle lui valut pourtant la haine d'un bon nombre de résidents européens. Des accusations de séquestrations arbitraires et de mauvais traitements furent formulées ; l'opinion publique s'émut : la Révérende Mère dut comparaître devant le tribunal et se vit condamnée à une amende ; en même temps un procureur de la République faisait déclarer aux filles de l'établissement que personne n'avait le droit de les retenir et qu'elles pouvaient retourner à leur honnête métier. Heureusement cet appel officiel à la débauche produisit peu d'effet, et le temps n'était pas éloigné où le Refuge de Saïgon devait compter quatre-vingt-dix pensionnaires.

C'est encore à l'initiative intelligente et au zèle de la sœur Benjamin qu'est due la Sainte-Enfance de Saïgon. Par la réunion de ces trois œuvres dans le même établissement : orphelinat pour les enfants abandonnés, pensionnat et refuge, elle compte habituellement de six à sept cents personnes. Mais tant de travaux n'épuisaient pas encore l'activité de la Supérieure. Elle donnait ses soins aux hôpitaux militaires de Saïgon et de Mỹ-tho. Un second orphelinat s'élevait dans cette dernière ville en 1864, un autre en 1870 dans la ville chinoise de Cho-lon, un quatrième en 1871 dans la chrétienté de Vinh-long et un cinquième à Bien-hoa, en 1876. Toutes ces fondations réclamaient la direction aussi éclairée qu'incessante de la Mère Benjamin. Mais tout n'était pas de nature à la dédommager des travaux et des peines qu'elle se donnait pour ces utiles établissements. En Cochinchine, l'inconstance naturelle du caractère annamite rend aux enfants toute sujétion impossible. De là les désertions successives d'enfants devenus capables de gagner leur vie. La bonne supérieure découragée de ces désertions de garçons de l'Orphelinat-ferme de Bienhoa, crut qu'il lui serait plus facile de conserver les enfants en les retenant sous sa main. C'est ce qui l'amena à transporter cet orphelinat-ferme aux portes de Saïgon, dans la chrétienté de Thinghe.

A côté des orphelinats vinrent se grouper les écoles des paroisses. Ce n'est pas un des moindres services rendus par la Mère Benjamin à la colonie que ces écoles de filles, dans lesquelles la femme annamite a reçu pour la première fois les bienfaits de l'éducation. Ces écoles sont en dehors de Saïgon au nombre de cinq : Bien-hoa, Tan-dinh, Cho-lon, My-tho et Vinh-long. On y enseigne aux jeunes filles le catéchisme, la lecture, l'écriture, le français, et chose d'un prix inestimable pour elles, la couture avec tous les petits travaux qui les mettront un jour à même de tenir leur maison.

Les Sœurs de St-Paul, toujours sous l'inspiration de la Mère Benjamin, ont couronné leur œuvre dans la mission par la création des hôpitaux indigènes. Déjà, Mgr Lefebvre en avait fait l'essai à Saïgon. Mais l'administration coloniale, cédant à des préoccupations sectaires, confisqua la fondation du vénérable évêque et renvoya les sœurs. Mais l'esprit de secte comptait sans la foi et le zèle de la sœur Benjamin. Chassée d'un endroit dans la personne de ses filles, elle plie sa tente et la replace ailleurs. Bientôt elle ouvre, à ses frais, sans autres ressources que les secours éventuels de la Providence, un autre hôpital dans la chrétienté de Thi-nghe. Cette œuvre bénie des hôpitaux indigènes s'est multipliée en Cochinchine. A Bien-hoa, à Cho-lon, à My-tho, à Vinh-long, de nouvelles maisons se sont ouvertes, et l'année même de sa mort la vénérable supérieure avait la consolation de voir ses filles donner leurs soins à mille trois cent soixante-quatre malades, presque tous païens. Ils entrent en foule dans ces saintes maisons qui sont pour eux la porte du ciel ; car bien que l'on n'exerce sur eux aucune pression, c'est rare que les malades ne demandent pas eux-mêmes le baptême. Et si l'on demande comment vivent ces hôpitaux, sans presque aucun revenu fixe, c'est le cas pour toute explication de recourir au mystère toujours renouvelé de la merveilleuse fécondité des œuvres catholiques. N'a-t-on pas vu la Mère Benjamin et ses sœurs venues de France s'en aller de porte en porte mendier le riz et les médicaments nécessaires à leurs douze cents malades ? et partout, même chez les païens les plus hostiles, elles sont reçues avec l'admiration que provoque leur héroïque charité.

Mais là encore ne s'est pas bornée l'œuvre de la Mère Benjamin. Elle voulut se créer des aides à elle-même et à ses compagnes venues de France. Elle a entrepris de former les Annamites à ce difficile ministère du service des pauvres. Elle a réussi à former une soixantaine de sœurs ou novices indigènes. Triompher à ce point du caractère et du tempérament annamite, le plier aux exercices de la vie active et au service du prochain, c'est là, pour qui connaît ces peuples, un de ces résultats que la grâce seule pouvait produire. Mais ce ne sera pas un des moindres mérites de la supérieure et de ses filles d'avoir tenté cet effort surhumain. (1).

La Besnardière (JEAN-BAPTISTE DE GOUEY, COMTE DE)

Fils de Jean-Baptiste de Gouey La Besnardière et de Claire Bernard de la Hougais (2), naquit à Périers le 1er octobre 1765. Il fit d'abord partie de la Congrégation de l'Oratoire, et se chargea après la dispersion des Ordres religieux, de l'éducation de plusieurs jeunes gens de famille. La nécessité le contraignit bientôt à solliciter un emploi : en 1796, le 15 avril, (26 germinal, an IV,) par décision du ministre, Ch. Delacroix, il était nommé principal commis, section des passe-ports, au ministère des affaires extérieures. En juillet et août 1796, (thermidor an IV) il était 3e sous-chef, dans la même section des passe-ports. Trois ans plus tard, en septembre 1799, (vendémiaire, an VIII) il était sous-chef des relations commerciales, pour devenir chef de la 2e division politique en mars et avril 1805 (germinal an XIII), et en 1807, il prenait la

---

(1) Louvet, La Cochinchine religieuse, t. II. p. 370.
(2) Tous les deux sont décédés à Périers.

direction de la 1'" division politique, poste qu'il conserva jusqu'en 1814. Lors de la campagne de Russie, il fut attaché au gouvernement de la province de Wilna, et fit, après la retraite de Moscou, un rapport plein de vues remarquables sur la situation de l'Europe. Il fut créé Comte par ordonnance du 22 août 1815. Il assista au Congrès de Châtillon et accompagna à celui de Vienne Talleyrand, sur l'esprit duquel il exerçait la plus grande influence. Le retour des Bourbons ne fut pas défavorable à sa fortune. La Besnardière devint, en 1826, Conseiller d'Etat en service extraordinaire et resta en outre chargé de la direction des travaux publics aux affaires étrangères. Après 1830, il se retira complètement de la vie publique. Les nombreux papiers qu'il a laissés, principalement sur l'organisation des pouvoirs exécutifs et législatifs, ont été placés aux archives du ministère dont il a été un des fonctionnaires les plus laborieux. — « Napoléon, dit un biographe, aimait à travailler avec La Besnardière, et ne dédaignait pas de le consulter dans les grandes occasions. « On prétend que *le bonhomme* (c'est ainsi qu'il l'appelait) est l'élève de Talleyrand, disait un jour l'Empereur, eh bien! moi, je crois que c'est Talleyrand qui est l'élève du *bonhomme*. » Le comte de La Besnardière était le frère de Madame veuve Hervieu dit *Poppo*, née le 2 avril 1770 et décédée rue du Pont-l'Abbé, à Périers, le 18 mai 1857. Il mourut à Paris, le 30 avril 1843.

Rabbe, Biogr. des Contemporains; — Fastes de la Légion d'honneur; — Arnaud, Jouy et Norvins, Biogr. des Contemporains; — Hœffer, Nouv. Biogr. générale.

Cautionnart. (Hyacinthe-Antoine)

Baptisé par l'archevêque de Reims, dans le diocèse duquel il était né, M. Cautionnart eut le bonheur d'avoir pour maîtres ces hommes dont les talents supérieurs et les rares vertus ont commandé l'admiration de leurs ennemis eux-mêmes, les Jésuites. Disciple reconnaissant, il n'eût pu souffrir qu'en sa présence, l'on se permît contre eux d'insultants propos. C'est qu'il avait présente à l'esprit cette maxime de Sénèque, adoptée de tous ceux dont l'âme est noble et le cœur grand : « Dans tous les arts qui tendent à former nos mœurs, quiconque s'imagine avoir fait tout quand il a payé l'honoraire convenu, est un ingrat. » C'est qu'à ses yeux l'ingratitude était le plus grand des vices et le plus odieux. Monsieur Cautionnart fit de brillantes études ; et sans entrer dans le détail des places qu'il occupa et auxquelles il fit honneur, il suffit de dire que pendant tous le cours de sa vie publique on ne vit en lui rien que de louable : actions, discours, sentiments. Vertueux comme Agricola, il se montrait comme lui selon l'occurrence des affaires et des temps, tantôt doux, tantôt sévère, sans que la douceur diminuât rien de son autorité, ni la sévérité de l'amour que l'on avait pour lui ; toujours, partout il savait se montrer juste. En 1793, il resta pur sous le règne du crime, et à lui aussi l'on eût pu appliquer, sans flatterie, cette belle parole que disait d'un vertueux citoyen de l'ancienne Rome un roi d'Epire : « le détourner du sentier de l'honneur et de la vertu serait plus difficile que de détourner le soleil de son cours. »

Homme privé, personne n'était plus aimable. Parlait-il ? l'expression de la plus touchante bonté prêtait à toutes ses paroles un charme indéfinissable. Il se prêtait à tous les caractères, s'accommodait à toutes les humeurs, toujours calme, sans rigidité, sans faiblesse, on ne le pouvait voir sans être pénétré pour lui d'estime et d'amour.

Chrétien sans peur comme sans reproche, il savait bannir de ses pratiques religieuses l'ostentation pharisaïque, mais il eût rougi de dissimuler sa foi, de ne pas remplir un devoir. Il laissait aux lâches le respect humain. Son âme était trop noble, son cœur trop grand, son esprit trop éclairé pour avoir crainte des froids sarcasmes du délire ou du vice.

Le meilleur des époux, le plus fidèle des amis, il était le meilleur des maîtres.

Les pauvres trouvaient en lui un bienfaiteur. Il ne prodiguait pas l'aumône ; il la distribuait. Il voulait que ses libéralités servissent à aider la vertu malheureuse et non pas à entretenir la molle oisiveté du vice.

Plein de jours, riche de bonnes œuvres, muni des sacrements de l'Eglise, il est allé recevoir sa récompense ; mais son nom vivra, car dit le sage : « la mémoire de l'homme vertueux est un parfum qui s'exhalera dans l'avenir. »

M. Cautionnart mourut, à Périers, le lundi 26 mars 1838, à l'âge de 91 ans.

Dubois (Charles-François).

Charles François Dubois naquit à Périers le 10 février 1820, d'une famille chrétienne, qui lui inspira dès l'enfance une foi vive, un grand amour de la piété, avec l'habitude du travail et du dévoûment. Il fut formé aux études classiques par un prêtre pieux, savant et modeste, dont le souvenir doit être conservé avec honneur dans l'histoire diocésaine, Monsieur Godard, alors curé de la Haye-Bellefond, qui est mort curé de Muneville-sur-Mer, en 1850. Ce maître habile et zélé avait dans son presbytère une véritable école secondaire, qui a donné au Petit-Séminaire de Coutances, transféré plus tard à Muneville, un grand nombre de sujets distingués par leur talent. Le jeune Dubois entré, sans autre préparation dans la classe de Seconde, très nombreuse, et où il trouvait de dignes émules, conquit la première place qu'il continua d'occuper jusqu'à la fin de la classe de Philosophie. Plein d'aptitude pour les études scientifiques non moins que pour les travaux littéraires, il voulut avant d'entrer au Grand-Séminaire suivre pendant une année l'enseignement spécial qui a donné au Diocèse plusieurs prêtres capables d'enseigner avec un succès remarquable les sciences mathématiques, physiques et naturelles, et de conquérir les grades universitaires dans l'ordre scientifique. Au Grand-Séminaire, Monsieur Dubois montra, pour la science sacrée et pour l'accomplissement des devoirs propres à l'ordinand, la ferveur la plus exemplaire. A peine ses études théologiques touchaient-elles à leur terme, que Monsieur Menant, récemment nommé supérieur du Petit-Séminaire de Mortain, demanda et obtint pour cette maison quatre nouveaux collaborateurs, éminemment propres à lui assurer des succès toujours croissants quant aux études classiques, et quant à la discipline, sans' laquelle la vraie éducation est impossible. Pendant dix-sept années, Monsieur Dubois se dévoua à tous les efforts, à tous les sacrifices propres à assurer le progrès de ses élèves dans la carrière scientifique ; il parvint à se rendre très familière la connaissance théorique et pratique de la langue anglaise. Mais son dévouement avait un autre objet qu'il plaçait avant tous les autres : former les jeunes gens à la vertu, leur inspirer les sentiments généreux qui élèvent le cœur et le préservent de la corruption, c'était son occupation la plus chère et il était heureux de tout ce qui pouvait y contribuer. Combien de prêtres lui doivent leur entrée dans le sanctuaire et les saintes habitudes qui les ont rendus dignes du Sacerdoce ! Des laïques presque aussi nombreux, aujourd'hui chrétiens fermes et éclairés, lui doivent le courage et la fidélité avec laquelle ils marchent dans la voie du devoir et de l'honneur. Mais la santé du professeur s'altéra, et l'ordre des médecins le força de renoncer à une carrière, objet de toutes ses affections ; Mgr Daniel céda à une véritable nécessité, en appelant Monsieur Dubois à la cure de Millières. Pénible à la fois au vénéré Prélat, au professeur et à la Maison dont il s'éloignait, ce changement ne plaça pas Monsieur Dubois dans une position difficile. Les occupations du ministère ne lui étaient point étrangères. Il avait toujours aimé à rendre à ses confrères, dans les fonctions paroissiales, tous les services compatibles avec les devoirs propres à l'enseignement. Les études classiques donnent au prêtre quelques ressources de plus pour obtenir une légitime influence sur les peuples ; l'habitude qu'il a contractée de montrer à ses enfants une sollicitude, une tendresse paternelle et pour ainsi dire maternelle, ne le rend que plus capable de se faire tout à tous pour les gagner tous à Jésus-Christ. La paroisse de Millières, sous la direction de Monsieur Dubois, retrouva bientôt cet esprit de foi et de piété, qu'elle avait conservé dans les temps les plus difficiles, et qui avait malheureusement reçu quelques atteintes à une époque récente. Pas une voix, pas une pensée n'étaient en opposition avec le digne curé. Toute la contrée et spécialement la ville épiscopale aimaient à entendre le Prédicateur éloquent, dont la science et surtout l'âme sacerdotale inspiraient à tous ses auditeurs le respect de la religion, et obtenaient fréquemment de généreux sacrifices.

Mgr Bravard apprécia Monsieur Dubois et lui en donna une preuve éclatante, en le nommant Doyen de Torigny. Au milieu de circonstances très délicates, il était facile de s'écarter des règles de la prudence, bien difficiles quelquefois à concilier avec les exigences du zèle pastoral. Le nouveau Doyen comprit sa mission et il s'en acquitta avec un succès que personne n'a méconnu. Inflexible quand il s'agissait de la vérité et du devoir, il évitait avec le plus grand soin toute question irritante, tout ce qui pouvait diviser les esprits qu'il aimait tant à réunir. Les œuvres catholiques, diocésaines et paroissiales prirent un nouvel essor sous son impulsion; il s'efforça de développer et de perfectionner encore le précieux héritage qui lui avait été légué par ses dignes prédécesseurs. Quelles ressources pour le ministère paroissial se trouvaient dans la haute intelligence et dans l'activité incessante de Monsieur Dubois! Ses prédications éloquentes et empreintes de l'esprit apostolique étaient dignes de l'auditoire le plus distingué ; il prodiguait aux malades et aux pauvres tous les trésors de son affection paternelle; il aimait à multiplier ses relations avec les écoles, avec les ouvriers; il ne négligeait aucune des démarches conseillées par la charité ou par les convenances. Avant tout il plaçait l'accomplissement exact et régulier des devoirs propres à la piété sacerdotale; il s'unissait volontiers à tout ce qui pouvait être de quelque utilité pour la paroisse ou pour la cité. Il savait encore ménager à l'homme d'étude un temps considérable, afin de se tenir au courant de toutes les grandes questions qui intéressent la religion ou la science. Son dévouement affectueux à l'enfance et à l'adolescence semblait s'accroître de plus en plus, ses instants de prédilection étaient ceux qu'il employait à les instruire, et à les diriger. Le bonheur sensible qu'il éprouvait alors était bien vivement partagé et par les enfants et par les familles ; c'est un des souvenirs qui sera bien longtemps vivant à Torigny.

Pendant dix-huit mois, ces consolations entouraient le Doyen de Torigny ; il était puissamment encouragé par l'amitié respectueuse et la confiance de tous ses confrères du canton. Il ne recueillait dans sa paroisse que témoignages de déférence et d'affection filiale. L'acquisition d'un bâtiment adjacent à la maison presbytérale venait de faire disparaître le dernier nuage qui pût inquiéter le curé de St-Laurent ; cette opération délicate venait d'être terminée par la Fabrique, grâce à une libéralité de 1.000 fr., qui aurait pu être regardée comme excessive, si Monsieur Dubois eût bien tenu compte de ses ressources personnelles.

Monsieur Adolphe Dubois habitait, avec son frère et leur digne sœur, le presbytère de St-Laurent. Une maladie de langueur avait empêché ce professeur distingué de continuer ses travaux au petit Séminaire de Mortain ; l'excellent Doyen profitait avec bonheur de la présence de celui qu'il appelait justement son meilleur ami et son plus sage conseiller.

Un coup de foudre vint ruiner cet édifice de paix et de prospérité. Rien ne faisait présager la mort prochaine de Monsieur Adolphe Dubois ; tout à coup il succomba et son frère rentrant de l'Eglise eut à peine le temps de lui donner la dernière absolution. Presque aussitôt, Monsieur le Doyen fut atteint d'une fièvre qui ne présentait d'abord aucun caractère alarmant. Vers le presbytère de St-Laurent se concentrèrent bientôt les inquiétudes de la population. La maladie présenta dans la dernière semaine de novembre un caractère plus effrayant ; la patience, la ferveur, la résignation du pieux malade ne se démentirent pas un instant ; la sensibilité de son cœur et la vivacité de sa foi éclatèrent jusque dans les derniers jours de sa vie et même quand son intelligence était déjà affaiblie par la souffrance. Après avoir reçu avec calme les secours de l'Eglise, il s'endormit dans le Seigneur, le 3 décembre, à l'âge de 48 ans.

Grande fut la consternation des habitants de Torigny, quand la triste nouvelle fut connue. Rien n'a manqué au tribut de regrets qu'ils ont rendu au vénéré Doyen. Tout le clergé du canton, Messieurs les Supérieurs des Petits Séminaires de Mortain et de St-Lô, avec quelques autres prêtres, assistaient aux obsèques, qui furent célébrées par Monsieur l'Archiprêtre de St-Lô. Les autorités n'avaient rien épargné pour augmenter la pompe de la cérémonie ; leur présence et celle de la population entière rendaient l'hommage le plus touchant à celui dont l'éloge était au fond de tous les cœurs. Un recueillement profond, une vive sympathie et les larmes de l'auditoire accueillirent les paroles que Monsieur Gilbert, vi-vicaire-général, prononça pendant la cérémonie funèbre.

Nicolas de Grosparmi

Garde des sceaux de France, sorti de la famille noble de ce nom connue à Périers, en Normandie et souche des anciens seigneurs de Beuville et de Flers, était frère de Raoul de Grosparmi, évêque d'Evreux, Cardinal évêque d'Albano et aussi Chancelier de France.

Nicolas de Grosparmi fut chapelain et conseiller du roi St-Louis, doyen et archidiacre de Dunois en l'Eglise de Chartres. Sa grande fidélité le rendit cher au roi, qui le choisit pour le préposer à la garde du sceau royal, lors de son départ pour la Terre-Sainte, en 1249. Ce vénérable ecclésiastique accompagna le roi dans sa Croisade ; mais, au moment où il s'occupait, après la prise de Damiette, à organiser une expédition avec l'armée des Croisés dans l'intérieur de l'Egypte, il mourut en 1250.

Le martyrologe de l'Eglise de Chartres marque son obit au 4 des ides de mars et le qualifie de « Garde du scel royal. »

« Idus martii obiit Nicolaus Decanus, ac venerabilis sacerdos et Dunnensis Archidiaconus hujus Ecclesiæ, qui illustris Regis Francorum Ludovici gratiam et amicitiam assecutus, ab ipso in Capellanum et familiare Consilium est susceptus et cujus fidelitatis intuitu, ad custodiam sigilli regii præelectus, in partes transmarinas cum domino Rege peregrè profectus, dum post captionem Damiettæ, cum exercitu dicti Regis in ulteriores partes Ægypti tenderet, hujus vitæ temporalis diem clausit extremum. » (1).

---

(1) Du Chesne, Histoire des Chanceliers et Gardes des Sceaux de France, 1680, in-fol. p. 225. Il portait : *de gueules, à deux jumelles d'or surmontées d'un lion léopardé d'argent, herminé en chef.*

Grosparmi (Jean de)

Etait fils de Siméon de Grosparmi et frère de Raoul de Grosparmi, mort cardinal évêque d'Albano. D'après Toustain de Billy, Jean de Grosparmi, frère de Raoul et chanoine de Coutances, fonda un service annuel, en 1265, dans la Cathédrale pour son père Siméon de Grosparmy, bourgeois de Périers. « Il donne pour cette fondation quarante sous de rente à prendre au jour de l'Ascension, sur sa maison de Coutances à lui vendue par Robert du Lorey clerc et Allix, sa femme.

A la mort de Jean d'Essey, évêque de Coutances, le chapitre, à la date du 2 novembre 1274, en informa le roi Philippe le Hardi et lui demanda la permission de procéder à l'élection de son successeur. Mais la cabale et l'intrigue devaient faire durer pendant huit ans la vacance du siège épiscopal. Plusieurs chanoines s'abstinrent de donner leur suffrage, sous prétexte qu'ils voulaient un évêque qui fût sorti du sein même du diocèse. Après une première tentative sans résultat, ils s'en remirent à l'arbitrage de quatre commissaires. Il suffisait de l'accord de trois d'entre eux. Mais cet accord ne se fit pas ; toutefois ils convinrent de s'en rapporter au choix de Mathieu d'Essey. Celui-ci nomma l'archidiacre du Bauptois, Robert de Gombert. Mais Jean de Grosparmi en appela à Rome des agissements de ses confrères. Le Pape référa la cause à son légat en France, le Cardinal Simon de Brie. Après des enquêtes réitérées, le légat fut rappelé en Italie par Nicolas III. L'affaire fut remise entre les mains de Philippe de Chaours, évêque d'Evreux. On recommença toute la procédure. Les nouvelles informations menaçaient d'être contraires aux prétentions de Jean de Grosparmi, lorsqu'il porta de nouveau appel, en cour de Rome, pour des griefs nouveaux et distincts de ceux qu'il avait formulés.

Dans un premier appel, Simon de Brie fut de nouveau saisi de l'affaire. Elle était pendante pour la troisième fois, lorsque mourut Nicolas III. Simon de Brie le remplaça sous le nom de Martin

IV. Le nouveau Pape ne perdit pas de vue l'affaire de Coutances. Il commit le Cardinal Benoît Cajetan pour en connaître. Le nouveau commissaire apostolique avait déjà mis de nouveau l'affaire à l'étude, lorsque tout fut terminé par le désistement de Robert de Gombert. Ce fut alors que Martin IV nomma *motu proprio* frère Eustache, moine profès de l'Ordre des Frères Mineurs, son chapelain et pénitencier (1282). Il était temps de remédier au désordre de l'Eglise de Coutances, privée de son premier pasteur depuis huit ans. (1).

Raoul de Grosparmi, ou de Périers.
Cardinal Evêque d'Albano, Légat de la
Dernière Croisade.

L'on peut dire avec certitude que Périers fut le berceau du Cardinal Raoul de Grosparmi, au commencement du XIII° siècle. Tant que l'on n'aura pas prouvé que St-Lô ait vu naître le Cardinal Jacques Davy-du-Perron, la ville de Périers, en donnant le jour au Cardinal légat de la dernière Croisade, peut revendiquer un honneur qu'elle ne partage qu'avec une seule autre paroisse du diocèse de Coutances, l'honneur d'être la patrie d'un Cardinal. Cette autre paroisse est celle de Cérisy-la-Forêt, qui a vu naître le Cardinal Guilbert, archevêque de Bordeaux.

Il est probable que Raoul naquit sous l'épiscopat de Guillaume I de Tournebu, 45° évêque de Coutances, vers l'an 1202, et qu'il passa son enfance et une partie de sa jeunesse sous les yeux de ses parents. Siméon était le nom de son père ; nous ne connaissons pas celui de sa mère. Mais comme ils étaient aussi distingués par leur piété, que par leur naissance et leur fortune, ils n'eurent rien tant à cœur que de donner à leurs enfants Raoul, Jean, Nicolas et Colin, une éducation solide et chrétienne.

Siméon de Grosparmi était issu des anciens seigneurs de Beuville et de Flers dont le nom s'éteignit dans les femmes, en la

---

(1) Le Canu. Hist. des Evêques de Coutances, 1878, in-8°, tom. I. p. 313-315.

personne de Jeanne de Grosparmi, héritière de la baronnie de Flers qu'elle porta en mariage au XVI° siècle à Henri de Pellevé, chevalier, seigneur de Tracy, du Chêne, etc.

Né à Périers, Raoul en prit parfois le nom, ce qui a occasionné l'erreur de quelques estimables écrivains, qui ont fait deux personnages différents de Raoul de Grosparmi et de Raoul de Périers, en latin du Moyen-âge *de Piris*. Il fut sans doute placé sous la conduite des bénédictins du prieuré de Périers ; et sous ces habiles maîtres, il fit les plus grands progrès dans la science et la vertu. Cadet de sa famille, il suivit la carrière ecclésiastique et son mérite autant que sa naissance le fit bientôt parvenir au canonicat dans la Cathédrale de Bayeux, puis il devint trésorier de la chapelle royale de St-Frambourg de Senlis, plus tard titulaire de la Custode de St-Fursy de Péronne et du doyenné de St-Martin de Tours.

Raoul de Grosparmi assista avec son frère Nicolas, garde du sceau royal, à la première expédition de saint Louis en Terre-Sainte. Joinville lui donne dans cette expédition le titre d'archidiacre de Nicosie (1). Mais il revint seul en France, le chancelier du roi, son frère, avait trouvé la mort sur ces plages lointaines. Il semble que le roi ait reporté sur Raoul toute l'estime et la confiance qu'il avait pour son ancien chancelier ; il le prit lui-même pour garde du sceau royal en 1253. En 1257 il était membre du Parlement. Il garda son poste de chancelier de France jusqu'à sa prise de possession du siège épiscopal d'Evreux.

A la mort de leur évêque, Jean de la Cour, les chanoines d'Evreux partagèrent leurs suffrages entre Raoul de Grosparmi, chanoine de Bayeux et Raoul d'Aubusson, leur propre collègue. Ni le roi de France, ni le Souverain-Pontife ne consentirent à l'élection de ce dernier, qui ne céda tous ses droits à Raoul de Grosparmi qu'après une vacance de trois ans.

Raoul fut sacré, le dimanche 19 octobre 1259, dans l'Eglise abbatiale de St-Taurin, par l'archevêque de Rouen, Eudes Rigaud, assisté de Foulques d'Astin, évêque de Lisieux, de Jean d'Essey,

(1) Joinville, Hist. de St Louis. — Edition de Vailly. 1867.

évêque de Coutances et de Thomas d'Aunou, évêque élu de Séez, en présence du roi saint Louis, de ses deux fils Louis et Philippe, de Thomas de Beaumetz, archevêque de Reims, de Robert de Courtenay, évêque d'Orléans, de Simon de Montfort, comte de Leicester et d'un grand nombre de seigneurs et hauts barons.

Au mois de novembre suivant, pendant la tenue du Parlement de Paris, l'abbé de Fécamp satisfit Raoul au sujet d'une chapelle, qui lui était due en sa qualité d'évêque d'Evreux par l'Eglise de ce monastère. Le 28 décembre, Raoul assista au Concile provincial tenu à Pont-Audemer. Il souscrivit à cette époque aux lettres que plusieurs évêques adressèrent à saint Louis pour le prier d'employer à des œuvres pies les biens qu'il ne pouvait restituer à des personnes inconnues. *Les Arrêts jugés et Conseils expédiés à Paris au Parlement des octaves de la Chandeleur 1260* nous font connaître une remontrance des évêques Eudes de Bayeux et Raoul d'Evreux, qui se plaignent qu'on a tiré d'eux une certaine somme sous le nom du Sénéchal et du Chambellan du roi. Cette somme n'était pas due par les évêques de Normandie. Le roi Louis IX en ordonna la restitution (1).

La même année, St-Louis envoya à Rome l'évêque d'Evreux; et Raoul non seulement s'acquitta de sa mission avec autant d'habileté que de prudence, mais encore il obtint toute la confiance du Pape, qui voulut que le roi de France ajoutât aux propres paroles de Raoul la même foi qu'il aurait dans les siennes. C'était un beau témoignage rendu par Alexandre IV à la probité et à la capacité de Raoul de Grosparmi. Cette opinion avantageuse qu'on avait conçue de l'évêque d'Evreux par delà les monts ne devait pas tarder à lui frayer la route au Cardinalat. Alexandre IV n'avait pas fait de cardinaux; le sacré Collège étant réduit à un nombre restreint, Urbain IV sentit le besoin d'en augmenter le nombre. Il en créa quatorze: sept aux Quatre-Temps de Décembre 1261 et sept autres au mois de mai 1262, aux Quatre-Temps de la Pentecôte. Raoul de Grosparmi fut de la première promotion et créé

---

(1) Regesta olim, t. I.

cardinal évêque d'Albano. Le roi Louis IX menacé de perdre dans Raoul un ami et un conseiller fidèle, supplia le Pape de le lui laisser encore un an en France. Le nouveau cardinal donna sa démission du siège d'Evreux pour ne pas cumuler plusieurs bénéfices à la fois (1). Le siège d'Evreux était donc vacant du vivant même de l'ancien titulaire; les actes prouvent qu'il était vacant le 3 décembre 1662. Il fallut les instances du Pape pour obliger le roi à se séparer du Cardinal d'Albano et de Guy le Gros ou Fulcodi, archevêque de Narbonne.

Après sa démission, Raoul conserva toujours un intérêt paternel pour son ancienne église cathédrale d'Evreux. Il y fit construire à ses frais, en 1264, la chapelle de la Conception de Notre-Dame. Il employa à cette construction les décimes de sa forêt du Vaudreuil, qu'il avait en partie acquise pendant son épiscopat et dont l'autre portion lui avait été concédée par le roi. L'épiscopat de Raoul avait vu s'élever deux nouveaux établissements religieux dans le diocèse d'Evreux: Celui des Frères Mineurs, dû aux libéralités de Jehan de Garencières et construit dans un des faubourgs de la ville épiscopale et l'hôpital de Vernon dû aux libéralités de St-Louis.

Honoré en 1266 des fonctions de légat apostolique, il couronna le 6 janvier de cette année, dans la basilique de Constantin à Rome, Charles d'Anjou roi de Sicile et Béatrix de Provence sa femme, en présence des Cardinaux Aucher de Sainte-Praxède, Richard de Saint-Ange, Geoffroy de Saint-Georges et Mathieu des Ursins. Le Pape Clément IV était à Pérouse, quand il avait donné cette commission à Raoul et à ses Collègues. Elle est datée du 4 janvier 1266. Les Cardinaux, après avoir reçu au nom du Pape l'hommage lige de Charles d'Anjou, l'avaient sacré et couronné, et les Romains en avaient fait de grandes réjouissances.

Le Cardinal-Evêque d'Albano eut encore à accompagner le prince à Naples, pour le mettre en possession du trône de Sicile. Il était envoyé comme légat en ce pays pour publier la croisade et

---

(1) Fleury, Hist. de l'Eglise t. XVIII, LXXXV n° 12.

exciter les peuples à prendre les armes contre Mainfroy. Charles, après son couronnement, ne tarda pas à en venir aux mains avec les troupes de Mainfroy. Il les rencontra près de Bénévent. Le vendredi, 6 février, les deux armées engagèrent le combat; les Français remportèrent la plus éclatante victoire. Mainfroy fut tué sur place et demeura sans sépulture ecclésiastique, à cause de l'excommunication qui pesait sur lui. Charles le fit enterrer sous un monceau de pierres, le long du chemin. Les Français pillèrent Bénévent, quoique cette ville appartînt à l'Etat ecclésiastique; ce qui valut au roi, par l'intermédiaire du Légat, de sévères remontrances de la part du Pape. Le Saint-Siège avait gagné comme les Français à cette victoire; car elle avait abattu le parti Gibelin, et fait revenir la plus grande partie de l'Italie sous l'obéissance du Pape.

Le légat Raoul avait eu beaucoup de crédit auprès du Pape Urbain IV, qui l'avait créé Cardinal. Il n'en eut pas moins auprès de son successeur Clément IV. Parmi les lettres de ce Pontife, qui se trouvent dans le *Thesaurus novus Anecdotum t. 2*, il y en a 39 qui sont adressées à ce légat. Elles font regretter les réponses.

Le 1" septembre 1266, le Cardinal de Grosparmi consacra, en présence du Pape Clément IV, l'église de Ste Claire d'Assise, et souscrivit la même année à une bulle de ce Souverain-Pontife en faveur de l'Abbaye de St-Cybar-les-Angoulême.

Bientôt la légation de l'évêque d'Albano allait changer d'objet. Il avait exercé la légation de Lombardie pour favoriser les intérêts du nouveau roi de Sicile, Charles d'Anjou, contre Mainfroy. Mais le moment était venu où St Louis avait juré de combattre les infidèles. Il s'était engagé à partir au mois de mai 1270, et le légat Simon de Brie, Cardinal de Ste Cécile, avait assigné ce terme aux absents. On prêcha partout. C'est alors que Clément IV remplaça le Cardinal de Ste Cécile en France par le Cardinal évêque d'Albano. L'ancien légat de France fut chargé d'une légation pour l'Allemagne, et Raoul, occupé jusqu'alors en qualité de légat auprès du roi de Sicile, dut partir pour sa nouvelle destination.

Le 18 avril 1268, le Cardinal de Ste Cécile était encore en France, puisque Clément IV écrit sous cette date à la bienheureuse Isabelle, sœur de St Louis, de remettre à ce Légat le prétendu chef de l'Apôtre St Paul qu'elle croyait posséder.

Mais sa légation touchait à son terme. Dès le 14 février de la même année, Raoul, évêque d'Albano, écrit, en sa qualité de légat du Siège apostolique, des lettres données au monastère de Froidmont, pour mander à l'évêque de Troyes de nommer deux personnes pour la perception du centième du revenu des biens ecclésiastiques, dans les Comtés de Champagne et de Brie, et des legs faits pour l'amour de la Terre-Sainte.

Le 13 novembre de la même année, nous voyons le légat du Pape, Raoul, faire son entrée à Milan, où il est reçu avec de très grands honneurs. Mais il ne devait pas tarder à passer en France, pour y travailler à la réforme du clergé, conformément à la discipline de la France, et pour y porter l'indulgence accordée à ceux qui prendraient la croix pour aller en Palestine. Le 14 mai 1269, le légat Raoul subroge l'abbé de Hautvilliers à la place de l'évêque de Troyes, décédé, pour la perception du centième des revenus ecclésiastiques. Au mois de juin de la même année, nouvelles lettres du Cardinal évêque d'Albano, datées de Paris, pour donner charge à l'abbé de Hautvilliers, du diocèse de Reims, de contraindre les croisés à venir au secours de la Terre-Sainte. Ceux qui ne peuvent faire le voyage doivent y contribuer de leurs biens, et ceux qui peuvent partir doivent se tenir prêts à s'embarquer pour le mois de mai de l'année suivante, en même temps que le roi et ses fils.

Le légat Raoul se multiplie. Dès l'an 1220, les Cordeliers s'étaient établis à Bayeux. Leur couvent avait été bientôt construit ; les travaux n'avaient pas duré deux ans, mais la construction de leur Eglise tarda bien davantage. Le légat accorda 40 jours d'indulgence à quiconque contribuerait à l'achèvement de cette Eglise. Elle fut dédiée, en 1665, sous l'invocation des Apôtres saint Pierre et saint Paul (1). C'est encore le légat Raoul qui, au dire de Béziers, l'historien du diocèse de Bayeux, contribua plus puissamment qu'aucun seigneur de la cour à l'élévation et à la for-

---

(1) Béziers, Hist. sommaire de la ville de Bayeux, Caen, 1773, p. 140.

tune de Geoffroy de Beaumont, évêque de Laon. Le légat accompagne le roi saint Louis dans la visite de plusieurs provinces. Il passe avec le monarque trois jours à Caen, où il se trouvait le 21 juillet 1269 et logeait dans le monastère de St-Etienne ; il y confirme un traité fait par Raoul de Chevriers, son successeur sur le siège d'Evreux, avec les moines de St-Taurin. Vers ce même temps, il apaisa une sédition qui s'était élevée à Lyon, à la suite de quelques querelles entre les bourgeois de cette ville et le chapitre métropolitain ; il leva l'interdit lancé contre eux par Girard de la Roche, évêque d'Autun. Il était à Lyon vers la fin de juillet 1269. Il se rend à Coutances dans le mois d'août suivant et descend au palais épiscopal, où Jean d'Essey et son chapitre l'avaient appelé comme arbitre et juge de leurs différents.

Le légat eut à juger deux affaires ; sa décision nous montrera l'esprit de justice et de conciliation dont il était animé.

Voici la première : Les religieux Augustins du prieuré de Brenthon, au diocèse de Bath, Comté de Sommerset, en Angleterre, possédaient une prébende et certains autres droits dans la cathédrale de Coutances. Désirant de les échanger contre les droits qu'avaient, dans le même prieuré, les religieux bénédictins de l'abbaye de Troarn, au diocèse de Bayeux, ils s'adressèrent à l'évêque de Coutances, qui accueillit volontiers leur supplique. Mais cette concession déplut au chapitre qui était en mauvaise intelligence avec le prélat, et ne laissait échapper aucune occasion de le contrarier. Il refusa donc formellement d'accorder la prébende et autres droits aux religieux de Troarn. Comme l'évêque et les chanoines ne pouvaient s'entendre sur la question, le prélat fut prié de la trancher.

Après avoir mûrement pesé les raisons du chapitre de Coutances et celles des religieux de Troarn, pris l'avis et demandé l'agrément de l'évêque pour lequel il avait la plus grande déférence, il prononça la sentence suivante, consignée dans le cartulaire de l'évêché.

« Prenant en considération les intérêts et les raisons tant du chapitre de Coutances que des religieux de Troarn, nous avons réglé et ordonné ce qui suit:

L'Abbé et les religieux dudit monastère jouiront à perpétuité, ainsi que leurs successeurs de la prébende et de tous les droits y attachés, que le prieur et les religieux de Brenthon ont possédés jusqu'à ce jour dans l'Eglise de Coutances.

Toutefois, nous défendons que l'Abbé de Troarn et ses successeurs assistent aux élections des évêques de Coutances, pas plus que n'y prenait part lui-même le prieur de Brenthon.

Donné à Coutances dans le palais épiscopal, le VIII° des ides du mois d'août de l'année 1269, le St-Siège étant vacant.

Signé : RAOUL, Cardinal légat. »

La seconde affaire que l'évêque d'Albano eut à régler était bien autrement épineuse.

En 1261, il s'était élevé un différent très grave entre l'évêque de Coutances, Jean d'Essey, et son chapitre. Les chanoines usurpant un droit qui était sans fondement, s'étaient permis de cesser de faire l'office divin dans la cathédrale, avaient jeté l'interdit sur la basilique et défendu aux clercs du chœur d'assister l'évêque lorsqu'il officierait au maître-autel.

Cet étrange état de choses avait duré depuis huit jours avant Noël jusqu'à la Purification, et ne paraissait pas devoir finir si tôt.

L'évêque, indigné avec raison de l'arrogance du chapitre, avait fait ouvrir les portes de la cathédrale, sonner les cloches à toutes volées, et officié pontificalement avec la plus grande pompe. Les chanoines à leur tour, exaspérés de ce qu'ils appelaient l'audace de l'évêque, avaient destitué sacristains, bedeaux, sonneurs, tous les employés de l'Eglise, et voulaient de nouveau sévir en fermant les portes.

L'affaire s'envenimait de plus en plus et menaçait de prendre des proportions alarmantes. Enfin, de guerre lasse, on convint de part et d'autre, d'en appeler au Métropolitain, et d'en passer par ce qu'il déciderait. Odon ou Eudes Rigaut, prélat célèbre par sa prudence et ses lumières, était alors Archevêque de Rouen. Après avoir examiné les griefs de l'évêque et du chapitre, il fit une verte semonce aux chanoines et donna gain de cause au prélat.

Grâce au métropolitain dont la sentence avait été acceptée par les parties, la concorde paraissait rétablie d'une manière solide et durable entre Jean d'Essey et son chapitre; mais au bout de huit ans la guerre se ralluma. Les chanoines, qui se faisaient un jeu de molester le digne évêque, renouvelèrent leurs étranges prétentions en 1269, et s'avisèrent encore de suspendre la célébration du saint office dans leur église, d'abord depuis le Ier dimanche de carême jusqu'au quatrième, ensuite depuis le dimanche des Rameaux jusqu'au jeudi de la Pentecôte. Ainsi, point d'office pendant la semaine sainte, point d'office le saint jour de Pâques! C'était un scandale, qui faisait gémir les fidèles et accablait de douleur le vénérable évêque. Il fut donc nécessaire de recourir encore à un arbitrage, mais cette fois il n'était pas possible de s'adresser à l'archevêque de Rouen, dont le chapitre de Coutances avait si audacieusement enfreint les ordonnances. On résolut d'avoir recours à une autorité supérieure à celle du métropolitain; le légat Raoul était dès lors désigné au choix des parties. Les chanoines, qui prévoyaient le dénouement de l'affaire et ne voulaient pas s'exposer aux justes remontrances du cardinal, eurent la prudence de ne pas se présenter au palais épiscopal. Ils donnèrent donc leur procuration à Mathieu d'Essey leurs confrère, et le chargèrent de défendre leur cause devant le légat. Celui-ci l'examina sérieusement; puis, après avoir discuté leurs raisons une à une avec la plus grande impartialité, il les réduisit à néant, et força le chanoine Mathieu d'Essey de convenir, en présence même de l'évêque, que le chapitre ne pouvait s'appuyer ni sur la coutume, ni sur un privilège, ni enfin sur le droit pour jeter l'interdit sur l'église de Coutances et s'abstenir d'y célébrer l'office divin. En conséquence, usant de son autorité de légat du Saint-Siège, il prononça, séance tenante, une sentence dont la teneur se trouve dans le cartulaire de l'évêché, et dont voici la substance:

« Raoul, par la miséricorde divine, évêque d'Albano Cardinal-légat du siège apostolique :

Voulant éteindre la discorde et faire régner la paix et la charité, dans le but de trancher la grave question qui s'est élevée entre l'évêque de Coutances d'une part et le Chapitre de l'autre, nous déclarons, en vertu de notre autorité de légat, que ledit chapitre ne peut ni ne doit s'appuyer sur la coutume, ni sur un privilège, ni sur le droit, sauf les cas prévus par le droit, pour se permettre de jeter l'interdit sur l'Eglise cathédrale, ou de cesser d'y célébrer les saints offices.

De plus, nous imposons au chapitre un silence absolu et perpétuel sur cette affaire.

Maintenant, pour le bien de la paix et de la concorde, nous disons et nous ordonnons que si pour une cause raisonnable, l'écolâtre, le chantre ou le chapitre lui-même interdit l'entrée de l'Eglise à un ou plusieurs chanoines, ou clercs, et que ceux-ci se permettent d'y entrer et d'y rester avant d'avoir satisfait, l'on s'abstiendra de célébrer les divins offices, pourvu que, dans cette circonstance, rien ne soit fait par fraude.

Quant aux peines à infliger, aux dépens demandés et non encore payés, et autres choses mentionnées dans la supplique de l'évêque, nous voulons que le chapitre en soit déchargé.

Ledit évêque et le chapitre (par procureur) ici présents ayant volontairement, expressément et amicalement accepté notre sentence et notre règlement, ont, en témoignage des présentes lettres, apposé leurs cachets, ainsi que nous l'avons fait nous-même sur le présent acte.

Fait et ordonné à Coutances, dans le palais de l'Evêque, le VIII° des ides d'août, an de la naissance de Notre-Seigneur 1269, pendant la vacance du Saint-Siège.

RAOUL, cardinal-légat.

Raoul fut chargé par ses collègues d'examiner une affaire d'une toute autre portée pour le bien de l'Eglise. Il s'agissait d'un projet de réunion des Grecs avec les Latins. L'empereur de Constantinople, Michel Paléologue, feignait de vouloir la réunion. Il avait envoyé une ambassade au roi de France pour obtenir sa médiation dans cette affaire, et en hâter la conclusion. Saint Louis répondit à l'empereur qu'il solliciterait volontiers cette conclusion auprès du saint Siège, qui seul pouvait et devait la terminer. En exécution de sa promesse, Louis envoya les deux frères Mineurs Eustache d'Arras et Lambert de la Couture avec des lettres pour les

Cardinaux qui gouvernaient l'Eglise pendant la vacance du Siège apostolique. Le Sacré-Collège donna audience aux envoyés du saint Roi. On les entendit sur les affaires des Grecs ; puis on leur remit une lettre datée de Viterbe sous la date du 15 mai 1270. On y disait au monarque que l'on renvoyait l'exécution de cette affaire au cardinal évêque d'Albano, légat en France. Les Cardinaux avertissaient le roi de se défier des artifices des Grecs, qui avaient fait souvent de pareilles propositions uniquement pour gagner du temps. Le même jour, les Cardinaux écrivaient au légat, lui donnant pouvoir de renouer avec Paléologue les négociations entamées par les deux derniers papes, Urbain et Clément, à la condition de prendre pour bases les conditions que ces deux papes avaient proposées aux Grecs. Ce légat était toujours Raoul de Grosparmi à qui le pape Clément IV avait donné la croix de sa main, en le déclarant légat pour la croisade. Mais de peur qu'on ne prétendît que la mort du pontife avait annulé la commission, les Cardinaux la confirmèrent, et le chargèrent d'accompagner le roi de France dans son expédition.

Clément IV, en effet, était mort à Viterbe, le 29 novembre 1268, après trois ans, 9 mois et 25 jours de Pontificat.

Peu après ses obsèques, fut expédiée la Bulle du Sacré-Collège, qui commence par ces mots : « Nous Cardinaux Evêques, Prêtres et Diacres de la Sainte et Sacrée Eglise Romaine. » Cette bulle continuait à leur vénérable frère Raoul, Evêque d'Albano, la légation du siège Apostolique en Orient pour le soutien du royaume de Jérusalem, menacé de destruction et de ruine.

Chargé des affaires les plus importantes de l'Eglise et parvenu au plus haut point où pussent l'élever l'estime et la confiance de ses collègues, le Cardinal Raoul était à la veille de ceindre la tiare. Mais le soin de la croisade l'empêcha de s'arrêter à toute vue d'ambition personnelle.

Les factions allaient diviser le Sacré-Collège et prolonger la vacance du St-Siège pendant deux ans et neuf mois.

Pendant ce temps, le légat devait trouver la mort, sur la terre inhospitalière d'Afrique.

Déjà le Roi, brûlant du désir de combattre les infidèles, avait réuni ses barons au mois de février 1268, à Paris, pour les inviter à prendre la Croix.

Il leur en donna l'exemple avec ses deux fils, dans un Parlement tenu un peu auparavant.

Au commencement de l'année 1270, on se préparait au départ avec une grande activité dans toute l'étendue du royaume. L'année précédente, le légat Raoul avait donné ordre aux Curés de prendre les noms des Croisés, pour les obliger à porter publiquement la Croix et tous étaient avertis de se tenir prêts à s'embarquer au mois de mai.

Le Roi n'oubliait pas ses engagements ; le vendredi 14 mars, il se rendit à St-Denis pour visiter les tombeaux des SS. Martyrs, comme il l'avait fait à sa première expédition.

Après ses prières, le pieux Monarque reçut des mains du légat, Raoul de Grosparmi, l'écharpe et le bourdon de pèlerin, et prit l'oriflamme sur l'autel en qualité de Comte du Vexin.

St-Louis se rendit ensuite à Aigues-Mortes, où il devait s'embarquer ; mais ses vaisseaux se faisant attendre, il dut séjourner deux mois à St-Gilles, à cause du mauvais air d'Aigues-Mortes ; il y passa les fêtes de la Pentecôte, et le mardi après la fête des saints Apôtres Pierre et Paul, le 1er juillet, il s'embarqua à Aigues-Mortes. Le Roi dut faire un arrêt de huit jours à Cagliari, où il fut rejoint par le légat, et par le reste des croisés, partis d'Aigues-Mortes ou de Marseille. Le samedi qui suivit l'arrivée du légat, celui-ci tint un grand conseil avec les barons, devant le Roi, pour délibérer sur la direction à prendre. On résolut de s'emparer de Tunis avant de passer en Égypte et en Palestine. Le samedi avant la fête de Saint Arnoul, le Roi et ses barons sortirent du port de Cagliari ; le vendredi suivant ils étaient maîtres du port de Tunis. C'était le jour de Saint Arnoul et, le lundi veille de la fête de Sainte Madeleine, les croisés campaient sous les murs de Carthage. La ville fut bientôt en leur pouvoir ; mais ils allaient payer cher ce premier avantage. Tandis que l'armée des Maures se grossissait chaque jour davantage, celle des Croisés s'affaiblissait. Elle manquait d'eau et n'avait que des vivres salés. Les

Français ne purent supporter le climat d'Afrique : des vents venus de la zone torride répandaient sur eux les ardeurs d'un feu dévorant. Les Sarrasins soulevaient le sable sur les montagnes voisines et la poussière retombait en nuages embrasés sur la plaine où campaient les Chrétiens. La dyssenterie et la peste firent dans l'armée des ravages tels que bientôt on ne suffisait plus à ensevelir les morts. On jetait les cadavres pêle-mêle dans les fossés du camp. L'air corrompu par ce foyer d'infection semait partout le germe de la contagion; la mortalité s'accroissait de jour en jour. Jean, comte de Nevers, second fils de St-Louis, fut une des premières victimes ; il était mort le 3 du mois d'août : le légat le suivit de près dans la tombe; il succomba huit jours après, le 10 du même mois ; ce jour était le jeudi avant la fête de St-Laurent de l'année 1270.

Le légat Raoul avait délégué son autorité en mourant à un frère prêcheur ; le roi ne devait survivre que de quelques jours à son ami et conseiller, le Cardinal-Evêque d'Albano, légat de la Croisade.

Raoul de Grosparmi portait : *de gueules à deux jumelles d'or surmontées d'un lion léopardé d'argent, herminé en chef.*

La famille de Grosparmi avait à peu près les mêmes armes que celles de Mathan : ce qui fait présumer que ces deux maisons de Normandie ont une souche commune.

L'ancien Registre des obits de la Chapelle de St-Frambourg de Senlis marque son anniversaire au 4 des calendes de février (1).

Le Registre de la Cathédrale d'Evreux marque le même anniversaire au 3 août.

Le livre des obits de St-Pierre de Lisieux assigne le jour de St Pantaléon (2).

---

(1) « Quarto Calendas februarii obiit bonæ memoriæ D. R. Radulphus de Grosparmy, Cardinalis, quondam thesaurarius hujus Ecclesiæ, de cujus beneficio habemus septemdecim solidos annui redditus super domibus Osbert Anglici juxta portam Melloti, in die obitus sui clericis et canonicis æqualiter dividendos. — cui Dominus sit propitius. »

(2) « In festo S. Pantaleonis, Martyris, obitus Domini Radulphi de Grosparmi, Cardinalis et Episcopi Albanensis in præpositura Lexoviensi 53 solidos. »

Périers devait conserver dans la mémoire de ses enfants le nom de l'illustre Cardinal. Aussi lui a-t-on élevé dans l'Eglise un monument, qui consiste dans une inscription latine. Elle est gravée sur une pierre de grande dimension, placée dans le transept septentrional.

Voici le texte de cette inscription :

D. O. M.
Hocce monumentum
in honorem Ill' ac R^{mi}
Radulphi de Grosparmi,
inæunte sæc XIII in hacce
de Piris villa nati
primum Franciæ Cancellarii
ac Ebroïen Præsulis,
dein Cardinalis Episcopi
Albanen. et apostolici legati
in plagâ Africanâ
adstante Sto Ludovico
die VII Augusti anno M. C. C. L. XX.
in Domino quiescentis
necnon ad Memoriam
Ill' ac Rev' Radulphi
de Grosparmi supradicti nepotis
Aurelianensis Episcopi
ex hac eadem de Piris villa orti
qui ad cœlum die XVIII° Septembris
anno M. C. C. C. X. I.
Clerus populusque de Piris
studio præteritorum movente
posuerunt.
Huic autem Illmo ac Rev^{mo}
D. D. J. P. Bravard
Constantien. et Abrincen. episcop.
Cum multis favebat
Anno Domini MDCCCLXXIV.

Longtemps auparavant, les contemporains de Raoul avaient chanté en vers latins son élévation à la pourpre romaine. Thiery de Vaucouleurs, dans la vie d'Urbain IV, s'adresse au Cardinal Anscher, neveu du Pape ; il parle en ces termes de la première promotion de Cardinaux faite par le Pontife défunt :

> Sane cum dicti fratres a Cardine pauci
> Essent, iis sedem multiplicare placet.
> Vera Salus, ubi Consilium : quare Pater istos
> Conjunxit lateri cum fuit ordo prior
> Isti Pontifices Radulphus hic Ebroicensis
> Præsul consiliis, moribus aptus erat... »

Auteurs à consulter.

GALLIA CHRISTIANA : *t. II. p. 574.*
t. VII.

Fisquet : *La France pontificale, diocèse d'Evreux.*

Du Chesne : *Histoire des chancelliers et gardes des sceaux de France 1680, in-fol, p. 231 etc.*

Frizon : *Gallia purpurata, p. 252.*

Du Chesne : *Histoire de tous les Cardinaux français de naissance Paris, 1660, p. 252.*

Grosparmi (Raoul de)

Est encore appelé par les écrivains ecclésiastiques du diocèse d'Orléans Groppain, Gropparini, Gropparmi et Gros Panni.

Il était jeune encore, lorsque le Cardinal légat de la dernière Croisade, son oncle, mourut en 1270, sur le sol d'Afrique, quelques jours avant le roi St Louis.

Son éducation, comme il le dit lui-même, avait été dirigée avec soin par son frère Regnault, qui était un des membres les plus savants du Chapitre de Bayeux. Aussi voyons-nous dans son testament que, par reconnaissance et pour le dédommager de ses dépenses, il lui légua la somme de 700 livres, somme très considérable pour ce temps-là.

Du Saussai, dans son livre intitulé : *Annales Ecclesiæ Aurelianensis*, nous apprend plusieurs détails d'un certain intérêt sur le neveu du Cardinal-Evêque d'Albano, Raoul Grosparmi. Il nous fait connaître son titre de Doyen du chapitre d'Orléans, les luttes du corps capitulaire avec Bertrand ou Berthold, prédécesseur de Raoul sur le siège d'Orléans, luttes dans lesquelles le doyen se fit le champion de ses confrères. Raoul, en effet, pouvait soutenir la lutte avec avantage, car il était, dit-on, très versé dans la science du droit.

Jean, chanoine de St-Victor, l'appelle Nicolas, dans sa vie de de Clément V, et lui donne le titre de Clerc du roi. Ce qui ne veut pas dire qu'il fut attaché à la personne du roi, mais seulement qu'il avait un grade ou titre analogue à celui de Conseiller du roi, qui devait être porté plus tard par tant de personnages en dehors de la Cour. Raoul Grosparmi n'était pas encore Doyen du Chapitre d'Orléans en 1287 ; cette charge était alors remplie par Adam

Rigaud. Mais en 1297, lors des démêlés de Ferric de Lorraine, prédécesseur de Berthold sur le siège épiscopal, avec son Chapitre, le décanat, était exercé par Raoul. C'est lui qui transigea avec l'évêque, au nom du Corps capitulaire, sur l'étendue de leur juridiction respective, pour empêcher les conflits qui s'élevaient chaque jour entre leurs officiers. Raoul, ami de la paix, céda à l'évêque tous ses droits tant sur la ville que sur le Doyenné, moyennant une pension annuelle de 200 livres, payable par portions égales tous les mois et provenant des revenus de l'Evêché. Cet arrangement que le doyen Raoul avait conclu, dans son amour de la paix, obtint les suffrages de deux Cardinaux, Gérard, évêque de Sabine et Hugue, évêque d'Ostie. Ces deux légats avaient été envoyés à Orléans par le Saint-Siège en 1297, avec mission d'arranger cette affaire. Dans un autre différend avec Ferric de Lorraine, prélat indigne par ses mauvaises mœurs d'occuper le Siège épiscopal, Raoul eut encore à soutenir les droits du Chapitre. Il eut pour juges les légats du Pape, qui donnèrent au chapitre toute juridiction sur le Clergé attaché au service de la Cathédrale. Le Doyen Raoul n'eut pas moins à lutter pour soutenir les droits de ses confrères contre le successeur de Ferric de Lorraine. Nombreux furent les démêlés de Berthold de St-Denis avec son Chapitre, et par conséquent avec le Doyen Raoul. Berthold était un homme subtil, expert et célèbre en plusieurs sciences.

En 1301, un conflit s'élève entre l'évêque et son Chapitre au sujet de Guillaume, recteur de St-Pierre-en-Semelée « *In semita lata,* » appartenant au Clergé de la Cathédrale. On l'accusait d'avoir mis en circulation de la fausse monnaie. Sous cette inculpation, le Prélat avait fait arrêter Guillaume par ses gens. Souvent on l'avait prié de relâcher ce prisonnier ; il ne l'avait fait que moyennant une somme d'argent. Autre grief du chapitre contre l'Evêque.

Le Chapitre a pleine et entière juridiction sur l'aumônerie d'Orléans: ce qui n'a pas empêché l'Evêque de permettre à ses gens d'en enlever des meubles. Enfin, on reproche à Berthold de St-Denis de ne pas garder avec assez de vigilance les biens féodaux et les droits de son Siège. Tels sont les griefs articulés dans la plainte des chanoines contre Berthold.

On convoque le Chapitre et l'on cite solennellement les absents, comme cela se pratique dans les élections canoniques. Après les délais convenables, le décret des Juges donne gain de cause au Doyen Raoul et au Chapitre qu'il représente. Il est établi que le Chapitre a juridiction complète sur tout le Clergé des Eglises d'Orléans, sauf les cas où les Clercs se seraient rendus coupables dans les charges à eux confiées par l'Evêque. En conséquence, on doit leur rendre Guillaume de St-Pierre-en-Semelée pour être jugé par le Chapitre.

C'est le Chapitre et non l'Evêque qui a la propriété et la disposition des biens de l'aumônerie d'Orléans.

Enfin le prélat est condamné à une amende à cause de sa négligence à sauvegarder les biens féodaux et les droits de son Evêché.

On voit encore Berthold, homme habile, mais apparemment esprit remuant et brouillon, s'attirer une affaire, au mois de novembre 1303. Il a fait mettre par ses gens dans la prison épiscopale le chanoine Jean du collet rouge. L'année suivante, il lance l'interdit contre le Chapitre et prononce l'excommunication contre deux chanoines. Mais il ne tarde pas à rétracter ses sentences. On voit par tous ces détails combien dut être laborieux le décanat de Raoul de Grosparmi.

Berthold mourut probablement le 1" août 1307, ou au commencement de la même année, d'après certains auteurs. Ce fut sans doute pour récompenser Raoul d'avoir si bien défendu leurs droits sous les évêques précédents, que ses confrères l'élurent pour leur évêque, le vendredi avant la fête de Saint Vincent 1308 (nouveau style). Entre Raoul et son prédécesseur la régale dura 172 jours, du 1" août 1307 au samedi 19 Janvier.

En 1308, il fit une permutation avec le roi Philippe-le-Bel, au sujet de quelque maison qu'il possédait à Paris. Raoul avait été sacré Evêque d'Orléans au mois de janvier 1308: il devenait ainsi le 72' Evêque de ce diocèse, d'après la liste dressée par la *Gallia Christiana*.

Roul avait deux neveux prêtres qu'il avait appelés auprès de lui à Orléans, savoir: Thomas de Grosparmi qu'il nomma Doyen de Cléry et Nicolas, qui fut en même temps son Chapelain et

Doyen de St-Pierre-le-Puellier. Un des premiers actes de son Episcopat fut de confirmer les statuts de l'église Collégiale de Pithiviers ; ensuite désigné par le souverain Pontife, Clément V, pour dresser ceux de la faculté de théologie d'Orléans, il les rédigea avec le concours de plusieurs autres évêques et les fit approuver par le Saint-Siège, le 27 avril 1309.

Clément V montra son affection pour les belles-lettres et sa reconnaissance pour l'école où il les avait cultivées dans sa jeunesse. L'étude du droit était florissante à Orléans, quoiqu'il n'y eût point encore d'université dans cette ville. On s'y rendait de toutes parts pour profiter de l'habitté des maîtres, et il fallait que leur réputation fût grande, puisque Boniface VIII leur adressa sa compilation du *Sexte*, sans mettre presque aucune différence entre eux et les docteurs de Paris. Le Pape Clément V estimait singulièrement cette école, qu'il avait fréquentée, et il le témoigna en la déclarant Université, établie sur le même pied et jouissant des mêmes droits que celle de Toulouse. Les bulles d'érection sont du 27 janvier 1306. Les docteurs d'Orléans, d'après les concessions pontificales, pourront faire des constitutions et des statuts, élire un recteur, avoir un chancelier qui fera serment, en présence de l'Evêque, de ne donner licence qu'à de bons sujets. Les licenciers reçus et approuvés à Orléans pourront enseigner partout les sciences dont ils ont reçu les grades. L'Evêque sera le juge des causes de l'Université ; il lui est défendu de traduire aucun docteur ou étudiant devant le juge séculier, à moins que l'Evêque ne l'ait renvoyé à ce Tribunal. Roul commença donc la série des Evêques d'Orléans auxquels était confié l'office d'arbitre et de juge souverain des causes de l'université. La mise à exécution des privilèges de cette Université détermina en 1309, sous l'épiscopat de Raoul, une vraie sédition dans la ville. Le peuple courut en foule chez les dominicains où les docteurs s'étaient assemblés. Tout y étant fermé, la populace se rua sur les portes qu'elle brisa, fit voler les fenêtres en éclats sous une grêle de pierres, puis pénétrant à l'intérieur, y maltraita professeurs et écoliers. L'Université ne manqua pas d'intenter un procès à la ville. La plainte fut portée au Parlement qui rendit, l'année suivante, (1310) un arrêt très sévère contre les habitants. Outre une amende de mille livres parisis, ils devaient aller processionnellement et un cierge de deux livres à la main chez les Dominicains, où le tumulte avait eu lieu, et là, demander pardon à genoux, en présence de six docteurs et de six étudiants. On n'en fit rien néanmoins. Les Docteurs eurent la sagesse de ne rien exiger des bourgeois, et Philippe-le-Bel qui voyait d'un mauvais œil l'érection d'une Université rivale de celle de Paris, finit par accorder aux Docteurs d'Orléans la confirmation de leurs privilèges, tels que Clément V les avait donnés (juillet 1312).

L'Evêque d'Orléans fut appelé par le roi comme juge dans l'affaire des Templiers (1).

Après avoir occupé le siège d'Orléans à peu près deux ans, Raoul, qui voyait que son grand âge et ses infirmités annonçaient une fin prochaine, s'empressa de régler ses dernières volontés. Se trouvant à saint Ay, maison de campagne des Evêques d'Orléans, il fit appeler Mᵉ Guillaume du Bosc, notaire public de la ville épiscopale et lui dicta lui-même son testament, en présence des deux doyens, ses neveux, et de plusieurs autres ecclésiastiques qu'il nomma ses exécuteurs testamentaires.

Ce testament, qui porte la date du 17 mai 1310, fut fait dix-huit mois avant la mort de l'Evêque. Il peut être regardé comme le document le plus important qui nous reste de son épiscopat, et, en quelque sorte, comme un monument de prévoyance, de charité et de reconnaissance.

Nous croyons devoir mettre sous les yeux des lecteurs une analyse de ce testament, qui fut déposé et conservé dans le trésor du Chapitre de Sainte-Croix où il existait encore au XVIIᵉ siècle. Il offre, pour notre pays, un véritable intérêt, à cause des legs faits par le digne Prélat en faveur des villes de Périers, de Saint-Lô et de Coutances.

---

(1) Renouard, Monuments hist. sur les Templiers.

Testament de
Raoul de Grosparmi, Evêque d'Orléans.

Raoul, qui jouissait d'une fortune très considérable en fait les parts, dans son testament, avec un soin et une générosité qui révèlent chez lui un grand esprit de sagesse. On y voit encore un cœur qui recèle un riche trésor de foi, de bonté et de charité.

Dans quatre-vingt legs au moins, dont plusieurs sont très considérables, il manifeste sa foi en ajoutant presque toujours cette clause de rigueur : « Je veux que l'on célèbre à perpétuité, chaque année, un service anniversaire pour le repos de mon âme. »

Ensuite, bien qu'il n'ait gouverné que trois ou quatre ans le Diocèse d'Orléans, on voit que ce digne Evêque lui avait voué une très grande affection. Car, c'est par les Eglises de ce Diocèse et surtout par sa chère Eglise Cathédrale qu'il ouvre la longue liste de ses libéralités. Ce qu'il lègue seulement au Chapitre et à la Fabrique de la basilique s'élève à la somme, considérable pour cette époque, d'au moins 700 livres.

Un nombre étonnant d'abbayes, de prieurés et autres maisons religieuses, beaucoup de chapelles, de léproseries et les pauvres enfin ont part à ses largesses.

Il n'oublie pas non plus sa famille, ses bienfaiteurs, ses amis et ses serviteurs.

Rien de plus touchant que de voir ce bon Prélat porter des regards affectueux sur tous ceux qui entourent sa personne. Sa sollicitude s'étend à ceux-là mêmes qui remplissaient auprès de lui les plus modestes emplois.

Ainsi son barbier, son valet de chambre, son maréchal, son boucher, son cuisinier et jusqu'à l'aide de cuisine sont rémunérés de leurs services.

L'on voit même figurer parmi ses légataires des personnes qui lui avaient rendu des services dont la nature n'est pas indiquée.

On regardait comme œuvre pie alors l'entretien ou la construction d'un pont pour venir en aide au public. Aussi notre charitable Evêque affecte-t-il certaines sommes à l'entretien de cinq ponts qui se trouvaient sur le cours de la Loire, à Sully, à Jargeau, à Orléans, à Meuny et Beaugency.

Mais Raoul ne renferme pas ses bienfaits dans les limites de son diocèse. Après avoir, comme dernier souvenir de sa piété, fondé dans sa cathédrale, à l'instar de son oncle le Cardinal, une fête annuelle en l'honneur de l'Immaculée Conception de la Ste Vierge, il se souvient qu'il appartient par la naissance à la Normandie, et il se plaît à en enrichir plusieurs Eglises et abbayes. Il aime, ce vénérable vieillard, à arrêter un dernier regard sur son pays natal et à lui laisser des preuves de son affectueux intérêt.

Ainsi, il lègue aux pauvres de Périers 100 livres. Voici le texte de ce legs : « *Pauperibus parochianis de Piris, Constantiensis diœcesis, pro una charitate quam inibi fieri volumus, Centum libras.* »

Le curé de Périers a 20 sous ;

La léproserie dudit lieu, 10 sous ;

Son ami Etienne de Sèves, bourgois de Périers, 10 livres ;

Enfin, l'Eglise de Périers, 100 livres.

Il répand aussi des largesses sur l'Eglise Cathédrale de Coutances qui reçoit 100 livres, pour célébrer à perpétuité son anniversaire ; sur les pauvres de Coutances, qui ont 60 livres ; sur les pauvres de St-Lô, auxquels il attribue 50 livres.

Au cas où le chapitre de sa Cathédrale ou autres voudraient, sous un prétexte ou sous un autre, entraver l'exécution de ses dernières volontés, le testateur déclare annuler tout ce qu'il a fait en leur faveur, et transfère les legs, qui leur étaient destinés, aux habitants de Coutances et d'Evreux, ainsi qu'à l'abbaye de Fécamp.

Dix-huit mois après, Raoul de Grosparmi termina sa carrière, le 17 septembre 1311, d'après le martyrologe de St-Avit ; le 18 du même mois, d'après le registre de Robert Mignon.

Le chanoine Pelletier, auteur du livre intitulé : « *Les Evêques d'Orléans,* » (1) a eu la pensée de se mettre à la recherche des por-

---

(1) Auteurs à consulter :

Chanoine Pelletier « Les Evêques d'Orléans, » in-12, 1855.
Gallia Christiana, t. VIII, col. 1171, 1507.

traits de ces évêques. Il a pu en découvrir vingt qu'il a fait lithographier par une main habile. Ces vingt portraits forment comme un album auquel son livre sert de texte. Le premier de ces portraits, en suivant l'ordre chronologique, est celui de Raoul Grosparmi (1308-1311)

Le dimanche 25 Janvier 1874, on a érigé dans l'Eglise de Périers un monument à la mémoire de ce digne prélat.

Langlois Longueville S. N. P.

Le Docteur Langlois Longueville n'appartient pas à Périers par sa naissance, mais il y a exercé la médecine avec une distinction qui lui donne sans conteste la première place parmi les praticiens de la localité.

Né en 1794, à St-Sauveur-le-Vicomte, il fit ses humanités au Collège de Coutances. Longtemps après, il s'honorait de l'amitié de son ancien condisciple, Mgr Daniel, Evêque de Coutances, qui l'avait choisi pour son médecin. Ses études classiques avaient été telles qu'on pouvait les attendre de son intelligence et de son application. Il alla de bonne heure étudier la médecine à l'Ecole de Paris ; et ce qui prouve qu'il fut l'un des élèves les plus brillants de cette école (l'Ecole pratique), c'est le succès avec lequel il passa, et la distinction avec laquelle il soutint, le 25 août 1819, sa thèse pour le doctorat. Elle avait pour titre : Education physique et morale de la jeune fille *(Paris, Didot Jeune, 1819, in-4° de 40 p.)*

Dans cette œuvre mûrie par la réflexion, on trouve une saine érudition, alliée à de hautes vues pratiques. Nous avons eu sous les yeux ce document où la sagacité du moraliste et du penseur chrétien le dispute à la science du praticien déjà expérimenté.

Laissant de côté la position technique du sujet, citons seulement ce passage qui est relatif à l'éducation : « la partie la plus importante de l'éducation morale des filles, dit le jeune homme, est celle qui s'occupe du cœur humain ou de l'âme : elle comprend l'ensemble des soins qui ont pour objet d'aider le progrès de la sensibilité morale, de former les mœurs qui en découlent et de mettre un frein aux passions ; c'est surtout cette partie de l'éducation qui doit être domestique, parce qu'elle exige cette continuité de soins dont une mère seule est capable, parce qu'elle agit plus par le sentiment que par les préceptes, et qu'il faut plus d'exemples que de raisonnement : la plante n'est jamais plus belle qu'aux lieux qui l'ont vue naître. On peut considérer cette éducation comme l'art de faire contracter des habitudes. Les bonnes habitudes et les bons exemples, voilà la base de l'éducation morale ; c'est donc quand les organes sont encore flexibles que doivent être présentées ces habitudes, ces façons d'être et ces opinions de la société au sein de laquelle on est destiné à vivre un jour » (p. 32). L'auteur termine par cette belle parole « enfin, vous lui ferez sentir que l'hommage le plus digne de l'Eternel est un cœur pur et vertueux. »

Un tel début fit bien augurer de l'avenir.

Alors, soit modestie, soit amour du pays natal, le jeune docteur alla s'établir à St-Sauveur-le-Vicomte.

Toute son ambition, dès lors, était d'appartenir à cette humble classe de médecins qui se livrent tout entiers à la pratique de leur art, parce qu'ils estiment que les plus grands services qu'ils puissent rendre sont les guérisons qu'ils obtiennent. Le Docteur Longueville n'exeça dans sa ville natale que durant trois années. Il avait conservé pour Paris de bien vifs souvenirs. Aussi revint-il vers cette ville et se fixa d'abord à Chatou, puis à St-Germain-en-Laye. Il épousa vers cette époque Mademoiselle de Pierre. Comme il portait dans la pratique une circonspection et une conscience égales à ses connaissances, il ne tarda pas à être à la tête d'une nombreuse et brillante clientèle. Il fut chirurgien de l'hôpital civil et militaire, ainsi que de la prison de cette ville, membre du Jury-médical du département de Seine-et-Oise, médecin des communautés religieuses, des pensionnats et membre du Conseil Municipal.

Tant de travaux altérèrent sa santé ; l'air du plateau de St-Germain était trop vif et lui occasionnait souvent des crises d'asthme suffocant; il y resta néanmoins jusqu'en 1834, époque à laquelle il vint habiter Paris, dans le premier arrondissement.

Il devait en partie la réputation qu'il s'était acquise à sa sympathie pour la classe pauvre.

Cette sympathie, qui avait commencé à se manifester chez l'étudiant dans les hôpitaux de Paris, éclata en toute rencontre et inspira généralement une haute considération pour sa personne. Ainsi s'expliquent les regrets qui accompagnèrent le Docteur Longueville lorsqu'il vint pour poursuivre sa carrière médicale à Paris. Il était veuf et fixé depuis deux ans déjà dans la capitale lorsqu'il épousa, le 12 janvier 1836, Mademoiselle Alix Vialla, fille d'un haut fonctionnaire du Ministère des Finances. Après son mariage, il passa environ deux ans à Paris, puis il alla habiter une propriété à St-Sever (Calvados), où il est resté jusqu'en 1844. Alors, il revint à Paris exercer la Médecine. Successeur du docteur Mailly, qui depuis longtemps possédait une belle clientèle, le Docteur Longueville n'eut pas de peine à la conserver, à l'accroître même, car il était revenu à Paris, précédé d'une réputation de loyauté et de savoir. Il figura dès lors parmi les Docteurs les plus répandus et les plus estimés de la capitale. Lors de l'invasion du choléra, en 1849, il fut décoré de la médaille d'argent pour les soins prodigués aux malades, à domicile ou à l'ambulance. Il n'eut pas d'autre part aux distinctions que le pouvoir tient en réserve pour le mérite et le travail. Cela montre qu'il savait mieux mériter que solliciter des faveurs.

Malgré ses occupations multipliées, il publia, dans les journaux de médecine, plusieurs observations pratiques très curieuses.

Il est le premier qui ait employé le jet continu d'eau froide dans les accidents traumatiques. En novembre 1833, un Anglais jeté de son cheval par terre, avait été atteint d'une luxation du pied. La blessure était grave, mais le succès fut complet, et le blessé marchait au bout de cinq semaines.

A St-Sauveur-le-Vicomte, loin des fabricants d'instruments de chirurgie, il eut l'idée de créer un appareil empreint de l'à-propos de la localité. C'était une petite branche de bois vert légèrement façonnée afin de lui donner la forme d'une pince. La fente, pratiquée au bout de cette branche, lui permettait par son élasticité une pression qui arrêtait aussitôt le flux hémorrhoïque occasionné par la sangsue. Cette pince, un peu modifiée et exécutée en métal, existe aujourd'hui parmi les instruments de la chirurgie.

C'est donc au Docteur Longueville que la sience en doit l'idée primitive.

Le Docteur justifiait chaque jour la confiance qu'on lui accordait, par ses succès et son dévouement sans bornes, quand l'état de sa santé l'obligea impérieusement à quitter pour toujours la Capitale.

Il le fit en 1854, et alla se fixer à Périers. Nommé médecin de l'hospice civil, il en remplit la fonction jusqu'à sa mort, arrivée le 1er octobre 1860.

Il est regrettable que ses occupations et l'état de sa santé ne lui aient pas permis de publier quelque ouvrage sur la médecine. Le mérite littéraire de sa thèse, l'étendue de ses lumières, et les observations dont nous avons donné un aperçu, lui auraient permis d'écrire avec fruit pour la science. Les amateurs de Bibliographie n'apprendront pas sans intérêt que le Docteur Longueville était le neveu de Monsieur Nigault de Vauver, aussi natif de St-Sauveur-le-Vicomte, et mort en 1818, juge honoraire du Tribunal de 1re instance de la Seine.

La belle bibliothèque du magistrat passa aux mains de ses neveux, Messieurs Langlois Longueville, et Lescaudey de Maneville, ancien maire de Périers.

Archives des hommes du jour, Paris, notice sur Monsieur Longueville (LANGLOIS).

Le Campion (JACQUES)

Naquit à Périers en 1767. Tout jeune encore, (il avait 13 ou 14 ans) il commença sa fortune par des voyages de Périers à Granville, qui lui permettaient de faire un modeste commerce. Avec son cheval il emportait du pays natal beurre et farine pour remporter sel et morue. Au cheval s'adjoignit une voiture, et peu à peu le commerce s'agrandit. Il s'associa avec les Gassion-Toupet ; mais cette association ne fut pas de longue durée.

Il épousa à Granville Mademoiselle Rose Elie ou Helye, appartenant à une famille bourgeoise du faubourg. Un patrimoine de 800 fr. de rente et la dot de sa femme, qui s'élevait à 30.000 fr. prospérèrent dans son commerce, au point de produire un capital de 3.600.000 fr. Mais le riche négociant n'oublia jamais les origines modestes de sa fortune ; et quand quelqu'un des siens paraissait les oublier, il le ramenait à la modération, en lui disant d'aller au grenier chercher sa blouse et son bâton. « Je les garde soigneusement, disait-il, pour me rappeler mon origine. »

Monsieur le Campion eut quatre enfants, trois filles et un fils, Edmond Le Campion, qui devint plus tard maire de Granville et qui perdit la magnifique fortune acquise par ses parents.

Lors de l'arrestation du prince de Polignac à Granville (août 1830), Monsieur Le Campion le protégea contre la fureur du peuple et le conduisit lui-même à St-Lô.

Le Ministre lui dut la vie.

Il n'accepta jamais d'autres fonctions que celles de Président de la Chambre de Commerce de Granville. Son robuste bon sens lui tenait lieu de science. Le Président pouvait estropier parfois la grammaire, mais il ne commit presque jamais d'erreur dans ses sentences, toujours dictées par la raison et l'équité. Quand à la fin d'une audience il disait avec sa bonhomie toute normande : « l'affaire est renvoyée-s-à huitaine », on pouvait sourire dans l'auditoire, mais les intéressés savaient que pleine et entière justice leur serait rendue.

Hors des affaires et de son comptoir, Monsieur Le Campion avait l'humeur gaie et joyeuse. A Anctoville, où il avait une propriété, il aimait à chanter au lutrin avec un porte-voix et à porter la chape.

Jacques Le Campion mourut le 20 décembre 1843, à l'âge de 76 ans. La reconnaissance des habitants a attaché son nom à une rue et à un pont de Granville. Les pauvres et l'Eglise paroissiale avaient eu part à ses libéralités.

Le Canu.

Le Canu était fils de Le Canu du Buisson, demeurant à Vaudrimesnil près Périers. Il était avocat au bailliage de Périers et fut le père de Jacques Louis Toussaint Le Canu, né à Périers et décédé en 1833 pharmacien en chef de la Salpêtrière à Paris.

On doit à Le Canu, avocat, l'ouvrage suivant, qui le range parmi les historiens : *Raoul, premier Duc de Normandie*, et *La conquête de la Neustrie par les Scandinaves*, (Paris, Mérigot, 1781, 2 partie in-12).

Le Canu (JACQUES-LOUIS-TOUSSAINT)

Naquit à Périers. Il était fils de Le Canu avocat au bailliage de Périers. Il devint pharmacien en chef de la Salpêtrière, à Paris, et eut un fils, Louis René Le Canu, membre de l'Académie de médecine et Officier de la Légion d'Honneur, dont les recherches savantes ont enrichi la science médicale.

Jacques Louis Toussaint Le Canu mourut à Paris en 1833.

Le Menuet de la Jugannière (PIERRE)

Baron de l'Empire, Commandeur de la Légion d'Honneur, mérite une place à part dans la mémoire de ses compatriotes. Il naquit à Périers le 11 septembre 1746. Resté orphelin presque en naissant, il fut confié à sa grand'mère qui lui prodigua ses soins de concert avec un digne ecclésiastique son grand oncle. Le jeune Le Menuet s'appliqua à l'étude du droit.

A l'âge de 22 ans, il avait parcouru la carrière des études préparatoires et était reçu avocat. Il exerça cette profession près le bailliage de Périers pendant 11 années. Nous le voyons se fixer à St-Lô en 1779 et devenir, en 1782, premier échevin de cette ville. Il devait remplir cette fonction jusqu'à la formation des Commissions intermédiaires, dont il fit partie et qui avaient succédé aux intendances.

Bientôt allait s'ouvrir la période révolutionnaire. Le Menuet ne sut pas se défendre de l'enthousiasme qui entraînait alors nombre de bons esprits vers les idées du jour. Il allait donc prendre part franchement au mouvement révolutionnaire. En conséquence, il crut prudent de se dépouiller de cette addition d'apparence nobiliaire qui complétait son nom, et il allait se montrer, en toute rencontre, non-seulement républicain convaincu, mais encore franc Montagnard. Ses concitoyens voulurent l'envoyer en 1789 aux Etats-Généraux ; mais marié et père de famille, il jugea sa position de fortune inférieure aux charges qu'il aurait à supporter : il refusa donc cette marque de haute confiance. Alors on ne spéculait pas, sur le mandat que l'on recevait pour défendre les intérêts de son pays ; on savait voir autre chose que l'intérêt privé.

Le Menuet ne pouvait échapper aux charges publiques. Il devint membre du directoire du District de St-Lô. Plus tard, lors de la création des recettes des finances, il refusa la place de Receveur Général de la Manche, dans la crainte de compromettre la fortune d'hommes honorables qui lui proposaient de fournir son cautionnement. Du reste, son caractère était trop estimé pour qu'on ne le mît pas à portée d'utiliser ses talents. Il fut nommé, en 1792, accusateur public près le Tribunal criminel de la Manche.

Le Menuet apporta dans ses différentes fonctions une grande fermeté de caractère, à laquelle il sut allier un grand esprit de modération : et plusieurs fois il ne craignit pas d'exposer sa tête pour sauver celle des citoyens en danger.

Un prêtre, nommé Delalande, qui partait pour l'émigration et qui venait d'être rejeté sur la côte par une tempête, ne dut son salut qu'au courage énergique de ce Magistrat.

Dénoncé pour ce fait au représentant du peuple, Le Carpentier, dont il était l'ami et auquel il avait des obligations, Le Menuet fut admonesté par le terroriste alors en mission à Coutances. Celui-ci lui demanda pourquoi il n'avait pas appliqué à cet ecclésiastique la loi sur les émigrants : « parce que la raison, l'humanité et la loi me le défendaient », répondit le magistrat. « Si ce n'est que cela, répliqua le Représentant, je vais faire un bout d'arrêt. » « Fais, ajouta Le Menuet, mais prends-y garde, tes arrêts ne sont pas des lois, et je ne les exécuterai pas. » « Tu as raison, dit alors Le Carpentier désarmé ; je ne puis me défendre de t'estimer et tu vaux mieux que les misérables qui t'ont dénoncé. » Cette réponse fait honneur à Le Carpentier, mort si malheureusement.

Le trait montre assez que, malgré son ardeur républicaine, l'accusateur public, Le Menuet, ne mérita jamais la qualification de terroriste. Sans doute, il eut à exécuter et à faire exécuter, d'une façon inflexible, les lois même les plus sévères de l'époque ; mais il s'y croyait obligé par le devoir de sa charge, qu'il ne dépassa jamais. Loin de faire du zèle, en poursuivant les inculpés, il aurait plutôt cherché des moyens légaux de leur faire esquiver une législation dont son humanité eut à gémir plus d'une fois.

Les patriotes de Coutances l'avaient en singulière estime. Ses discours patriotiques furent souvent applaudis par le club jacobin de la ville. Celui-ci finit même par le choisir pour son Président mensuel. (1)

Ce fut à cette époque que Granville fut assiégé par l'armée Vendéenne. L'administration de la Manche était démoralisée. Une Commission fut chargée d'organiser la résistance. Le Menuet en fut nommé Président, quoique ses études antérieures ne lui eussent donné aucune idée de stratégie. Les conseils dont il s'entoura suppléèrent à son inexpérience, et bientôt un système de défense fut mis en œuvre. Pendant trois jours et trois nuits, la Commission républicaine fut en permanence. Le Menuet n'abandonna pas son poste un instant. Pendant tout ce temps, chaque coup de canon échangé entre les assiégeants et la place vint ébranler les vitres de la salle où la Commission était assemblée, et rappeler au Président le danger de ses deux fils qui faisaient partie de la garnison de Granville.

Il semblait oublier alors qu'il était père, pour ne songer qu'à ce qu'il estimait être le devoir du patriotisme.

(1) Sarot, Les Tribunaux répressifs de la Manche, t. I., p. 132.

En 1797 (le 27 germinal an VI), il était élu membre du Conseil des Anciens. Plein de savoir et de dévouement pour les institutions nouvelles, il avait joui d'une haute considération, au centre même du Gouvernement et au sein de la Convention. C'est sur ses observations que cette Assemblée avait rendu plusieurs décrets, notamment la loi du 17 Ventôse, an II. Il allait conserver cette haute influence au Conseil des Anciens. Nous en avons la preuve dans ses nombreux travaux au sein de cette Assemblée.

Si nous consultons la Table du *Moniteur Universel*, nous y lisons ce qui suit :

Le Menuet, Député de la Manche au Conseil des Anciens, an VI, fait ajourner la dicussion de la résolution relative aux Conseils de guerre, N° 320; — an VII combat celle relative au payement des intérêts de la dette publique, N° 32 ; — Son rapport en faveur de celle sur les jugements rendus en dernier ressort, N° 71; — Fait rejeter celle sur l'appel et le témoignage des employés de la trésorerie, — en appuie une autre sur le même objet, N°° 321 et 318 ; — est élu secrétaire, N° 331. A l'époque du 18 brumaire, il est fait premier secrétaire au Conseil des Anciens.

Quelques jours avant le Coup-d'Etat, l'un de ses collègues, Regnier, admis dans la confidence des événements qui se préparaient, voulut entraîner Le Menuet dans une réunion particulière. On devait y discuter les mesures à prendre dans les circonstances graves qui allaient se produire. Il insista et déclara à son ami que lui tenait à l'avoir, à cause de la considération dont il jouissait dans l'Assemblée. Le Menuet refusa positivement, ne voulant, disait-il, enchaîner en rien son indépendance. La réunion eut lieu, et là fut arrêté le mouvement du 18 brumaire.

Tous ceux qui y avaient assisté devinrent l'objet des faveurs du Pouvoir. Regnier lui-même fut nommé Ministre de la justice.

Le Menuet était bien décidé à revenir dans son Département, et à reprendre la toge d'avocat, qu'il n'avait quittée qu'à regret. Mais après avoir résisté longtemps aux instances que lui fit son compatriote, Le Brun, l'un des Consuls, d'entrer dans la Magistrature, il se décida à en accepter les fonctions.

La Révolution du 18 brumaire, an VII, était accomplie. Il se rallia au nouveau Gouvernement, malgré ses convictions, sincèrement républicaines. L'âge et les circonstances l'avaient amené à des idées plus saines. Il fut récompensé, la même année, de l'abandon de ses idées avancées, par le gouvernement, qui le nomma premier Président du Tribunal (plus tard la Cour d'appel) de Caen, lequel venait d'être créé.

Ce ne fut qu'en 1811, lors du passage de l'Empereur par le Calvados, que la Cour de Caen fut organisée, et Le Menuet en fut nommé premier Président.

A cette époque, le pays était désolé: Napoléon méditait la désastreuse campagne de Russie. Les conscriptions de terre et de mer venaient d'être levées dans le Département, et de nombreux garnisaires étaient placés chez les habitants.

A la suite d'un banquet impérial, auquel le premier Président et plusieurs autres fonctionnaires avaient été invités, l'Empereur leur parla de l'enthousiasme de la population sur son passage.

« C'est vrai, Sire, répondit le magistrat, cependant je ne puis
« vous dissimuler qu'en vous voyant venir en ce moment, je trem-
« blais qu'une froide réception ne vous attendît ; le pays est dans
« la consternation, des levées rigoureuses viennent d'être faites
« et nos habitants qui pleurent leurs enfants peut-être morts au
« Champ-d'Honneur, sont encore ruinés par les garnisaires placés
« chez eux. » L'Empereur, à ces mots, fronça le sourcil et s'éloigna brusquement.

« Vous avez eu un grand courage, Monsieur le Président, lui dit-on » « Non, j'ai payé mon dîner. »

Le lendemain, l'ordre était donné de lever tous les garnisaires, et, grâce à ce magistrat courageux, les habitants furent délivrés d'une mesure accablante. D'autres fonctionnaires de la contrée reçurent des témoignages de la faveur impériale. Le Menuet, ce qui valait mieux, n'obtint que l'estime du grand homme.

Ce serait ici le cas de rappeler la fermeté que déploya le premier Président, lors de l'émeute de 1812, à Caen. Un général fut envoyé par l'Empereur pour présider cette Commission qui a laissé un si déplorable souvenir dans le pays. Entre autres conseils que le premier Président donna à ce général, il exprima hautement l'opinion que, pour prévenir de semblables désordres, il fallait s'occuper de l'instruction du peuple, alors complètement négligée.

Ce fut à lui que la ville de Caen dut les écoles établies peu de temps après; et, dans la suite, quand les souscriptions volontaires s'ouvrirent pour créer des écoles d'enseignement mutuel, Monsieur Le Menuet fut un des fondateurs de la première qui ait été établie dans la région.

En 1815, le premier Président, douloureusement affecté des réactions qui désolaient le pays, sollicita sa retraite. Sa demande ne fut point accueillie. Mais en 1823, lorsque depuis longtemps la justice avait son cours régulier, le Pouvoir qui voulait se faire des créatures, ressuscita la démission donnée huit ans auparavant. Monsieur Le Menuet se retira. Il voulait éviter les tracasseries dont il était menacé sans doute à cause des difficultés sociales que lui créait son passé politique. Peut-être aussi espérait-il, en donnant sa démission dans ces conjonctures, voir se réaliser des espérances dont on le berçait pour l'avenir de sa famille.

Il avait alors 77 ans. Jeune encore de cœur et d'esprit, exempt des infirmités de la vieillesse, il rentra dans la vie privée.

Le Gouvernement de Juillet, qui promettait de réparer toutes les injustices, avait une grande réparation à exercer envers Monsieur Le Menuet. Le journal *le Pilote du Calvados* se fit l'organe du pays pour appeler de tous ses vœux cette réparation. Dupont-de-l'Eure déféra à ces désirs et replaça Monsieur Le Menuet dans son poste de premier Président.

Le passage de ce magistrat par les villes qu'il devait traverser, pour revenir reprendre le siège qu'il avait honoré si longtemps, et son retour à Caen furent de véritables triomphes. Monsieur Le Menuet de la Juganière avait alors 84 ans. Il était Baron de l'Empire et Commandeur de la Légion d'Honneur. Il mourut premier Président, en 1835, à l'âge de 90 ans.

Un fils de Monsieur Le Menuet suivit aussi la carrière de la magistrature et devint Procureur Général à Caen. Il fut pendant les Cent-Jours nommé député pour le Calvados, et mourut en 1816. (1)

---

(1) Annuaire de la Manche, Année 1836, p. 133; Mém. de l'Académie de Caen, 1840. — Hist. biogr. par M. Ch. Massot.

Le Noël du Perron (Jacques)

né à Périers, était fils de Robert le Noël, seigneur de Gruchy, et de Marie Davy du Perron, sœur du Cardinal du Perron. Robert Le Noël étant mort, Marie Davy du Perron épousa en secondes noces le sieur de la Rivière premier médecin de Henri IV. Jacques Le Noël avait, du premier lit, une sœur nommée Jeanne, et une autre issue du second, qui s'appelait Ursine de la Rivière. Le 21 mai 1616, il obtint la coadjutorerie de l'abbaye de St-Taurin d'Evreux, dont le Cardinal son oncle était Abbé Commendataire, et après la mort de Jean du Perron, son autre oncle, archevêque de Sens, il fut pourvu en commande de l'abbaye de Lyre, par Brevet royal du 24 juin 1622. Le prieuré d'Acquigny lui fut également donné. Aux biens de l'Eglise, le jeune Abbé de St-Taurin joignit la Seigneurie de Bagnolet près Paris. Car sa mère, par contrat et avancement d'hoirs, donna à ses enfants, Messire Jacques Le Noël Davy du Perron, abbé de St-Taurin d'Evreux et de Lyre, et à damoiselle Jeanne Le Noël et à damoiselle Ursine de la Rivière, leur sœur utérine, la seigneurie de Bagnolet. Mais à ce contrat en fut réuni un autre, par lequel les deux sœurs firent remise et transfert à l'Abbé de tout le droit qu'elles pouvaient avoir sur cette Seigneurie.

Après la mort du Cardinal du Perron et de son frère l'archevêque de Sens, Richelieu avait reporté sur leur neveu l'estime et l'affection qu'il leur avait vouées. Voici la lettre qu'il écrivit à l'abbé de St-Taurin au mois d'octobre 1622, en réponse à la lettre de félicitation qu'il en avait reçue au sujet de son élévation à la pourpre romaine :

A Monsieur du Perron,

« Monsieur, le témoignage de bonne volonté qu'il vous a plu
« de me rendre sur le subjet de ma promotion, m'est d'autant
« plus agréable qu'il procède d'une personne dont j'ay toujours
« fait grand estat, et pour l'espérance que je conçois de vous et
« pour l'amour du nom de celui de qui toute la Chrétienté révère

« la mémoire et que je serai bien aise de me proposer pour modèle
« en la dignité que je doibs à la bonté du Roi et de la Reine. Ces
« considérations m'obligeront toujours à rechercher toutes les
« occasions de vous faire cognaistre que je suis, Monsieur, Votre
« ETC, ETC. »

Jacques Le Noël du Perron fit imprimer cette même année 1622, chez A. Estienne, un ouvrage *in-folio* du Cardinal du Perron. C'était le traité du Sacrement de l'Eucharistie, qu'il dédia au Roi Louis XIII. En 1624, le même imprimeur édita encore, toujours par les soins de l'abbé de St-Taurin, « *La réfutation de toutes les Objections tirées des passages de St-Augustin allégués par les hérétiques contre le St-Sacrement de l'Eucharistie.* » C'était un autre ouvrage de son oncle.

Nous voyons l'Abbé de St-Taurin aliéner sa seigneurie de Bagnolet, le 4 septembre 1625.

Cette même année le vit quitter la France pour accompagner en Angleterre, en qualité de Grand Aumônier, Madame Henriette de France, sœur de Louis XIII, mariée à Charles I", fils de Jacques I", Roi d'Angleterre.

L'Abbé de St-Taurin était trop bien engagé dans la voie des honneurs pour ne pas monter plus haut. Nommé au commencement de 1636 à l'Evêché d'Angoulême, il fut sacré à Paris dans l'Eglise de Picpus, le dimanche 14 juin 1637, par Charles de Montchal, archevêque de Toulouse, assisté de Gilles Boutaut, Evêque d'Aire et de François Malier de Houssay, Evêque d'Augustopolis, coadjuteur de Troyes. Au mois de mai 1638, Jacques Le Noël fit son entrée dans sa ville épiscopale. Il eut le bonheur de réformer l'Abbaye de St-Taurin, le 1" mars 1642, et d'y rétablir la discipline longtemps négligée. En 1645, il assista comme député de la province de Bordeaux à l'Assemblée Générale du Clergé de France, tenue à Paris, et y prononça le discours d'ouverture. Le 23 décembre de cette même année, il fut l'un des juges délégués par Innocent X pour informer sur la conduite de René de Rieux, Evêque de St-Pol de Léon, qui fut rétabli sur son siège le 6 septembre 1646.

A la recommandation de la Reine d'Angleterre, Jacques Le Noël fut transféré, le 30 août 1646, à l'Evêché d'Evreux et, prêta serment au Roi pour ce nouveau siège, le 13 octobre 1648, à St-Germain en Laye. Peu de temps avant sa prise de possession il donna un témoignage de sa piété pour le Cœur très pur de Marie. Il écrivait, en effet, le 14 septembre 1648, en parlant de l'office du Cœur de Marie, composé par le P. Eudes ; « tout y respire le parfum de la foi orthodoxe et l'esprit de la Sainte-Ecriture et des Pères. « Quocirca testamur omnes et singulos ut illud attente devoteque recitent suis in eo morbis remedia reperituri, viamque prehensuri, quæ nos facili tutoque cœlo Deoque reddit. Nous exhortons tout le monde en général et chaque fidèle en particulier à le réciter avec la plus dévote attention, afin d'y trouver des remèdes aux maux de leurs âmes et d'y apprendre un chemin facile et sûr pour arriver à la possession de Dieu dans le ciel. »

Jean de la Marre ayant pris en son nom possession de l'Evêché d'Evreux, le 2 octobre 1648, l'Evêque fit en personne son entrée solennelle le dimanche 15 novembre suivant. Il était conduit par les Religieux de St-Taurin, auxquels il donna une somme de 56 écus d'or, comme l'équivalent du prix d'un cheval et d'un anneau d'or, parce qu'il était entré à pied. Pour son joyeux avènement, il fit don à sa Cathédrale d'une chapelle d'argent ciselé, consistant en une Croix et en six candélabres.

Au milieu des troubles qui désolaient à cette époque Evreux et la France, il essaya de quitter sa ville épiscopale; mais les bourgeois qui le regardaient comme leur sauvegarde, l'arrêtèrent à l'une des portes et le forcèrent de rentrer dans son palais épiscopal.

Le chagrin qu'il en conçut le conduisit au tombeau, le 14 février 1649. Des émeutes populaires empêchèrent que, selon l'usage, son corps fût apporté à l'Abbaye de St-Taurin, et on l'inhuma dans le chœur de la Cathédrale, devant le grand Autel.

Comme il l'avait demandé par son testament, son Cœur fut déposé dans l'Eglise de St-Louis des Jésuites, à Paris, auprès de ceux du Cardinal et de l'Archevêque, ses oncles, auxquels il avait fait élever à Sens deux mausolées. Le cœur du Cardinal du Perron et celui de son neveu, l'évêque d'Evreux, sont déposés à l'Eglise St-

Louis, dans la sépulture des de La Tour-d'Auvergne, dits de Bouillon. On y a retrouvé un cœur en plomb avec cette inscription :
« Ci est le cœur de feu messire Jacques Duperron Evêque d'Evreux,
« décédé le 14° jour de février 1649. »

C'est aux soins de Jacques Le Noël qu'on doit la publication complète des œuvres de controverse du Cardinal du Perron.

L'évêque d'Evreux n'oublia pas dans ses libéralités l'Eglise de Périers. C'est à sa générosité qu'on devait l'orgue qui se voyait dans cette Eglise avant la Révolution.

Jacques Le Noël portait pour armoiries: *écartelé au 1" et au 4° d'azur, un chevron d'or accompagné d'un croissant d'argent en pointe et de deux canettes affrontées de même qui est le « Le Noël » et au 2° et 3° d'azur, un chevron d'or accompagné de trois harpes de même, qui est du Perron.*

Jacques Le Noël s'était fait autoriser à ajouter à son nom celui de son oncle le Cardinal du Perron.

Auteurs à consulter :

Fisquet, *La France Pontificale, diocèse d'Evreux.*

Abbé Valentin Dufour, *Les Charniers de l'ancien cimetière de St-Paul,* Paris 1866, in-8° p. 31.

Lettres, Instructions diplomatiques et papiers d'Etat du Cardinal de Richelieu, publiées par Avenel, t. VII p. 164. Impr. Impér, Paris 1853.

Gallia Christiana, tom. XI. Col. 613 — 617.
tom. II. Col. 1021.

Maneval (Casimir-Louis Lescaudey de)
Chevalier de l'Empire et officier de la Légion d'Honneur.

Il naquit le 11 mai 1773 à Périers, où son père était bailli de longue-robe et lieutenant général civil et criminel. Après des études rapides, mais qui laissèrent une trace durable dans sa facile intelligence, et n'écoutant que la grande voix qui l'appelait aux armes, le jeune Lescaudey, âgé de 18 ans entra au 30° régiment de ligne comme sous-lieutenant, le 16 septembre 1791. Capitaine aide-de-camp le 25 avril 1792, il était nommé chef du 11ᵉ bataillon de la Manche le 16 novembre 1793 et passait successivement aux 67ᵉ et 58ᵉ demi-brigades, en 1795 et 1796. Il reçut, le 3 juin 1801, le commandement du 1ᵉʳ bataillon de chasseurs francs de l'Ouest, passa au 105ᵉ régiment de ligne le 23 octobre suivant, et devint major le 23 avril 1809.

Il fit avec ce corps les glorieuses campagnes qui commencèrent en 1805, fut blessé grièvement à Eylau (8 février 1807), passa avec son régiment à la vaillante et malheureuse armée d'Espagne, où il fut tué dans une reconnaissance le 15 octobre 1812.

Le major Lescaudey de Maneval était le vrai type du militaire français, fait pour guider et maintenir au feu nos soldats. Il aimait la poudre et la gloire ; aussi sa vie donne-t-elle une belle page à l'histoire du 105ᵉ régiment de ligne et de la famille dont il portait le nom. Il avait été admis dans la Légion d'Honneur le 31 juillet 1804, fait officier le 23 avril 1809 (le lendemain d'Eckmül,) et créé chevalier de Maneval avec majorat en Allemagne, le 11 juillet 1810 (1).

Marie-Dumesnil (Ange-Benjamin).

Marie-Dumesnil, né à Périers le 19 septembre 1789, est un de ces littérateurs, dont le nom, conservé par une judicieuse estime, mérite de vivre dans le souvenir de ses concitoyens.

Remarqué déjà par ses succès de Collège, Marie-Dumesnil fut envoyé à Paris dès l'âge de 12 ans. Le Prince Le Brun accueillit fort bien son jeune compatriote, dont il reconnut les rares dispositions ; il s'attacha à les développer ; éclaira l'écolier de ses conseils et se promit de lui servir de protecteur.

Cependant un parent de Marie-Dumesnil le fit entrer, à 17 ans, chez un notaire ; le notariat lui semblait le chemin de la fortune ; mais le clerc indocile avait des goûts littéraires, qui l'entraînaient chaque jour aux leçons du Collège de France. L'architrésorier de

---

(1) *Annuaire de la Manche*, année 1869, p. 67.

l'Empire applaudissait à ces inclinations et le patron grondait en pure perte.

Lorsqu'en 1810, le Prince Le Brun partit comme Gouverneur-Général de la Hollande, il emmena Marie-Dumesnil dans ce pays et le plaça dans l'administrtion des Douanes, à Amsterdam. Celui-ci, plein de reconnaissance, adressa une Epître philosophique à son bienfaiteur. Elle fut imprimée en 1811.

Depuis cette époque jusqu'à sa mort, Marie-Dumesnil n'a cessé de produire des poésies, inspirées par les circonstances politiques ou par les accidents de sa vie privée, vie laborieuse et honorable, qu'il sut défendre en Hollande, de 21 à 24 ans, contre les suggestions de la convoitise, grâce aux principes les plus fermes de la plus sévère probité. On s'étonnait de voir un si jeune fonctionnaire résister à la contagion de l'exemple ; ses ennemis l'épiaient pour le trouver en défaut et se débarrasser, s'il était possible, d'un surveillant aussi intègre et incorruptible ; mais l'aménité de son caractère, la pureté de ses mœurs, le charme de son commerce lui faisaient de nombreux amis et l'affermissaient chaque jour dans la confiance de l'architrésorier. Il était, d'ailleurs, d'une obligeance à toute épreuve, et quiconque avait à provoquer un acte de justice, à solliciter une grâce des autorités françaises, trouvait en lui un avocat zélé. Il était d'autant plus écouté que son désintéressement était sans bornes et qu'il ne demandait jamais que pour les autres.

L'Académie de Caen avait mis au concours pour 1812 une médaille d'or de 150 fr., qui devait être décernée à l'auteur de la meilleure Ode sur le passage de L. L. Majestés Impériales et Royales dans la ville de Caen au mois de mai 1811. Le prix ne fut point mérité et l'Académie proposa le même sujet pour 1813. On l'écrivit à Marie-Dumesnil, à Amsterdam ; on le pressa même d'entrer en lice, et le souvenir de la patrie l'inspira. Son Ode fut couronnée dans la séance publique du 16 juillet 1813. L'Académie ajouta bientôt à la médaille du vainqueur le titre de membre correspondant, titre qui lui fut conféré le 2 mars 1814.

Dès la fin de 1813, sa muse patriotique avait gémi, dans *Ode aux Français*, sur les premiers désastres de nos armées. Après avoir célébré nos triomphes il aurait pu écrire comme Casimir Delavigne :

« J'ai des chants pour toutes nos gloires ;
Des larmes pour tous nos malheurs. »

Napoléon Ier, qui savait juger les hommes, dit qu'il ferait prochainement de l'Auteur un Auditeur au Conseil d'Etat, et que si l'ami de Le Brun, une fois le pied à l'échelle, n'allait pas si haut que son compatriote, c'est que les circonstances lui seraient moins favorables.

On sait avec quelle rapidité se précipitèrent les événements. L'Empereur tombant, Marie-Dumesnil ne put monter. Une nouvelle Ode : *Cri de la Patrie*, fut arrêtée par la Censure au mois de novembre 1814 ; mais imprimée en avril et en mai 1815, elle fit dire à l'Empereur : « Voilà comment il faut parler aux Français. »

Marie-Dumesnil était à Paris, quand y parvint la nouvelle de nos revers à Waterloo. Quelques amis l'engagèrent à rester dans la Capitale, en attendant le dénouement du grand drame. On lui disait que les plus pacifiques ou les plus couards auraient la meilleure part dans les profits de l'épilogue. Le fier jeune homme, qu'indignaient de lâches conseils, courut à la frontière ; entra dans Thionville avant que cette place fût investie ; se fit soldat malgré la fièvre qui le dévorait, et donna des preuves sans nombre de son dévouement à la Patrie.

Les événements avaient suivi leur cours ; on annonça le retour de Louis XVIII, et une suspension d'armes permit aux défenseurs de Thionville quelques excursions en dehors de la forteresse. C'est dans une de ces promenades que le guerrier-poète fit une rencontre assez romanesque et qui eut une influence décisive sur le reste de sa carrière. Dans un site délicieux, à mi-côte se détachait le château de Guentrange, appartenant à Monsieur Laumonier de la Motte. Marie-Dumesnil y dut pénétrer avec son esprit et son cœur. Il devint le fiancé de la fille du brave châtelain, mademoiselle Laurence Laumonier de la Motte. Il devait l'épouser le 2 septembre 1817 et en avoir huit enfants.

Pendant que le chevaleresque jeune homme jouissait de l'hospitalité de Guentrange, il aperçut un jour six Polonais exténués de fatigue et couchés sous les murs du château. Il les interrogea et apprit que Français de cœur, ils avaient déserté l'armée ennemie, et qu'ils cherchaient un refuge contre les alliés. Marie-Dumesnil leur ouvrit les portes de Guentrange, et les recommanda au propriétaire, qui pourvut à leurs besoins.

A quelques jours de là, des citoyens zélés, comme il s'en trouva en 1815 dans tous nos départements, gens de bien qui se faisaient délateurs par conscience, avertirent les Prussiens. Ceux-ci violent les conventions qui mettaient Guentrange hors du territoire soumis à leur autorité; ils investissent le château à l'improviste et demandent à l'instant les six déserteurs.

« Ceux que vous appelez des déserteurs, s'écrie Marie-Dumesnil,
« sont des Polonais du corps de Poniatowski ; ils n'ont rien de
« commun avec vous, et c'est tout au plus si les Russes, maîtres
« du Grand Duché de Varsovie, pourraient les réclamer. Condui-
« sez-moi avec eux devant votre général, et nous verrons si vous
« vous abaisserez au rôle de prévôts de la police russe : mar-
« chons! » On le conduisit avec les six Polonais, à travers les villages, au quartier du commandant supérieur, à Volckrange. « Encore sept victimes de la vengeance allemande, disait-on sur leur passage, pas un d'eux n'échappera. » Tous au contraire devaient échapper. Marie-Dumesnil prit une attitude si ferme, si imposante ; il fit valoir des arguments si puissants, et employa un langage si noble et si persuasif que le chef ennemi ne put résister à cette éloquence. Serrant involontairement la main de l'orateur, il lui dit : « Eh bien, Monsieur, ramenez-les ; mais souvenez-vous que vous m'en répondez sur votre tête. »

Les six Polonais, sauvés par la présence d'esprit et l'énergie du jeune Français, se jetèrent, loin de l'ennemi, aux pieds de leur libérateur. Il les releva et leur ouvrit ses bras. Pendant qu'ils reprenaient la route de Guentrange, on était dans les plus vives alarmes au château. On craignait surtout que Marie-Dumesnil fût victime de son dévouement, et l'on allait partir pour faire intervenir les autorités françaises en sa faveur auprès des Prussiens. Mais l'on vit tout-à-coup, contre toute espérance, revenir pleins de joie les sept prisonniers.

Mademoiselle de la Motte rayonnait de bonheur : elle avait reconnu un lion dans celui qu'elle aimait.

Le lendemain, pour achever son ouvrage, Marie-Dumesnil fit entrer dans Thionville les six Polonais ; et, à sa sollicitation, le général Hugo se déclara leur protecteur et leur procura du travail.

A cette époque, le poète-patriote, dont la santé s'était altérée sous le ciel de la Hollande, perdit sa place qui ne lui fut rendue qu'en 1817. Il occupa ses premiers loisirs à la composition du *Manuel des employés des Douanes*, dont la première édition parut à Metz chez Collignon, en 1815, *(in 8° de 178 pages)* ; la troisième (1817) en a 308. On trouve en tête une circulaire de Monsieur le Conseiller d'Etat, Directeur général des Douanes, St-Cricq. Cette lettre était adressée aux Directeurs des Départements. On y lit qu'après avoir fait examiner l'ouvrage, « il avait été reconnu que l'auteur avait su dans un abrégé assez succint indiquer les premiers principes de la législation des Douanes dans toutes ses branches, et qu'il avait donné aussi de bons modèles de procès-verbaux. »

Son ouvrage pouvait donc, ajoutait-on, être mis entre les mains des préposés. Il y fut mis sans doute, puisqu'une nouvelle édition de 455 pages parut en 1818, et ce ne fut pas la dernière.

Ce ne fut pas non plus le dernier ouvrage de l'auteur sur cette matière : il donna, en 1821, le *Manuel des Douanes de France (in 8° de 660 pages)* ; et, en 1831, un *Nouveau Dictionnaire de la Législation des Douanes — Paris — in 8°*.

Un *Traité* de la législation du *Commerce extérieur* est resté dans le portefeuille de Marie-Dumesnil ; les hommes spéciaux le regrettent ; car on sait que l'auteur s'était livré, pour la composition du travail, à des recherches très étendues.

Disons encore, pour en finir avec ces matières, qu'en 1825, l'Académie de Lyon décerna une médaille à un ouvrage intitulé : « Du commerce des Douanes et du système des prohibitions, etc. par Monsieur Billet, augmenté par Monsieur Marie-Dumesnil. » Une note manuscrite de ce dernier réclame la paternité du travail tout entier.

La matière de Douanes et d'Economie politique n'avait pas

étouffé les instincts poétiques de Marie-Dumesnil. Ses imprimés et ses manuscrits en font foi. Mais il avait retenu ces paroles du Prince Le Brun, et il en profitait : « Mon ami, avec des talents, de l'élévation dans les idées, de la dignité dans le caractère, vous aurez toujours trop d'envieux dans la carrière administrative pour ne pas devoir éviter d'en augmenter le nombre par des succès littéraires, qui blessent presque toujours l'œil des chefs ; un peu de célébrité nuit à l'avancement. »

Rien de plus judicieux que ces réflexions.

Le Brun sut en faire la règle de sa conduite et réussit. Apparemment que Marie-Dumesnil eut moins de force contre son penchant ou qu'il céda trop facilement aux conseils de ses amis. Car en 1823, il publia sans nom d'auteur le petit poème de l'*Esclavage*.

Mais il s'avisa de l'envoyer à Louis XVIII, qui voulut voir le poète et le complimenter. Ce fut dès le lendemain le secret de tous les journaux. On s'accorda généralement pour louer dans l'ouvrage de beaux vers et de nobles sentiments.

Deux ans après, Marie-Dumesnil mettait au jour l'ouvrage suivant : *Chroniques Neustriennes ou Précis de l'Histoire de Normandie, Ses Ducs, ses héros, ses grands hommes. Suivi de chants Neustriens. Paris, Renard 1825, in-8° de VIII et 422 pages.*

Ces chants neustriens font honneur au patriotisme du poète ; mais le ton lyrique règne un peu trop fréquemment dans les pages de son histoire. On voudrait plus de mesure dans l'éloge qu'il donne à ses héros.

Ce livre ne fut pas sans influence cependant ; il encouragea aux études historiques dans notre province.

Les hommes les plus dévoués à la littérature se préoccupaient beaucoup alors de la politique. On était au ministère Villèle, et les partisans les plus fervents de la monarchie, restaurée tremblaient pour cette monarchie, si elle continuait sa route à travers les écueils où elle s'était imprudemment engagée.

Marie-Dumesnil crut devoir apporter à la cause nationale le tribut de ses idées. Il voulait conjurer le danger que couraient à la fois le pouvoir et la liberté. Pour cela, il songea à éclairer l'opinion. Il le fit dans un livre bien conçu et bien exécuté. C'est celle de toutes ses productions qui sera probablement lue avec le plus de fruit. Elève et confident du Prince Le Brun, cet homme d'Etat de tant d'habileté, de savoir et d'expérience, il rédigea ses mémoires sur le Prince Le Brun, duc de Plaisance, et sur les événements auxquels il prit part sous les Parlements, la Révolution, le Consulat et l'Empire *(Paris, Rapilly in 8° 1828)*.

Cet ouvrage eut deux éditions, la même année. Il est écrit avec l'intention visible de remonter aux sources de la Révolution, pour empêcher le ministère de tomber dans les fautes qui avaient amené le grand cataclysme social. Marie-Dumesnil faisait acte de courage en publiant ce livre, lui fonctionnaire public, père d'une nombreuse famille, et qu'un caprice ministériel pouvait révoquer. Mais l'opinion publique prit sa défense. Le Baron Stanart, dans le *Journal de Bélgique* du 1" juin 1828, en faisait une courte analyse et disait : « Je ne connais pas de volume où plus de choses soient resserrées en moins de mots, et toujours sans sécheresse, toujours dans un style plein de noblesse, d'élégance et de mouvement ; les anecdotes poignantes y abondent..... »

Le critique ajoute : « Je termine cet article en transcrivant la dernière page qui renferme en quelque sorte l'analyse d'un Livre *infiniment remarquable* sous tous les rapports. »

Au milieu de ses succès littéraires, Marie-Dumesnil, n'avançait pas sa fortune. De 1820 à 1830, il fut à la tête du bureau des Primes, à la Direction générale des Douanes. Il était entré pauvre dans ses fonctions, et il en sortit pauvre, et c'est un grand éloge de sa gestion.

Dans l'intérêt de sa famille, il dut quitter Paris et, son administration l'envoya comme Receveur-Principal à Valenciennes. Il ne tarda pas à faire éclater son désintéressement personnel et son dévouement à ses fonctions. Au milieu de la nuit du 12 janvier 1830, un incendie se déclara dans sa maison. Il fallait faire la part du feu ; il lui abandonna ce qui lui appartenait et sauva la caisse de sa recette, ses papiers de comptabilité et les marchandises au dépôt.

Plus tard, on envoya Marie-Dumesnil avec le même titre, à Maubeuge puis à Condé (Nord). Il y mourut du choléra, le 1" août

1849 ; il comptait au moins 35 ans des plus honorables services.

En résumé, Marie-Dumesnil fut un homme d'un talent littéraire très remarquable, il fut en outre un homme de cœur et de probité.

Nous sommes heureux de relever ce distique gravé sur son tombeau dans le cimetière de Condé.

« Son âme vole aux cieux, habitante immortelle,
Pour ce monde inconstant et trop pure et trop belle ! »

Nous devons à nos lecteurs de transcrire la pièce suivante, inspirée au poète sur les bords de l'Amstel, par l'amour du pays natal :

> Bords Neustriens, délicieux rivages !
> O mon pays ! champs fleuris, verts bocages
> Où la tendre fauvette et l'amoureux bouvreuil
>   D'une voix enflammée
>   Sous la fraîche ramée,
> Saluant le réveil de la nature en deuil,
> Du printemps désiré chantent la renaissance !
> Lieux témoins fortunés des jeux de mon enfance,
> Ne pourrai-je donc plus fouler vos prés chéris
> Ni recevoir l'accueil de mes premiers amis ?
>
> Ne pourrai-je invoquant le Dieu fils de Latone,
> Bientôt aller m'asseoir sous l'arbre de Pomone,
> Et dans les doux parfums exhalés de sa fleur,
> Respirer la santé, la vie et le bonheur ?
>
> Ces pommiers, où zéphir au printemps se balance
> Déployant en berceau leurs brillants pavillons
> Que Flore à pleines mains couronne de ses dons,
> Promettent à l'automne une heureuse abondance
> Et le buveur déjà s'enivre en espérance.
>
> Je ne suis point hélas ! jaloux de son plaisir ;
> Mais avant ma dernière aurore
> Je voudrais les revoir encore
> M'étendre sous leurs ombres, y rêver et mourir !
> Ah ! c'est mourir cent fois que languir sur ces rives
> Où parmi ses nymphes captives
> L'Amstel dort enchaîné dans ses langoureux roseaux ;
> Où mon œil étendu sur ces pesantes eaux,
> De la plaine qui m'environne
> Parcourt avec ennui l'horizon monotone,
> Tristement dépourvu de ces aspects nouveaux

Dont la variété nous plaît et nous étonne !
Où voguant lentement de canaux en canaux
Je cherche vainement ces sites romantiques
Ces beaux vallons, ces fertiles coteaux
Où j'allais nourrissant mes rêves poétiques.
Tout m'attire vers vous, doux champs de mes aïeux !
Tout m'invite à quitter ces bords marécageux
Où la fièvre à l'œil sombre, à la marche tremblante
Que suit, pâle et livide, un cortège de maux,
Vient, d'une haleine impure et dévorante,
De l'air que je respire empoisonner les flots,
Saisit mon faible corps, l'agite, le tourmente
  Sans me laisser aucun repos,
Et comme une lionne affamée et sanglante
  En rugissant brise mes os.

Qu'ils sont loin les plaisirs de mes rives natales !
Là, mes tendres parents, objets de mon amour
Heureux dans leur aimable et tranquille séjour,
Goûtent la douce paix des mœurs patriarcales
Mais exilé loin d'eux, je manque à leur bonheur.
Exauce, Dieu d'amour, le cri de ma douleur !

Que je brûle de voir la maison paternelle
Où leur tendresse, hélas ! sans cesse me rappelle !
Ce désir me consume et ses feux renaissants
Auront bientôt séché la tige de mes ans.
Jusque dans mon sommeil il me poursuit en songe,
Mais un moment alors, dans un riant mensonge,
L'aimable illusion suspend mes longs tourments.
Les voilà tous les deux !... O ravissante ivresse !
Les transports de leur joie ont vaincu ma tristesse.
De nos cœurs réunis quels doux épanchements !
Dans mes bras à la fois tous les deux je les presse ;
Ils me rendent tous deux caresse pour caresse ;
Et ma mère, au milieu de nos embrassements,
Me dit, en m'arrosant des pleurs de sa tendresse,
« Mon fils, le Ciel enfin te rend à notre amour
« Oh ! ne t'éloigne plus du paternel séjour !
« Tu retrouves ici tes jeux et ta patrie,
« Ton père et moi déjà sur le soir de la vie,
« Et près du lit fatal où l'on dort sans réveil
« Nous réclamons les soins donnés à ton enfance.

« Ils nous sont dus, mon fils, par la reconnaissance.....! »
O ma mère !... A ce mot arraché du sommeil
Vainement je la cherche et ne vois plus qu'une ombre
   Qui me fuit et dans la nuit sombre
   Se dissipe et s'évanouit.
   Le bonheur qui m'avait séduit
   S'envole aussitôt avec elle,
Et m'abandonne en proie à la douleur mortelle
Qui presse mes instants vers leur terme fatal.
Le timide arbrisseau que loin du sol natal
Une main avide et cruelle
En se jouant a transplanté
Sous un climat funeste à sa prospérité
Bientôt livrant aux vents ses feuilles arrachées
Jonche le sol ingrat de ses branches séchées.
Ainsi victime, hélas ! de la rigueur des cieux,
Je mourrai loin des bords où ma paupière
Pour la première fois s'ouvrit à la lumière,
Loin des bras maternels, loin des funèbres lieux
Où reposent en paix les restes de mes pères ;
Et les miens exilés dessècheront loin d'eux
   Sur des rives étrangères !...
La douleur en habit de deuil
Ne viendra pas de pleurs arroser mon cercueil
Chèvre-feuil empourpré, sensible giroflée,
Vous ne fleurirez point sur mes tristes débris !
La ronce, végétant sur ma tombe isolée
Seule me couvrira de ses rameaux flétris...
Terni par cette sombre idée,
Mon beau printemps n'est plus qu'un rigoureux hiver ;
De peines et d'ennuis mon âme est obsédée,
Et l'exil, m'abreuvant de son poison amer,
A flétri de mes jours la fleur à peine éclose.
Hélas ! elle est sans vie... Ainsi tombe la rose
   Au souffle ardent de l'Auster ;
   Ainsi frappé par le fer
   Sur sa tige triomphale
Un jeune lys, roi des filles de l'air
Penche aussitôt sa tête virginale,
Perd son éclat, au ciel jadis si cher,
Laisse tomber, au zéphir abandonne
Les festons desséchés de sa belle couronne !
Est-ce donc là, grand Dieu ! le sort qui m'est promis,

A moi qui constamment à tes décrets soumis,
Des sentiers tortueux du vice
Ai toujours détourné mes pas ?
De tes blasphémateurs loin d'être le complice,
Hautement j'ai béni ta bonté protectrice
Et fui le vil troupeau de tes enfants ingrats.
Les passions m'ont livré des combats,
Mais si jamais j'ai blessé ta justice
Ma faiblesse est coupable, et mon cœur ne l'est pas.
  Apaise donc ta céleste colère ;
  Ecoute enfin la voix de la pitié ;
Rends-moi, rends-moi, Dieu juste, aux souhaits de mon père,
A ma mère, aux transports de leur douce amitié
Et, serré dans leurs bras, tout baigné de leurs larmes
Je mourrai satisfait, sans plainte et sans alarmes. »

Morin (Louis-Léonor-Frédéric)

Né à Périers le 18 novembre 1815, fut privé tout jeune encore des caresses et des leçons de ses parents.

Il commença ses études sous la direction de son frère aîné, qui tenait à la Haye-du-Puits un pensionnat renommé.

Entré en seconde au collège de Coutances, il occupa vite le premier rang. L'année suivante, ses condisciples, frappés de la maturité précoce de son esprit, ne l'appelèrent plus que « le grave Morin, » honorable surnom approuvé sans doute du supérieur, qui chargea le jeune rhétoricien de partager la surveillance avec ses maîtres. Louis Morin remplit cette fonction avec assez de fermeté pour justifier les préférences de ses supérieurs, assez de tact pour garder tout entière l'affection de ses égaux.

Ordonné prêtre le 13 juin 1840, il fut nommé vicaire à St-Vaast. Monseigneur Robiou n'avait pas cru bon de contenter les désirs du frère aîné en lui donnant un adjoint de ce mérite. Le vicaire de St-Vaast devait garder ses fonctions pendant près de 15 ans.

On se souvient encore dans cette paroisse de sa charité pour les pauvres. Quand le vicaire avait épuisé ses ressources personnelles, il se faisait humblement frère-quêteur, allant à domicile plaider, une bourse à la main, la cause des indigents ; rarement avocat fut plus éloquent.

Pendant une année très malheureuse, il établit un Bureau de bienfaisance, et pour faire face aux lourdes charges d'une pareille création, il ouvrit des souscriptions mensuelles, accessibles aux plus modestes fortunes. Ce fut surtout lors du terrible choléra de 1840 que la flamme de son zèle jeta les clartés les plus vives. Il avait une tendance à la peur à l'aspect de fléau : il la surmonta si bien que pour étouffer entièrement la voix de la nature il se condamna à rester auprès des malades plus longtemps que ne l'exigeait son ministère. Pour obtenir du Ciel la cessation de la terrible épidémie, il contribua beaucoup à l'érection d'un calvaire, aux portes de la petite ville.

M. l'Abbé Thin, curé de Morsalines, donna généreusement le terrain nécessaire.

L'Eglise tombait en ruines. Monsieur Morin fut un des premiers qui conçurent le projet de la réédifier. L'idée était belle, mais bien difficile à réaliser. On avait à combattre l'opposition de plus d'une personne notable et il fallait des ressources en rapport avec la grandeur de l'entreprise. Monsieur Morin vint à bout de surmonter ce double obstacle. Sa parole persuasive gagna les volontés rebelles, et le bel exemple qu'il donna en ouvrant, par une somme considérable, la liste des souscriptions, imprima à la population un admirable élan de générosité. Riches et pauvres, tous concoururent à cette grande œuvre. On vit des marins, des femmes du peuple, donner à défaut d'argent, leur temps et faire ce qu'ils appelaient justement « des journées d'honneur. » Que de fois le vicaire ne soutint-il pas ces volontaires du travail en remuant lui-même les pierres avec une pieuse ardeur !

L'embellissement du temple matériel n'épuisait pourtant pas tout l'effort de son zèle. Une occupation plus haute attirait son âme élevée. Il aimait à initier les personnes pieuses aux pratiques de la vie parfaite.

Ceux qui l'ont remplacé près de ces âmes d'élite ont pu admirer plus d'une fois la prudence de sa direction. Enfin il commença à

St-Vaast une œuvre, qui fut la préoccupation de sa vie entière, l'œuvre des vocations sacerdotales.

Appelé à la cure de Doville, le 10 mars 1855, il ne put se résigner à laisser abandonnée l'ancienne Eglise paroissiale. Il la transforma en chapelle sous le vocable de Notre-Dame de Bon-Secours.

Ce fut Mgr Guilbert, alors curé de Valognes, qui en fit la bénédiction solennelle.

Trois ans plus tard, le 21 Août 1858, le jeune Curé de Doville était transféré à St-Denis-le-Gast.

Il fallait à cette paroisse un pasteur d'une énergie tempérée par la douceur et la bonté. A ce prix il pourrait ramener la concorde et conserver la piété dans cette population troublée. Mgr Daniel crut avoir trouvé cet homme en Monsieur l'Abbé Morin. Il ne s'était pas trompé. Dès qu'on eut entendu la parole de paix du nouveau pasteur, dès qu'on vit ses procédés bienveillants, l'espérance d'un avenir meilleur se leva dans tous les cœurs. L'Eglise fut construite.

Quelques années plus tard, on put constater, dans la cérémonie d'une bénédiction de cloches, que l'union était pleinement rétablie.

Monsieur Morin avait un grand attrait pour le travail, et un goût décidé pour la littérature. C'est sans doute ce commerce avec les grands auteurs qui donnait à sa conversation et à son style une distinction et un charme remarquables. Un fait vulgaire revêtait, dans le récit qu'il en faisait, une grâce particulière.

Avant tout, l'Abbé Morin était un homme de prière ; il a édifié jusqu'à la fin ses paroissiens par les visites fréquentes et prolongées qu'il faisait au Très-Saint Sacrement.

Il mourut le 1er novembre 1885 dans sa 70e année.

Rihouet (Jean-Baptiste)

Né à Périers le 26 février 1795, était fils de Jean Nicolas Rihouet et de Marie Duplane. Il s'appliqua de bonne heure à la pratique des affaires contentieuses. Il entra, en 1827, à la Cour des Comptes, où il était conseiller référendaire, lorsqu'en 1831 ses compatriotes jetèrent les yeux sur lui pour les représenter à la Chambre des députés. Il n'était que conseiller référendaire de 2° classe. Monsieur Rihouet ne tarda pas à se distinguer au Corps Législatif par ses connaissances financières, ainsi que par l'étendue et la sûreté de son jugement.

En 1834, si son mandat ne fut pas renouvelé, cela tint à la grande habileté stratégique de son compétiteur, Monsieur Avril. Le conseiller de la Cour des Comptes, comptant sur le sentiment affectueux de ses compatriotes, ne fit rien pour soutenir sa candidature; il devait être vaincu dans la lutte et il le fut. Un événement favorable à sa carrière vint le consoler de cet échec, l'année suivante.

En 1835, Monsieur Rihouet devenait conseiller référendaire de 1re classe. En 1837 et depuis lors jusqu'en 1846, le champ électoral lui fut abandonné par son rival de 1834.

Comme député, il fit onze fois partie de la Commission du Budget, et en 1832, il fut rapporteur du budget des finances.

Il fut en outre membre d'un grand nombre de commissions, telles que celle des comptes, des crédits supplémentaires, de la conversion des rentes.

Partisan convaincu d'un régime qu'il considérait comme le plus propre à donner à la fois l'ordre et la liberté, il soutint par ses actes le Gouvernement de Juillet; mais il n'hésita jamais à faire preuve de dignité et d'indépendance, en réprouvant les mesures qu'il jugeait contraires à l'intérêt du pays. Aussi fut-il élu à plusieurs reprises, président du Conseil Général de la Manche.

Il prit plusieurs fois la parole à la tribune, notamment dans les trois dernières sessions de 1846, sur la situation de la Marine. Il avait été envoyé à Brest en 1843 avec la mission d'y étudier l'état et le service des arsenaux. Il a prouvé qu'il y avait bien employé son temps.

Il fut l'un des auteurs de la proposition sur l'admission et l'avancement dans les fonctions publiques.

Voici le portrait parlementaire qu'en faisait la *Biographie Sta-*

listique de Messieurs les membres de la Chambre des Députés, 1842-1846, publiée en 1846 :

« Monsieur Rihouet est un homme studieux, très dévoué à la politique conservatrice, mais très-indépendant. Sa parole a beaucoup d'autorité dans les questions de marine et de finances. Nous avons dit qu'on l'aimait beaucoup dans son pays; on l'y estime autant qu'on l'y aime. »

Cette appréciation de notre Député était impartiale ; mais la révolution de 1848 termina la carrière politique de Monsieur Rihouet qui se consacra désormais entièrement à ses fonctions de la Cour des Comptes, où il était devenu Conseiller-Maître. N'ayant jamais rien demandé pour lui-même et se défiant à l'excès de ses forces physiques, modeste dans ses goûts, Monsieur Rihouet voyait tranquillement approcher l'heure de sa retraite, lorsqu'en 1865 un siège de Président de chambre devint vacant.

Le vœu unanime de la Cour le fit désigner pour remplir ces importantes fonctions et Rihouet s'y montra supérieur à lui-même, et lorsqu'en 1870 il fut atteint par la limite d'âge et nommé Grand Officier de la Légion d'Honneur, il jouissait encore, malgré ses 75 ans révolus, de toute la plénitude de ses facultés. C'est à cette époque que Monsieur le Président Rihouet vint se fixer définitivement à St-Germain-en-Laye. Tous ceux qui l'y ont connu se rappelleront cette bonté exquise, cette serviabilité sans bornes qu'on était sûr de toujours rencontrer chez lui. Heureux et content de la retraite qu'il s'était choisie, Monsieur Rihouet n'avait pas cessé toutefois de s'intéresser à la *chose publique*; il est resté, jusqu'en 1879, l'un des membres les plus actifs du Conseil de l'Ordre de la Légion d'Honneur et a présidé la commission consultative de l'asile du Vesinet. Mais les forces humaines ont leurs limites : vaincu par l'âge et la maladie, Monsieur Rihouet s'alita au commencement de l'année 1882 pour ne plus se relever. Entouré de ses proches, d'amis, de serviteurs dévoués qu'il considérait comme sa seconde famille, il vit venir la mort avec la sérénité d'un chrétien et sa fin fut de même que son existence tout entière, un grand exemple pour tous. Son corps fut inhumé à Paris au cimetière d'Auteuil dans un caveau de famille. Il était mort le 20 janvier 1882.

Le journal officiel du 5 avril 1882 relatant l'*audience solennelle* de la Cour des Comptes du 5 avril, présidée par Monsieur le Premier Président Bethmont, contient l'allocution suivante de ce magistrat.

« .. Depuis 1870, époque où il avait été atteint par la limite d'âge, Monsieur le Président Rihouet vivait à St-Germain-en-Laye; mais le temps et l'éloignement n'avaient pu nous faire oublier que, pendant 51 ans, de 1819 à 1870 Monsieur Rihouet avait été un des membres les plus distingués de la Cour-des-Comptes.

Vous vous êtes rappelé que, Député pendant longtemps, il vous avait défendus avec éclat et succès du haut de la Tribune parlementaire, et que peu après, ce magistrat, aussi désintéressé que méritant, avait refusé de se laisser nommer au choix à la première classe des conseillers référendaires, ne voulant pas profiter d'un acte de bienveillance qui aurait lésé des droits antérieurs aux siens.

Un homme d'une telle valeur et d'un si beau caractère devait recevoir de nombreux témoignages d'estime et de confiance. Aussi lui sont-ils venus de toute part. La dernière satisfaction de Monsieur Rihouet, dans la retraite où s'est écoulée sa belle vieillesse, a été de voir ses fils porter dignement son nom et continuer l'œuvre à laquelle il s'était lui-même consacré pendant un demi siècle. »

La France n'a pas rencontré, parmi les élus du suffrage universel, beaucoup d'hommes de talent, versés dans les matières financières et économiques, qui aient aussi bien mérité d'elle que l'ancien député de Périers.

Par ses travaux au sein de la commission de la chambre des députés et à la tribune, par ses vues sages et profondes, il eut sur les affaires publiques une véritable et heureuse influence.

Il fut nommé Officier de la Légion d'Honneur le 27 avril 1846, Commandeur le 18 août 1864 et Grand-Officier le 28 avril 1870.

Ann. de la Chancellerie, 1883, p. 23.

L'Industriel, Journal de St-Germain-en-Laye, *N° 28, janvier 1882.*

Robert-Dumesnil (ALEXIS-PIERRE-FRANÇOIS)

Né à Périers le 30 août 1778, montra, fort jeune, un goût prononcé pour les Beaux-Arts. A sa sortie du Collège, il se livra à l'étude du Droit, entra à 18 ans, comme Maître-Clerc, chez un notaire de Coutances, et vint bientôt à Paris, où il put, en même temps qu'il continuait à s'occuper des travaux de sa profession, satisfaire les goûts qui le portaient vers la connaissance des estampes. Au bout de quelques années, il épousa la fille du notaire chez lequel il travaillait, et peu de temps après son mariage, il prit une étude pour son compte et se distingua dans la carrière qu'il avait choisie, par un jugement sûr et par une intelligence des affaires peu commune.

Monsieur Robert-Dumesnil dirigea pendant vingt-deux ans l'étude que son prédécesseur lui avait cédée, et malgré les occupations nombreuses que ses fonctions lui imposaient, il trouvait encore le temps de consacrer quelques moments à la recherche des œuvres d'art. Il faisait de fréquentes visites aux marchands d'estampes et il parvint à réunir ainsi une des collections les plus considérables qui aient jamais été formées par un amateur français. Après avoir rassemblé un choix précieux de pièces de toutes les écoles et de tous les grands maîtres, Monsieur Robert-Dumesnil, auquel les travaux d'Adam Bartsch avaient rendu de grands services, voulut à son tour faire profiter les autres des connaissances spéciales qu'une longue pratique des estampes lui avait acquises.

Il se dessaisit des estampes précieuses qu'il avait jusqu'à ce jour réunies sans distinction d'écoles ni de pays. A partir de ce moment, il se contenta de réunir les pièces de l'Ecole française. Il voulait ainsi élever à notre art national un monument qui en constatât la vie et la force, et qui permît aux graveurs, nos contemporains, de ne plus ignorer la glorieuse série d'artistes qui les ont précédés.

Le premier volume du *Peintre Graveur Français* parut en 1835.

Monsieur Robert-Dumesnil s'était, dès cette époque, retiré des affaires et il passait chaque année dans le château de la Joie, propriété qu'il possédait auprès de Nemours, la plus grande partie de l'été. C'est là, au milieu du calme et du repos des champs, qu'entouré de ses collections, il rédigea avec une conscience et une persévérance qu'on ne saurait trop louer, les huit volumes de cet ouvrage, qui est devenu aujourd'hui le guide indispensable de tous les amateurs d'estampes.

Ses recherches au cours de son minutieux travail avaient mis l'auteur en rapport avec tous les hommes qui portaient à l'art de la gravure un véritable intérêt. On a trouvé dans sa correspondance le témoignage écrit de l'estime que l'on accordait avec raison à son ouvrage et de la confiance que son érudition inspirait. Léon de Laborde, auteur de l'*Histoire de la gravure en manière noire*, Rudolph Weigel, savant éditeur de Leipsig, et l'Etat lui-même font appel au savoir de Monsieur Robert-Dumesnil.

Le dernier volume du *Peintre Graveur Français* parut en 1850, et malgré les infirmités que l'âge amène, Robert-Dumesnil ne cessa pas un seul instant de travailler à l'achèvement de l'ouvrage qu'il avait si vaillamment entrepris. Il désigna lui-même à son fils Monsieur Duplessis comme capable de continuer son œuvre. Il avait en effet préparé deux nouveaux volumes, qui sont de Monsieur Georges Duplessis : les tomes IX et X. Le tome IX contient le portrait et la biographie de Monsieur Robert-Dumesnil.

On doit encore à la plume de notre auteur *un catalogue des Estampes de Rembrandt, de Ferdinand Bol, de Jean Livens, de Jean Georges Vliet, de Rodermont et de leurs imitateurs colligés par M. A. P. F. Robert-Dumesnil.* Paris. Imp. Huzard, 1836, in-8° de 40 pp.

Robert-Dumesnil, auquel ses travaux sur la gravure française ont acquis une juste renommée parmi les iconophiles, mourut à Paris le 20 janvier 1864, à l'âge de 85 ans.

Son portrait a été gravé par Chabanne en 1837.

Robin Prévallée (Jean François)

Né à Périers, le 9 juin 1782, fit ses premières études chez Monsieur Lemière, maître de pension à Coutances. Il suivit plus tard les leçons de Monsieur Fleury, médecin de l'hôpital de Cherbourg, et alla ensuite à Paris, où après avoir fait son cours de médecine il fut reçu Docteur-Médecin à l'âge de 23 ans. Il vint s'établir et exercer sa profession dans le lieu de sa naissance.

Il était du nombre de ces médecins qui ne se bornent pas à la pratique de leur art, mais qui l'exercent avec un complet désintéressement, et sont à la fois le médecin des pauvres et leur bienfaiteur. Non content de donner ses soins, à titre gratuit, aux malades de l'hospice, il fit d'importantes donations à cet établissement.

A Périers, il remplit les fonctions de Conseiller municipal et d'Administrateur de l'hospice.

Dans sa vie, toute de bienfaisance, il n'oublia pas l'Eglise de Périers, dont il présida la Fabrique. En reconnaissance de son dévouement pour le bien public, ses concitoyens l'appelèrent à siéger au Conseil d'arrondissement, ensuite au Conseil-Général, et le Gouvernement, en 1845, le nomma Chevalier de la Légion d'Honneur.

La mort l'enleva au mois de mars 1851 à sa famille et à ses nombreux amis. Toute la population de Périers et des communes voisines se fit un devoir de l'accompagner à sa dernière demeure, et l'affliction qui se lisait sur tous les visages était le plus bel éloge qu'on pût faire du défunt. Son portrait se conserve dans l'une des salles de l'Hospice de Périers.

Ruault, (Jean).

Il y a des noms autrefois célèbres, qui sont aujourd'hui complètement oubliés. Tel est le nom d'un ancien professeur d'éloquence latine au collège royal de France, Jean Ruault. L'historien de Périers doit exhumer cette mémoire et lui rendre ainsi quelque notoriété.

Jean Ruault, que les actes de l'époque appellent *Constantiensis*, était en effet du Diocèse de Coutances, étant né à Périers, entre 1570 et 1580. Guillaume Duval dit qu'il appartenait au Diocèse d'Evreux ; c'est une erreur. Jean Ruault s'intitule lui-même *Constantiensis*, et dans un éloge sur la Croix, il reconnaît qu'il est né à Périers. Duval le surnomme sieur de Glateigny et de Gonzangrez. Il s'appliqua de bonne heure à l'étude des langues Grecque et Latine, et s'y rendit fort habile, ainsi que dans l'histoire, la géographie et les antiquités. Après avoir régenté quelques années à Rouen, il vint à Paris, où il enseigna les humanités avec succès dans différents Collèges.

Il paraît, par une de ses Epigrammes, qu'il avait été régent à Rouen avant de venir à Paris, puisqu'il s'y plaint de quelqu'un qui avait été son élève dans la première de ces deux villes et qui l'avait trompé dans la dernière « *Ad quemdam Rothomagi discipulum, Lutetiæ mihi decipulum.* »

A Paris, il professa les humanités dans plusieurs Collèges de l'Université. Il avait professé la Rhétorique avant 1610, époque où il édita son recueil de Poésies. C'est lui-même qui le dit dans une de ses pièces.

J. Ruault était un prêtre fort pieux.

Cet éminent professeur était excellent orateur et bon poète latin. Il fut investi cinq fois des fonctions de Recteur de l'Université de Paris.

Nous le voyons aussi principal du Collège de Lisieux, rue Jean-de-Beauvais, à Paris.

Il appartient à la classe de ces hommes laborieux qui ont occupé avec le plus de succès les chaires des différents Collèges pendant la première moitié du dix-septième siècle. Les Ruault, les Valens, les Grangier, les Padet ont seulement laissé quelques discours d'apparat, quelques pièces de vers de circonstance, qui ne pouvaient contribuer à la gloire des lettres ni au profit des études, et qui, en dehors des écoles, n'ont eu aucun retentissement.

Gardons-nous d'en faire un reproche à la mémoire de ces hommes dévoués. Ils ont subi la destinée commune à la plupart de ceux qui se consacrent à l'éducation de la jeunesse. Leurs laborieuses fonctions absorbent, pour ainsi dire, toutes les facultés de leur nature, et leur laissent trop rarement le loisir de s'adonner à des travaux moins obscurs et plus attrayants, qui eussent servi peut-être à honorer leur nom et leur pays. Les maîtres de l'Université ont cependant produit des travaux d'un réel mérite, à cette époque où la protection de Richelieu encourageait l'essor du génie national.

C'est ainsi que Pierre Frizon donnait son *Gallia purpurata*, que plusieurs de ses Confrères donnaient des éditions des Classiques et des Pères de l'Eglise, que Guillaume Duval donnait sa belle édition grecque et latine des œuvres d'Aristote ; à leurs côtés vint se ranger Jean Ruault par son édition des œuvres de Plutarque.

Dans un acte de 1615, J. Ruault signe : « *Procureur de la nation de Normandie.* » Il exerça même plusieurs fois le Rectorat. Il est recteur de l'Université du 23 juin 1616 au 19 décembre 1617 ; il eut pour successeur immédiat dans cette charge un autre régent Coutançois, Jean Dossier, professeur de rhétorique au collège d'Harcourt. Il était dans sa destinée d'être remplacé par ses compatriotes dans ses différents emplois ; car en 1623, lorsque Ruault donna sa démission de procureur fiscal ou syndic de l'Académie, il eut pour successeur Jean du Chevreul, autre Coutançois, qui fut aussi nommé deux fois recteur de l'Université.

Jean Ruault donna un premier ouvrage au public en 1610. C'est une œuvre de jeunesse. Elle est intitulée « *Joannis Rualdi Epigrammatum libri duo, Diversa poemata, eglogæ nonnullæ et Orationes habitæ* Parisiis, anno M. D. C. IX. »

C'est un Recueil de poésies latines et de quatre harangues. Le livre, petit in-12, parut à Paris, chez Jean Antoine Joaslin. Il est dédié au Cardinal du Perron, archevêque de Sens et Grand Aumônier de France, dont le neveu, Jacques Le Noël, était l'élève de l'auteur. Les poésies contiennent deux livres d'*Epigrammes*, dont plusieurs emblèmes dans le second livre ; un livre de poëmes, tous sur des sujets de doctrine et de piété ; par exemple sur St Jean-Baptiste, la Ste Vierge, le sacrement de l'Eucharistie, la naissance et la mort de Jésus-Christ et de quelques fêtes de la Ste Vierge, *etc.*

On apprend, dans plusieurs de ses *épigrammes*, qu'il avait été longtemps travaillé de la fièvre, et qu'il avait fait, pour en être guéri, un vœu à Ste Geneviève, patronne de Paris. Il y a peu d'élégance et de génie poétique, mais de la pureté dans les expressions, et de la facilité dans la versification. Ce ne sont, au reste, que des *productions* de la jeunesse de l'Auteur, comme le dit *Jean Morel*, Principal du Collège de Reims, dans ces vers qu'on lit à la tête du Recueil :

« Consultus veluti imberbis respondet Apollo,
Mira canens juvenis, docte Rualde, Canis.
Hunc edis florem primæva ætate Libellum
Quod scribes senior, grande volumen erit, *etc.* »

Si l'on veut avoir une idée de ses petits poëmes, nous offrons celui-ci comme spécimen au lecteur :

XVII

A François Feret, Archidiacre de Coutances.

« Asseruisse ferunt natalem insignis Homeri
Septem doctorum mœnia Graiagenum
Lis de te major, quum te certamine grandi
Hebrei, Græci, Romulidæque petant. »

Les quatre harangues, qui sont aussi en latin, ont pour objet: 1° la mort de Jésus-Christ, 2° l'Annonciation de la Ste Vierge, 3° St Jean-Baptiste ; 4° Ste Ursule.

La dernière est un discours prononcé le jour de la fête de cette sainte. L'orateur y fait l'éloge de la théologie, en expose les avantages et y donne de grandes louanges à Jean Crassot, qui a si longtemps professé la philosophie à Paris.

Les trois premières de ces harangues avaient été prononcées en 1609 dans la chapelle du Collège des Trésoriers et la quatrième dans le Collège de Narbonne.

Cinq ans après, Jean Ruault, devenait une seconde fois auteur. Il éditait des harangues pour et contre le duel, qu'il avait fait prononcer par quelques-uns de ses disciples. Le titre est: *De duellis controversia, in quâ forensi ritu, et Conciliis œcumenicis,*

Patribus, Legibus sacris profanisque auctoribus, utriusque linguæ, Senatus Consultis edictisque Principum dissitorum, proximorum de iis inquiritur et statuitur per Joannem Rualdum Constantiensem ; Paris, Jean Somié, 1615, in-8°.

Cet ouvrage est dédié à Jean Davy du Perron, grand aumônier de France.

Il est difficile de croire que ces discours aient été prononcés tels qu'ils sont imprimés, vu leur extrême longueur ; et d'ailleurs, on y rapporte en entier divers Edits concernant les duels. On y cite aussi quantité de passages grecs et latins, quelques-uns même en Hébreu : cette prolixité et cet amas d'érudition auraient ennuyé et fatigué les auditeurs.

Le 23 octobre 1616, la magistrature perdit une de ses gloires, l'ancien Président du Parlement de Paris, Monsieur Achille de Harlay, qui s'éteignit à l'âge de 80 ans.

L'Université, qu'il avait toujours protégée et dont les regrets l'avaient accompagné dans sa retraite, fit célébrer un service pour le repos de son âme dans l'Eglise des Mathurins. L'oraison funèbre du vénérable magistrat fut prononcée, le 27 novembre de la même année, par Jean Ruault, du collège de Plessis, que la Faculté des Arts venait d'appeler pour la seconde fois aux fonctions de Recteur. L'orateur qui passait pour une des voix éloquentes de l'Université retraça, dans le langage le plus pompeux la glorieuse carrière d'Achille de Harlay : et ce prénom d'Achille lui rappelant le fils de Pélée et la guerre de Troie, il en tira le sujet de fréquentes allusions, qui ne furent pas sans doute la partie la moins goûtée de son discours. Il fit imprimer ce discours l'année suivante et le dédia à Monsieur Nicolas de Verdun, successeur de Monsieur de Harlay ; le titre est : *Universitatis Parisiensis lacrymæ tumulo Nobilissimi atque Illustrissimi viri D. Achillis Harlœi, Equitis, ordinisque amplissimi principis ubertim affusæ ; V Kalendas decembris in Conventu Maturinorum. Per Joannem Ruault Constantiensem Normanum, Rectorem.* Ad virum amplissimum D. Nicol. de Verdun, Regni Curiæ Primarium Præsidem, Lutet. Paris. apud Antonium Stephanum, 1816, in-4° de 50 pp.

Le 4 mai 1617, le Recteur de l'Université, J. Ruault, donna un mandement pour annoncer l'ouverture d'un concours pour deux chaires de droit dans l'Université de Paris. Le mandement est imprimé, signé par le Recteur et contresigné par le greffier, André Duval.

A cette époque, la discorde régnait dans l'Université; à peine une querelle était apaisée qu'un nouveau litige s'élevait pour le motif le plus frivole et passionnait les esprits, comme si de gros intérêts se fussent trouvés en jeu. Les deux tribus qui composaient la nation d'Allemagne, les Insulaires et les Continentaux, remplirent pendant plusieurs mois la Faculté du bruit de leurs divisions; tantôt c'était pour le choix d'un procureur, à l'occasion d'un coffrefort de la Faculté qu'elles s'accusaient mutuellement d'avoir pillé et qui fut trouvé intact; tantôt, comme en octobre 1617, l'élection d'un nouveau Recteur donna lieu à un débat plus grave. Celui qui remplissait alors cette charge était encore Jean Ruault, le même qui l'année précédente, avait prononcé l'oraison funèbre d'Achille de Harlay. L'énergie de Ruault, son caractère vif et résolu, non moins que sa parole facile et son érudition, lui avaient acquis une grande autorité dans les écoles de Paris. Cinq fois de suite, comme il le rappelle avec une juste fierté dans le récit de ses actes (1), le suffrage des nations l'avait investi des fonctions rectorales. Cette charge si honorable n'avait jamais été très lucrative; mais le malheur des temps en avait amoindri d'année en année les émoluments, si bien qu'il avait fallu dispenser plusieurs Recteurs sans fortune, entr'autres Jean Ruault (2) d'une partie de la représentation que l'usage leur imposait. Les candidats devenaient de plus en plus rares, et peut-être la prorogation inaccoutumée des pouvoirs de Ruault était-elle due à l'absence de compétiteurs sérieux autant qu'au mérite personnel du recteur en exercice.

---

(1) *Acta Rectoria, t. V. fol. 13.* « Jam quindecim menses et amplius Academiæ clavum tenuerat Magister, J. Ruault. »

(2) Le Recteur Charles Pescheur (26 mars 1614); Hollandre (26 mars 1615) et Ruault, 25 juin 1616, furent dispensés sur leur demande, *de honestiore habitu*. Arch. et Rég. — XXV. fol. 403. 431 et 473.

Cependant, lorsqu'il eut rendu compte, pour la dernière fois, de son administration, dans une assemblée à St-Julien-Le-Pauvre, et que les intrants, désignés par les nations, se furent réunis pour lui donner un successeur, il ne parvinrent pas à s'entendre; et après trois heures de délibération, ce fut le suffrage de Ruault lui-même qui les départagea en se portant sur Jean Dossier, régent de Rhétorique au collège d'Harcourt, que les nations de France et de Normandie avaient désigné. Mais à peine le vote était-il proclamé que Monsieur Hollandre qui avait été recteur avant Ruault, soutint que celui-ci avait empiété sur ses droits : et que lui, Hollandre, aurait dû être appelé à la réunion des nations et que la voix prépondérante lui appartenait en cas de partage.

La nation de Picardie dont Hollandre faisait partie et celle d'Allemagne ne se contentèrent pas de l'appuyer : elle portèrent aussitôt l'affaire au Parlement et obtinrent un arrêt qui, tout en remettant après les vacations à statuer sur le fond de l'affaire, fit provisoirement défendre à Dossier d'exercer les fonctions de recteur et prorogea les pouvoirs de Ruault (1).

Les passions qui existaient dans l'Université se donnèrent pleinement carrière, et la paix des Assemblées fut troublée par des débats qui dégénéraient quelquefois en invectives. Un jour l'un des Maîtres de la Nation de Normandie qualifia les Picards et les Allemands d'étrangers et le Procureur de la Nation de France les appela des perturbateurs. La nation d'Allemagne reprocha de son côté au recteur d'être un séditieux qui s'était arrogé dans l'Université la dictature, ou plutôt une véritable tyrannie et qui semait partout la discorde pour perpétuer son pouvoir.

Ruault jugea prudent de défendre aux Nations de se réunir; mais cette défense signifiée par un bedeau ne fut pas respectée, parce qu'elle ne s'appuyait pas sur un arrêt. Il était temps que la magistrature mît un terme à l'agitation des esprits. Le 16 décem-

---

(1) *Arrêt du 13 octobre 1617. Arch. VIII. Reg. XXVI. p. 71.*

bre 1617, le jour même où la Nation d'Allemagne s'insurgeait ouvertement contre le chef de l'Académie, le Parlement rendit un arrêt qui confirmait l'élection de Dossier, et qui décidait qu'à l'avenir, quand on procéderait à l'élection du recteur, s'il se trouvait diversité de voix entre les Nations, le recteur sortant de charge nommerait celui qu'il jugerait en sa conscience le plus digne des deux nommés par égalité de voix (1). Cette décision donnait entièrement raison à J. Ruault. Promulguée dans une assemblée solennelle de l'Université, elle surprit quelques-uns de ceux dont elle contrariait les rancunes ou la vanité: mais elle obtint l'assentiment des gens de bien et rétablit la paix. Mais ce qui console de la frivolité de ces débats, c'est la promptitude avec laquelle ils s'apaisèrent aussitôt que la magistrature eut parlé.

J. Ruault n'était pas seulement orateur et poète; il était un homme savant et dont l'érudition était même fort étendue. Il le fit connaître dans sa *vie de Plutarque* et dans ses *remarques* sur le même auteur, où il reprend nombre de fautes dans lesquelles cet ancien auteur était tombé, et entre, à cette occasion, dans des discussions qui supposent beaucoup de lecture et de réflexion. Le titre de cet ouvrage est:

« *Vita Plutarchi Chæronensis*, ex ipso, et aliis utriusque Linguæ scriptoribus a Joanne Rualdo collecta digestaque. Ejusdem Rualdi Animadversiones ad insignia Plutarchi σγαλματα sive lapsiones. II et LXX; »

Voici, d'après Debure, le titre de cet ouvrage, N° 3475.

« Plutarchi Chæronensis opera quæ extant omnia gr. et lat. ex interpretatione Cruserii et Xylandri, cum notis Doctorum virorum necnon variantibus lectionibus: accedunt etiam animadversiones Philippi Jacobi Maussais, et Joannis Rualdi Parisiorum. Typis regiis, 1624, 2 vol in-fol » (*Suppl. à la Bibliographie du Catalogue Goignat*, N° 3475, P. 230.)

A propos de cet ouvrage, Goujet disait:

---

(1) JOURDAIN, *Histoire de l'Université de Paris aux 17e et 18e siècles*, p. 93.

« C'est un volume in-fol. imprimé à Paris chez Antoine Etienne, imprimeur du Roi. Il n'y a point de date à l'exemplaire que j'ai vu. Dacier, dans la préface qu'il a mise en tête de sa traduction des vies de Plutarque parle ainsi de la 1ʳᵉ partie de cet ouvrage.

« Le savant Ruault a fait en latin un Recueil divisé par chapitres qu'il a intitulé la vie de Plutarque. Mais ce ne sont que des mémoires et encore des mémoires peu complets et accablés sous une érudition étrangère qui fait qu'on perd Plutarque de vue. »

L'ouvrage de Ruault est dédié à Jacques du Perron, alors abbé de Lyre et de St-Taurin d'Evreux. A la suite de la vie de Plutarque, l'auteur rapporte les témoignages des anciens concernant ce célèbre écrivain, et il y a joint ses notes.

Debure, dans sa bibliographie, dit de l'édition en 2 vol. in-fol, de 1624 *Parisiis typis regiis* N° *6080*: « Cette édition est encore jusqu'à présent la plus complète et celle que les gens de Lettres recherchent davantage. Les exemplaires ne s'en trouvent pas communément. A défaut de cette édition, les savants se contentent de celle de Francfort, pareillement exécutée en 2 vol. in-fol.; mais les curieux en font peu de cas, parce qu'elle est mal imprimée. Le catalogue des livres de la bibliothèque de Monsieur de la Serna *Santander* dit de l'édition de 1624, « édition très-estimée et la plus complète de cet ouvrage. Les exemplaires deviennent rares. » *Sciences et Arts*, N° *1421*. »

Jean Ruault a joint à la vie de Plutarque, qu'il a composée, cinquante deux observations critiques sur cet auteur.

Plutarque, qui a beaucoup écrit sur l'Histoire Romaine, n'avait qu'une connaissance très superficielle de la langue romaine, qu'il n'avait apprise que dans un âge avancé, comme il l'avoue lui-même au commencement de sa vie de Démosthènes.

Il ajoute que ce ne sont pas les mots latins qui lui font comprendre les faits ; mais la connaissance qu'il a de l'histoire romaine qui le conduit à l'intelligence des mots. Il n'est donc pas étonnant que le grand historien se soit trompé plus d'une fois, sur la foi d'auteurs qu'il n'entendait que par conjecture.

Cela explique la hardiesse de certains critiques au nombre desquels il faut placer le savant orateur de l'Université de Paris,

Ruault. Ils n'ont pas cru porter préjudice à la réputation de Plutarque en faisant connaître les erreurs qui lui ont échappé. Ce ne sont que des pailles légères, perdues dans un trésor immense d'érudition, de raison, de sagesse et de bon sens. Le génie ne met par toujours à l'abri de la critique.

Ruault pensa que les remarques critiques sur Plutarque ne seraient pas tout à fait inutiles. Il semblait pressentir que les traductions françaises des vies de Plutarque rendraient cet ouvrage très commun, et qu'il serait beaucoup lu, parce qu'il en est peu qui mériteraient plus de l'être. Ainsi a-t-il contribué pour sa large part à faire entrer les auteurs sérieux dans l'amour de l'exactitude historique. Ils compareront, à l'exemple de Ruault, Plutarque avec les autres historiens, dont la lecture doit nécessairement accompagner celle des vies qu'il a écrites. Ces vies ne peuvent être bien entendues que par ceux qui savent l'histoire générale des temps auxquels appartiennent tous ces hommes illustres.

Il n'est pas facile de fixer la date de la nomination de Jean Ruault à une chaire d'éloquence au Collège royal de France, mais il n'a pu être élu qu'après 1628, puisque Guillaume Belet ne mourut que le 14 avril de cette année ; et que Morel, son oncle, qui lui avait cédé sa chaire, la reprit, et fit encore quelque temps des leçons après la mort de son neveu.

Jean Ruault ne fut pas sans peine institué professeur royal d'éloquence latine. Son mérite ne faisait doute pour personne, mais sa nomination ne s'étant pas faite d'après les règlements devait être discutée : elle le fut en effet.

Le 8 août 1626, (1) le Parlement avait rendu un arrêt qui ordonnait que les chaires du Collège royal fussent mises au Concours. C'était faire droit aux réclamations du Recteur et de l'Université.

En 1629, lors de l'institution de Ruault comme professeur d'éloquence latine, cet arrêt fut violé. La chaire d'éloquence latine, en effet, ne fut pas mise au concours, mais elle fut directement confiée à Ruault.

---

(1) JOURDAIN, *Histoire de l'Université de Paris, aux 17e et 18e siècles*, p. 117.

Il y fut appelé en remplacement de Frédéric Morel et de son neveu Belet, enlevé à la fleur de l'âge.

Ruault, que la faculté des Arts, par cinq élections consécutives avait investi autrefois des fonctions de recteur, était sans doute à beaucoup de points de vue un choix excellent; mais comme sa nomination ne s'était pas faite suivant la règle fixée judiciairement, elle fut attaquée par l'Université, qui obtint de la Cour un nouvel arrêt faisant défense à Ruault de commencer son cours. Afin d'assurer l'exécution du jugement, les registres portent que le recteur, Nicolas Le Maistre, fit enlever les tapis tendus dans la salle où la leçon d'ouverture devait avoir lieu. (1)

Il paraît aussi que des poursuites contre les professeurs négligents avaient été entamées devant la Chambre des Comptes, et que l'Université s'était opposée à ce que leurs traitements leur fussent payés. Ces vexations, où perçait trop l'esprit de rivalité, ne pouvaient avoir aucun résultat utile.

Sur la plainte des professeurs royaux, le conseil privé défendit au recteur « de les troubler dans la perception de leurs gages jusqu'à ce qu'il en eût été ordonné autrement par Sa Majesté. » (2) Ruault qui, de son côté, avait réclamé, reçut l'autorisation d'occuper provisoirement sa chaire (3).

Quelque temps après, pour que des questions si vivement débattues ne fussent pas laissées indéfiniment sans solution, le conseil privé les trancha, le 18 mars 1633, par un arrêt qui déconcertait les prétentions et les espérances de l'Université.

En 1628, Ruault était Principal du Collège de Lisieux. Au Collège de Lisieux, comme dans plusieurs autres, il existait deux sortes de boursiers: les uns qui faisaient leurs humanités, les autres qui étudiaient en théologie. Ces derniers élevèrent la prétention que les chaires du Collège devaient leur appartenir, et ils

---

(1) Arch. M. Reg. — XXVII. fol. 130 « *A regia schola tapetes amoti, nec habita est oratio solemnis.* »
(2) *Arrêt du 3 sept. 1627.*
(3) *Arrêt du 27 sept. 1629.*

intentèrent au Principal un procès, parce qu'il avait choisi des étrangers pour régents.

Ruault dénonça de son côté l'indiscipline des théologiens et la négligence avec laquelle ils s'acquittaient des obligations que leur imposaient les statuts du Collège.

Sur ses plaintes, l'Université, par une délibération du 22 octobre 1628, leur enjoignit de suivre désormais avec assiduité le cours de théologie de la maison de Sorbonne; dans un délai de 8 jours, et à l'avenir tous les trois mois ils seraient tenus d'apporter au Recteur un certificat signé de leurs professeurs et attestant leur travail; tous les deux mois ils soutiendraient au collège de Lisieux des discussions théologiques dont le programme aurait été affiché la veille; aux jours de fêtes, ils prêcheraient chacun à leur tour dans la chapelle du collège.

Le Règlement laissait indécises quelques-unes des questions qui s'étaient élevées et dont le Parlement se trouvait déjà saisi; mais la Cour eut la sagesse de renvoyer les parties devant le Recteur (arrêt du 16 janvier 1629). Lorsque Ruault, fatigué de pareils conflits, se démit de ses fonctions, au mois de mars 1629, il eut pour successeur Etienne Gallot, alors procureur de la nation de Normandie, celui-ci ne parvint pas à rétablir la paix au collège de Lisieux (1).

Le dernier ouvrage de Jean Ruault, daté de 1631, avait pour titre: *Preuves de l'histoire du Royaume d'Yvetot avec un examen, etc. Paris 1631, in-4°.*

Jean Ruault appartient à la foule d'hommes sérieux et lettrés qui, depuis trois cents ans, se sont occupés du royaume d'Yvetot. Le nom d'Yvetot n'apparaît pour la première fois dans des documents historiques qu'au XI° siècle.

Dans une Charte de St-Vandrille, Guillaume-le-Conquérant cite *Ivetot*. Quant à la légende du meurtre de Gauthier, sire d'Yvetot, assassiné à Soissons par Clotaire I", le 21 mars 536, c'est une histoire inventée à la fin du XV° siècle par Nicolle Gilles. Il la publia, dans ses *Chroniques de France*, en 1492, et fut suivi par

---

(1) JOURDAIN, *Hist. de l'Université de Paris*, etc. p. 120, 121.

Robert Gaguin, dans son *Histoire de France*, qui vit le jour en 1497. Ces chroniqueurs voulaient sans doute s'expliquer l'étrange existence d'une souveraineté princière à Yvetot, laquelle dégénéra parfois jusqu'à la parodie royale.

Au reste, Ruault pouvait traiter la question, quand il se voyait en compagnie de Robert Ceneau, évêque d'Avranches *(Galliæ Historia)*, de Charles de Bourgueville, sieur de Bras, (« *Recherches et Antiquités de la Normandie*, ») du Cardinal Baronius; de Henri Sponde, de Baptiste Fulgose, du Haillan, de Gabriel du Moulin et de Louis Trincant. *(Généalogie de Belley en Anjou).*

Le travail de l'ancien Recteur est un recueil de titres et d'actes, à l'aide desquels il prétend prouver que la terre d'Yvetot a réellement été érigée en royaume par Clotaire (Voir Gautier, sire d'Yvetot et Robert Gaguin).

Cet ouvrage est peu considérable, mais il est assez recherché; on n'en rencontre pas souvent les exemplaires (1).

Jean Ruault mourut à Paris en 1636; il ne garda donc pas longtemps la chaire d'éloquence latine au collège de France, dont il était le 12e titulaire depuis sa fondation.

Il fut inhumé dans l'Eglise St-Côme, maintenant détruite.

Auteurs à consulter :

Abbé Goujet, *Mém. histor. et litt. du collège royal de France*, t. 2.
Le Long, *Bibliothèque de la France.*
Jourdain, *Histoire de l'Université de Paris aux 17e et 18e siècles 1867, in-4°.*

(1) Debure, *Bibliog. Instructive*, N° 5.352.
Brunel en dit autant sous le N° 24.356.

FIN

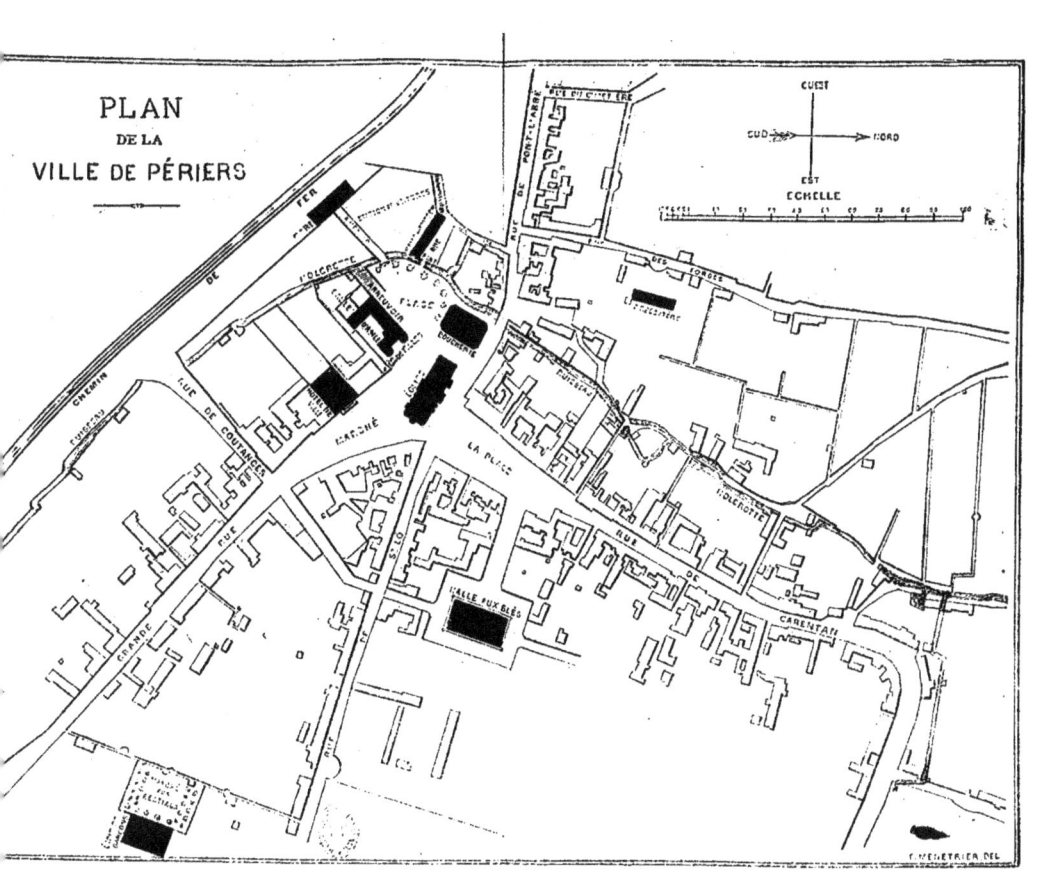

TABLE DES MATIÈRES

Introduction.	v
CHAPITRE Ier. — Périers, son origine, étymologie.	1
Armes.	3
Traces de civilisation romaine à Périers.	5
La Garenne de Périers.	6
Conjectures historiques sur les origines de Périers.	7
CHAPITRE II. — Périers au temps du Bailliage.	10
Les de Périers.	11
Les de Grosparmi.	12
Etienne de Sèves.	19
Colin Pélerin.	20
Richard de Condren.	20
Impôts sur le sel. — Prisonniers s'évadant de Périers.	27
Révolte à Périers.	28
Disette de 1660 et 1661.	29
Noblesse de Périers aux XVIe et XVIIe siècles.	30
Noblesse de Périers sous Louis XIV.	31
Sieuries.	31
CHAPITRE III. — Le Bailliage et ses Officiers.	35
Baillis de Périers.	53
Vicomtes du bailliage de St-Sauveur-Lendelin.	66
Succession des avocats auprès du bailliage de St-Sauveur-Lendelin.	69
Tabellions royaux et notaires à Périers.	73
Huissiers au siège de Périers.	74
CHAPITRE IV. — Paroisse de Périers. — Son origine, — son église, — son histoire.	75
Prieuré.	78
CHAPITRE V. — Curés de Périers jusqu'en 1791.	83
Michel Bazire.	83
Denis Lecarpentier. — Jean Le Noël.	85
Joubert.	87

Toussaint Le Carpentier.	87
Jean Le Picart.	88
Léon Deboudé.	89
François Laurent Lelièvre.	90
Regnault.	91
De La Fosse.	92
Julien Jean-Baptiste Duchemin.	93
CHAPITRE VI. — Confréries et dévotions en honneur a Périers.	94
CHAPITRE VII. — Périers pendant la Révolution.	105
Comité national de Périers.	109
Périers, siège du tribunal du District de Carentan.	117
CHAPITRE VIII. — Le Clergé de Périers pendant la Révolution.	135
CHAPITRE IX. — La commune de Périers depuis la Révolution.	144
Canton de Périers.	144
Commune de Périers.	145
Rues.	145
Etablissements communaux. — Foires.	148
Férage. — Halles.	149
Famille de Piennes.	151
De Maneville.	153
Regnault.	155
Juges de Paix. — Maires.	157
Elections Législatives.	158
Passage de Charles X à Carentan.	158
Marie-Bossy.	159
Lecoq.	162
CHAPITRE X. — Paroisse de Périers depuis la Révolution.	164
Jean François Mabieu.	164
Jacques Le Monnier.	165
Guillaume Flambard.	165
Bénédiction des cloches.	165
Alphonse Désiré Bitouzé.	168
Michel Forcel.	175
Thomas Paul Dolbet.	176
CHAPITRE XI — Etablissements divers.	177
L'hospice.	177
Sœur Chartier. — Sœur Adelphe.	190
Ecole des Garçons.	191
Lestorey.	193
Ecole des filles.	196
Mademoiselle Le Noir.	210
Maison de Missionnaires et Orphelinat.	222
CHAPITRE XII — Description de l'église de Périers.	225

TABLE DES MATIÈRES

Vraie Croix.	232
Cimetière.	239
APPENDICE. — NOTABILITÉS.	241
Auxais (Joseph Angélique d').	241
Auxais (Jules Charles François, Comte d').	242
Avril (Jacques-Pierre).	243
De Basmaresq (Le Canu).	246
Révérende Mère Benjamin.	247
La Besnardière (comte de).	252
Cautionnart.	253
Dubois.	255
Nicolas de Grosparmi.	259
Jean de Grosparmi.	260
Cardinal Raoul de Grosparmi.	261
Raoul de Grosparmi.	275
Langlois Longueville.	282
Le Campion.	285
Le Canu.	287
Le Menuet de la Jugannière.	287
Jacques Le Noël du Perron.	293
De Maneval.	296
Marie-Dumesnil.	297
Morin.	307
Rihouet (Jean-Baptiste).	309
Robert-Dumesnil.	313
Robin-Prévallée	315
Ruault (Jean).	315

N.-D. de Lérins. — Imprimerie M. BERNARD.

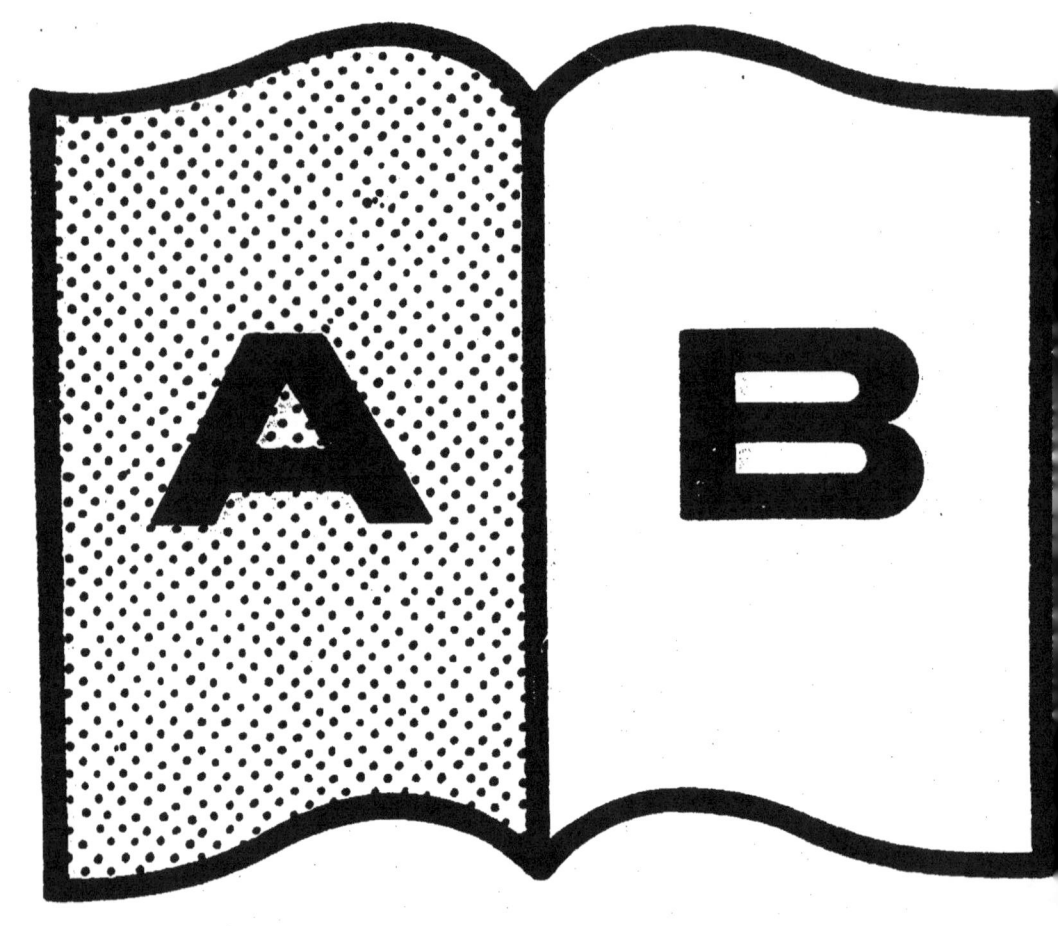

Contraste insuffisant

NF Z 43-120-14

www.ingramcontent.com/pod-product-compliance
Lightning Source LLC
Chambersburg PA
CBHW060320170426
43202CB00014B/2605